교사 리더십 프로그램

교사 리더십 프로그램

김 옥 희 ·
최 인 숙 공저

한국학술정보(주)

※ 본 교재는 국민대학교 교육대학원의 지원을 받아 제작되었습니다.

차 례

Ⅰ. 교사 리더십(Teacher leadership)

제1부 교사 리더십(Teacher Leadership)

지식적인 내용을 학생에게 일방적으로 전달하는 형식에서 교사와 학생간의 서로 배우고 가르치는 쌍방의 상호작용으로 패러다임이 바뀌고 있다. 교육의 3요소인 주체, 객체, 매개체는 어떤 관점에서 바라보는가에 따라서 바뀔 수 있다. 주로 교육의 주체는 교사이지만 때론 교사가 객체의 입장이 되고, 아동이 교육의 주체가 되기도 하며, 교사 자신이 교육의 매개체가 될 수 있다.

학교에서 이루어지고 있는 교육활동에는 학습지도, 생활지도가 있다. 흔히들 교육의 질은 교사의 질을 넘지 못한다고 한다. 교육활동이 잘 되고 못되고는 교사의 질에 달려있고, 교사의 질은 한 나라의 교육의 질을 좌우하게 되는 것이다.

개인의 주장이 강하고 요구가 다양한 많은 학생들이 한 교실에서 수업하고 있는 우리의 교육 여건에서 학생들의 눈과 귀와 마음을 한 방향으로 이끌어 가면서 주어진 학습목표를 즐겁게 성취해 나가고 바른 생활지도를 하기 위해서는 교사의 지도력이 요구된다.

교사 자신은 자신의 가치를 창출하면서 문화를 리드해 나가는 창조성과 잠재성을 발휘하는 능력을 가져야 한다. 학교현장에서 그러한 영향력을 발휘하면서 학생들에게 교육을 통해 새로운 지식을 습득하게 하고 학생들의 가능성을 일깨워주어야 한다. 또 학생들이나 동료, 학부모, 등 많은 사람들과의 인간관계를 잘 맺으며 더불어 사는 상호욕구충족적인 삶을 살 수 있도록 도와야 한다. 이런 상황에서 볼 때 교사 리더십은 매우 중요하다.

리더십은 영향력으로 발견되는 것이 아니라 계발되는 것이다. 학생들에게 비전을 심어주고 동기를 유발시키는 좋은 교사가 되기 위해서는 상황과 조건에 맞는 리더십을 계발하고 발전시키는 것이 중요하다. 과거에는 집단에서 추종자를 모을 수 있는 능력만을 중요하게 보았지만 현재는 한 개인이 자신의 잠재적 능력을 계발하는 셀프 리더십도 중요한 리더십의 한분야로 인정받고 있다.

교사 리더십은 교사교육의 핵심주제이다. 그렇다면 교사 리더십은 어떻게 정의할 수 있고, 어떤 영역과 주제로 이루어지는가에 대한 개념적 고찰이 필요하다. 그 다음에는 교사 리더십은 어떻게 길러져야 하는가에 대한 방향의 설정과 함께 실제적인 훈련 프로그램의 개발이 필요하다. 따라서 리더십에 대한 이론적 근거를 제공하고 이를 근거로 하여 교사 리더십을 키우기 위한 프로그램에 비중을 두고자 한다.

1. 교사 리더십의 정의

교사가 교육현장에서 자신의 이해를 통한 잠재적 능력을 계발하고, 이를 교수·학습활동에 적용해 쌍방 간의 합리적인 의사결정과 상호작용을 통해 긍정적이고 바람직한 방향으로 나아가도록 돕는 영향력이다.

2. 교사 리더십의 3구성요소

교사 리더십은 교사가 자신을 계발시켜 전문성과 창의성과 자발성을 갖고, 이를 학생들에게 전이될 수 있도록 도와 학생 개개인 안에 잠재된 능력을 일깨워 주어 서로 좋은 인간관계를 갖도록 돕는 전인 교육적 활동이다. 따라서 교사 리더십의 주체는 성숙한 교사이다. 교사가 성숙한 인간으로 자신을 다듬어 나가면서 좋은 모델링이 되어주는 것에서부터 출발되어진다고 볼 수 있다. 교사 리더십의 구성요소는 크게 셀프 리더십, 교수·학습적 리더십, 상호작용적 리더십으로 이루어진다.

1) 셀프 리더십 (self leadership)－개인이 자신의 삶에 필요한 변화를 일으킬 수 있도록 생산적으로 잠재력을 개발시키도록 하는 영향력

2) 교수·학습 리더십 (instructional leadership)－아동이 자신의 이해를 통해 즐겁게 교육 목표에 도달할 수 있도록 돕는 교수·학습활동의 기술적인 영향력

3) 상호작용적 리더십 (interactional leadership)－교육현장에서의 상황적 맥락에서 교사 자신과 학생, 동료, 주변인들과의 좋은 인간관계를 맺으며 상호작용하면서 발휘하는 영향력

제2부 리더십의 이론적 고찰

제1절 리더십(leadership)의 본질

　　리더십은 공동의 목표를 추구해 나가는데 있어서 구성원들의 행동을 조성하는 필연적 요소로서 많이 관찰되어 왔지만 가장 적게 밝혀진 현상 중의 하나이다. 이러한 리더십에 대한 본질적 이해가 미흡하고 정의도 다양하며 의문점들도 많은 것이 사실이다. 정치 리더를 비롯한 많은 사람들은 리더십을 권력의 한 형태로 보기도 하지만 리더십이란 사람들 위에 군림하는 것이 아닌 함께 하는 구성원들 간의 상호적인 관계를 의미하기도 한다. 또 리더는 타고나는 것인가 만들어지는 것인가에 대한 논의도 있지만 많은 경우 후천적으로 성취되는 것이지 태생적 권리나 유전적 행운은 아니라고 본다. 또 리더에 따라 집단의 성공을 가져오기도 하지만 그것이 전적으로 리더 때문이라고는 볼 수 없다.

　　다양한 리더십에 대한 연구결과에 따르면 조직원들의 직무만족 여부를 결정하는 가장 중요한 요소가 리더십이며, 이 리더십에 따른 직무만족이 조직의 성패를 좌우한다고 한다. 1950년대 이전의 리더십은 주로 어떤 성격요인이 리더의 자질을 결정하는가와 어떤 성격특성이나 속성이 리더의 행동을 효과적으로 만들어 주는가에 초점을 맞추어 리더의 자질을 중요하게 다루었다. 그러나 1970년대 후반에는 리더십 상황에 비중을 두어 어떤 성격특성이 어떤 직무상황 또는 리더십 상황과 어울려 있을 때 리더십의 효과성이 증대하는가에 관심이 많아졌고, 최근에는 개인들이 각자 자신의 리더십을 발휘할 수 있도록 하는 셀프 리더십이 대두되고 있다. 이는 리더십이 반드시 팀장이나 책임자에 의해 발휘되어야 하는 것은 아니며, 조직원들이 조직원에게 상호 영향을 미칠 수 있는 리더십을 개발하는 것이 중요하다. 따라서 협동(팀워크)중심의 현대사회문화 속에서는 모든 조직원들에게 리더십이 중요하다. 리더에 대한 새로운 리더십의 요구와 관련하여 변화하는 사회 속에서 리더에게 나타나는 일반적인 현상은 흔히 기대되었던 리더의 표준이 사라지고 있고, 다양한 갈등상황이 나타나고 있으며 구체적인 비전을 요구하고 있다. 휘태커(Whitaker, 1997)도 표 1과 같이 제시하였다(이병진, 2003).

표 1. 변화하는 리더십 패러다임

기존의 리더십 패러다임 (권력과 통제)	새로운 리더십 패러다임 (영향과 지원)
결정하기	구성원들에게 권위부여하기
명령하기	구성원들에게 자시의 일을 하도록 자유부여하기
행동지시하기	자신의 생각과 감정표현하기
구성원들에게 권위 발휘하기	독립적 사고와 행동자극하기
강요와 감언이설	격려와 자원하기
지시와 감독	과정을 통해 정보를 구하고 성공에 대한 피드백하기
평가하기	자기검토와 자기 평가 격려하기
보상과 처벌하기	성취를 축하하고 어려움을 헤쳐 나가도록 돕기

Whitaker(1997). Primary schools and the future Buckingham: Open University Press. P.137.
이병진(2003). 재인용. P.26.

다푸트(Daft, 2002)는 변화하는 정보사회에서는 기존의 리더십 패러다임은 비효과적이 am로 새로운 리더십의 접근이 필요하다고 하였다. 이전의 산업화 시대에는 무엇보다도 안정과 통제를 중심으로, 물적이고 획일적이며 경쟁적인 패러다임의 리더십이 효율적이 었지만 정보화시대는 패러다임의 전환이 필요하다. 정보에 따른 변화의 수용, 대폭적인 권한 위임과 역할 분담, 인간적 그리고 관계적인 접근과 협동체제 구축, 변화에 따른 다양 성의 추구 등을 새로운 리더십의 특징으로 들고 있다.

1) 리더십의 정의

모든 조직에는 조직의 리더와 구성원, 그리고 조직의 과업이 있다. 그리고 조직의 성공과 실패는 리더의 역량에 달려있다. 따라서 리더의 영향력은 연구의 대상이었다. 지식정보화 사회에 있어 리더십은 중요한 과제로 부상되고 있다. 리더가 특정 집단이 나 조직을 이끌어 나가기 위하여 행사하는 권력이나 영향력 등을 총체적으로 리더십 이라고 부른다. 많은 학자들이 리더십이 무엇인가에 대한 정의를 내리기 위해 많은 노력을 기울여 왔는데, 크게 네 가지로 구분할 수 있다.

첫째, 성격 특성에 근거를 둔 것으로 조직의 목표성취를 위한 리더 자신의 행동 혹은 일련의 과정으로 보는 전통적 관점이다. 피들러(Fiedler, 1963)는 리더가 그의 집단 구성원들의 일을 지시하고 조정하는 과정에 종사하는 특정한 행위로 정의하였고, 햄필과 쿤스(Hemphill & Coons, 1957)는 공동의 목표를 향해 집단의 행동을 지시하는 개인의 행동이라고 정의 하였다. 피고르(Pigors)는 리더십이란 특정한 성격의 소유자가 공통의 문제를 추구하는데 있어서 그의 의지, 감정 및 통찰력 등으로 다른 사람들을 이끌고 다스리는 특성이라고 하였다.

둘째, 집단의 목표달성과 유지를 위한 영향력에 중점을 둔 것으로 조직의 구성원들로 하여금 자신들이 맡은 과업을 달성하도록 유도하는 리더의 일련의 과정으로 보는 관점이다. 베니스(Bennis, 1959)는 타인을 자기가 바라는 대로 행동하도록 유도하는 과정이라고 하고, 버나드(Barnard, 1968)는 추종자들에게 신뢰감을 심어주고 스스로 리더의 의지에 따르도록 유도할 때 조직의 목적을 효과 있게 달성할 수 있는 것으로 정의하였다.

셋째, 집단의 변화를 가져오는 집단상황적 측면에서 리더의 영향력으로 보는 관점이다. 로이드와 올포트(Loyd & Allports)는 리더십이란 집단상황에 변화를 주는 활동으로 정의하였고, 스톡딜(Stogdill, 1974)은 집단의 목표 설정과 목표달성을 위하여 조직 구성원들의 활동에 영향을 주는 행위로, 스질라기와 월라스(Szilagyi & Wallace)는 어떤 사람이 다른 사람에게 의도적으로 영향력을 행사하여 소기의 목적을 달성하는 과정으로 보고, 리더가 의도적으로 영향력을 행사하여 목적을 달성하도록 하는 기술로 정의하였고, 허쉬와 블랜챠드(Hersey & Blanchard)는 일정한 상황 속에서 목표달성을 위해 개인 또는 집단의 활동에 영향력을 행사하는 과정으로 정의하였다.

넷째, 인간관계와 상호작용의 측면을 강조하는 것으로 비전제시, 가치 내면화, 조직 문화 창달, 권한 위임, 자발적 구성원들의 노력, 그리고 조직에의 헌신 등에 초점을 두는 변혁적 리더십의 관점이다. 포스터(Foster, 1986)는 현재의 상황을 개선하기 위하여 리더가 구성원들에게 행동변화를 일으키게 하고 권한을 위임하는 과정으로 보았고, 퍼시스(Forsyth)는 집단과 각 구성원들의 목표 달성을 촉진하기 위하여 각 구성원들이 다른 구성원들에게 영향을 미치고 또한 그들을 동기화시키는 상호간의 거래적, 변혁적 과정으로 정의하였다. 즉, 리더십은 집단과 개인의 목표를 달성하기 위해 구성원들 간에 서로 영향력을 행사하며 동기화시키는 거래적이고 변혁적인 사회적 상호작용과정으로 다음과 같은 특징을 가지고 있다(서울대 사회심리학 연구, 2002).

① 리더십은 리더, 구성원, 및 집단상황을 포함하는 상호적인 과정이다. 리더가 집단 구성원에게 일반적으로 영향을 미치는 것이 아니라, 리더와 구성원간의 관계는 상호적이다, 상호작용적 관점이 가정하고 있는 것은 리더십이 비리더에 의해 발휘되는 기술과 자질인 팔로우쉽과 독립적으로 이해될 수 있다.

② 리더십은 거래적, 사회적 교환적 과정이다, 리더와 구성원들은 함께 일하며 시간과 노력과 기술을 교환하면서 그들 전체의 보수를 증진시킨다.

③ 리더십은 많은 경우 변혁적 과정이다. 변혁적 리더는 집단 구성원을 통합시키고 그들의 신념, 가치, 욕구를 변화시킴으로써 구성원들의 동기, 확신감, 만족감을 증가시킨다.

④ 리더십은 우격다짐의 권력행사가 아닌 합법성 있는 영향력을 행사하는 협동적 과정이다.

⑤ 리더십은 개인 및 집단의 목표를 달성하려는 집단 구성원들의 노력을 조직화하고 동기화하는 것이기 때문에 적응적이고 목표추구적 과정이다.

2) 리더십과 직권력(Headship)

행정조직은 계층적인 서열이 형성되어 있어 명령과 복종의 상하관계로 이루어져 있다. 행정의 목표수행이 잘 되느냐 못되느냐는 조직 구성원간의 상호관계가 어떠하고 상호작용이 원활한가 아닌가와 관련이 있다. 리더십은 특정한 조직의 바람직한 목적을 달성하기 위하여 조직 내의 집단 또는 개인의 자발적이고 적극적인 노력을 유도하고 촉진하여 조직화된 집단구성원의 활동을 지휘하고 협조시키기 위하여 사용하는 비강제적인 영향활동이다. 리더십은 직권력과는 다르지만 그것을 포괄적으로 내포하고 있다. 일반적으로 리더십과 직권력은 모두 조직의 구성원들에게 영향력을 발휘할 수 있는 권위를 가지고 있으나 그 권위의 원천에는 차이가 있다.

첫째, 직권력은 위계적으로 계층적인 공식적 직위 상에 나타나는 지배력이나 리더십은 반드시 그런 것은 아니다.

둘째, 직권력은 조직의 최상위에 있는 사람이 가지는 권력으로서 구성원의 행동을 강제적으로 제압하는 것을 의미하나 리더십은 구성원 스스로 행동하도록 유도한다.

셋째, 직권력은 권위를 구성원들로부터 인정이나 합의와는 관계없이 발휘할 수 있으나, 리더십은 그 직위와는 관계없이 어떤 특정인이 갖는 권위를 구성원들로 인정함으로써 나타나기 때문에 공유된 감정과 일치감이 구성원들 사이에 강하게 나타난다.

깁(Gibb)은 리더십과 직권력을 다음과 같이 구별하였다(김창걸, 2003).

① 지도성은 구성원들의 자발적인 인정에 의해 표출된다. 즉, 구성원들에 의해서 지도성이 부여된다. 그러나 직권력은 조직체제에 의해서 유지된다.

② 리더십은 조직의 목표설정을 리더와 구성원들이 공동으로 참여하여 협의에 의해 결정한다. 그러나 직권력은 조직의 목표설정을 리더가 자기의 이익에 부합되게 독자적으로 결정하거나 상부의 지시에 의해 결정한다.

③ 리더십은 리더와 구성원들 간에 '우리'라는 공동체 의식이 충만하다. 그러나 직권력은 조직 내에서 정서가 메말라 공동체의식이 희박하다.

④ 리더십은 리더와 구성원 간에 사회적 간격이 적어 인간적인 유대가 이루어지나 반면에 직권력은 리더와 구성원 간에 계층적 경직성 때문에 상호 사회적 간격이 크다.

⑤ 리더십은 리더의 권위가 자발적으로 구성원들에 의해 부여된다. 그러나 직권자의 권위는 구성원이라고 할 수 없는 특정 집단의 권력에 의해서 유래된다. 구성원들은 직권자의 지배를 보상을 기대해서 따르는 것 보다는 벌이 두려워서 받아들인다.

이와 같이 직권력은 일방적이고 강제적 의무 이행의 공식성을 갖고 있지만 완전히 무시할 수는 없기 때문에 리더십에 직권력을 포함하기도 한다. 따라서 리더십과 직권력은 상호배타적이기보다는 상호보완적일 때 조직의 목표달성에 더 효과적이다.

3) 리더십의 기능과 기술

리더십은 조직의 목표달성을 위해 구성원들과의 상황적·관계적 맥락 속에서 서로 영향력을 주고받으며 동기를 부여하는 과정이다. 과거의 전통적인 관점에서는 계획과 조직, 조정과 통제, 평가 등의 요소를 통해 공적 조직의 합리적 과정에서 리더십의 기능을 찾았다. 행동주의적 관점에서는 직무의 성과나 상호작용, 직무만족도 등의 요소에 초점을 두고 리더십의 기능을 밝혀내었는바 버나드(Bernard, 1981)는 다음과 같이 제시하였다.

① 집단의 목적을 설정하고 목표의 방향을 유지한다.

② 목표달성을 위한 적절한 수단을 제공한다.
③ 새로운 집단의 구조를 형성하게 하고 유지시킨다.
④ 집단의 행동과 상호작용을 원활하도록 돕는다.
⑤ 집단이 응집성을 갖도록 하고 구성원들의 직무만족을 고취시킨다.
⑥ 집단의 주어진 과업 달성을 용이하게 한다.

이러한 리더십이 기능을 잘 하려면 적절한 기술이 요구된다. 즉, 조직의 목표를 달성하기 위한 구성원들의 자발적인 노력에 동기부여라는 에너지를 불어넣어주는 것이 필요하다. 이러한 기술로 카츠(Katz, 1955)는 사무적 기술, 인간적 기술, 통합적 기술을 제시하고 그 중에서 인간적 기술을 가장 강조하였다. 또 서지오바니(Sergiovanni, 1987)는 학교장의 리더십은 학교교육의 질적인 향상과 유지를 위해 사용할 수 있는 힘으로 보면서 경영 기술적 능력의 학교의 계획, 조직, 조정, 일정 작성 등의 기능을 담당하는 기술적 기술자(management engineer), 교사 및 인사, 지원, 격려 및 성장 기회 제공의 인간관계적 차원의 인간적 기술자(human engineer), 일선 실무자로서 교육문제 진단, 장학, 평가 등의 임상장학 담당자로서의 교육적 기술자, 수장으로서의 역할과 모범을 통해 타인에게 무엇이 중요하고 가치 있는가를 알려주는 상징적 기술자, 성직자적인 자세로 문화나 전통을 형성하고 조직의 역사를 창조하고 배양·발전시키는 문화적 기술자로서의 기술이나 역할을 강조하였다. 이 중에서 상징적, 문화적 기술자적인 기술을 기초로 기술적, 인간적 기술을 과정으로 사명과 본질을 추구하는 교육적 기술로 교육의 질을 향상시키도록 구안하였다.

4) 리더십이론의 발달

모든 조직이나 집단은 리더를 필요로 하지만 누가 리더이며 누가 리더가 될 수 있는가 하는 것은 문제이다. 인간관계론에 있어서의 리더십이론은 리더십의 어느 측면을 강조하는가에 따라 다르게 발전되어 왔다. 특히 '리더는 선천적으로 태어나는 것인가? 아니면 후천적으로 만들어지는 것인가?'의 문제는 학자들의 오랜 관심사였다. 리더십이론에서는 '리더십은 선천적인 특성과 후천적인 환경의 조합'이라는 일반적인 결론을 내리고 있는데 이는 리더십은 타고나는 측면도 있지만 교육과 훈련에 의하여 개발될 수도 있다고 보는 견해이다. 리더십을 결정하는 요인에 관한 이론과 가정은 아직도 많은 논쟁의 대상이 되고 있지만 현재까지는 특성이론과 상황론 및 상호작용론의 세 가지로 구분하고 있다.

⑴ 특성이론(traits theory)

1940년대에 발전된 이론으로 자질론이라고 부르기도 한다. 이 이론은 개인의 타고 난 자질과 특성이 리더로서의 지위와 기능을 좌우한다고 가정하고 '리더로서의 특성 과 기법이 무엇인가'를 밝혀보려고 하였다. 특성이론은 가장 오래된 리더십 이론으로 일정한 특성을 지닌 자가 리더가 되는 것이며, 리더가 되려면 반드시 이러한 특성을 지녀야 한다는 이론이다. 이 이론의 주장자들은 리더의 위치에 있는 사람들이 갖고 있는 공통적 특성을 찾아내는 연구 방법을 사용하였다. 그 결과 리더십의 요인으로 건강, 성실, 지능, 근면, 경력, 판단력, 분석력, 열성, 창의적 능력, 책임감, 자신감, 건강과 체력 등을 밝혀내었다. 스톡딜(Stogdill, 1948)은 1904년부터 1947년 사이에 수행된 지도성 특성에 관한 연구 124개를 검토하고 지도성과 관련된 인간적 특성을 다음과 같이 5개 범주로 분류하였다.

① 재능(capacity): 지능, 기민성, 언어의 유창성, 독창력, 판단력
② 성취(achievement): 학문, 지식, 운동경기의 성취
③ 책임(responsibility): 신뢰, 솔선, 인내력, 적극성, 자신감, 성취욕
④ 참여(participation): 활동성, 사교성, 협동성, 적응성, 유머
⑤ 지위(status): 사회경제적 위치, 인기

스톡딜에 의하면 리더는 구성원에 비해 지능, 학식, 책임감, 활동성, 사회참여, 사회경제적 지위 면에서 더 우수하며, 리더는 구성원에 비해 주도력, 지구력, 자신감, 상황에 대한 민첩성과 통찰력, 협동성, 적응성, 언어능력이 더 우수하다. 그러나 연령, 신장, 체중, 체격, 체력, 용모, 위엄, 분위기를 통제하는 능력은 리더와 별 상관관계가 없다고 한다.

리더에게는 특별한 특성이 요구되기는 하지만 어떤 경우를 막론하고 리더가 될 수 있는 통일된 특성은 존재하지 않으며 리더에게는 그 리더 나름의 고유한 리더십을 구성하고 있는 특성이 있다고 보고 그러한 특성은 리더의 위치나 지위 사정에 따라 각각 다르다. 호이와 미스켈(Hoy & Miskel, 1991)은 효과적 리더십과 관련되는 특성을 성격, 동기유발, 기술의 세 범주로 나누었는데 성격적 특성으로는 자신감, 스트레스에 대한 내성, 정서적 성숙, 통합성을, 동기유발적 특성은 과제, 개인 상호

간의 필요, 가치, 기대 등을, 기술특성은 전문적 기술, 개인 상호간 기술, 개념적 기술, 행정적 기술을 들었다(송화섭 역, 2000).

　물론 리더가 갖는 고유한 특성들이 리더십 상황에서 얼마나 효과적인가에 대한 논쟁은 여전히 남아있지만 이제까지 연구된 다양한 특성이론을 통하여 리더의 공통된 특성을 제시하면 다음과 같다(이병진, 2003).

　① 책임을 기꺼이 맡으려 한다.
　② 정서적 안정과 감정통제가 적절하다.
　③ 도덕적이며 인격적 통합성이 높다.
　④ 의사소통과 언어구사력이 탁월하다.
　⑤ 지배성, 우월성이 높다
　⑥ 정력적이다.
　⑦ 성숙한 교양미가 있다.
　⑧ 원리원칙과 공정성을 준수한다.
　⑨ 창의성, 독립성이 우월하다.
　⑪ 원만한 성품과 건전성을 지니고 있다.

　이러한 특성이론은 리더십의 요인을 리더의 개인적 특성에서 찾는다는데 공통점이 있으나 특성이라는 개념 그 자체가 갖고 있는 의미의 복잡성과 애매성, 그리고 측정상의 어려움에도 원인이 있지만, 보다 결정적인 한계는 리더는 항상 변화할 수 있고 상황에 따라 그에 적절한 대응이 요구된다는 점에서 일반화할 수 없으므로 다음과 같은 한계를 가지고 있다. 첫째, 리더가 구비해야 할 자질이 너무 많은데 이러한 자질을 구비한 사람이 과연 현실에 존재할 것인가, 둘째, 실제적으로 리더가 가지고 있는 특성들 간의 모순이 많은데 통일성 있게 파악할 수 있는가, 셋째, 어떤 사람이 리더가 되는 데에는 자신의 특성보다 처한 상황에 의존하는 경우가 많은데 어떻게 설명할 수 있는지가 문제점으로 지적된다(최창호, 정세욱, 1980).

⑵ 행동이론(behavior theory)

　행동이론은 집단 내에서 성공적인 리더가 구성원의 사기와 조직의 생산성에 영향을 주기 위하여 어떻게 행동하는가를 관심을 가지는 이론으로 리더의 어떠한 행동들이 구성원들의 업적과 만족에 영향을 미치는가를 연구하였다. 비슷한 특성을 지닌 리더라 할지라도 다른 사람에 비해 목표달성을 성공적으로 해내는 행동양식을 지닌 리더가 있음에 연구자들은 착안하였다. 따라서 행동이론은 목표달성과 이러한 목표 달성을 할 수 있는 리더의 행동 양식간의 관계를 규명해 내는 것이다. 가령, 리더가 조직의 목표를 달성하고자 할 때 리더가 똑같이 신념, 정열, 용기, 인내 등 훌륭한 특성을 지녔어도 목표를 달성하는 리더가 있는가 하면 목표달성에 이르지 못하는 리더가 있는 것이다. 이럴 때 이는 단순히 특성이론으로만 설명되지 않는 영역이므로 어떻게 행동하기에 목표를 달성하는지에 더 관심을 가지는 이론이라고 할 수 있다.

많은 학자들이 리더십의 지도행위에 관하여 연구한 결과를 분석하면 공통적으로 다음의 두 가지 유형을 들 수 있다.

① 과업 지향적 지도유형

과업 목표의 달성을 무엇보다도 중요시하고 필요한 과업을 분배하고, 지시하고, 작업활동을 감독하는 것이 리더의 제일차적 임무라고 보는 유형이다.

② 인간 지향적 지도유형

리더의 기능을 발휘하여 조직 구성원들의 문제점을 해결하고 외부의 압력으로부터 보호하며 집단의 결속력을 높이는 것이라고 보는 유형이다.

이러한 행동과학적 접근을 한 이론들은 아이오와(Iowa) 대학의 연구에서 레빈 (Lewin, 1938)은 리피트(Lippitt)와 화이트(White)와 함께 '리더십과 집단생활의 실험적 연구'를 하였다. 이 연구는 11세 소년을 5명으로 구성된 4개의 집단으로 만들어 각종 재료를 주고 장난감을 만들게 하였다. 한 집단을 통제집단으로 하고 나머지 3개 집단을 교사들로 하여금 전제형, 민주형, 방임형 리더 역할을 하게 하여 각 유형의 지도성이 아동들에게 미치는 영향과 리더가 바뀔 때 집단과 구성원들에게 미치는 영향을 연구하였다. 그 결과 민주적인 리더를 가장 선호하였고, 자유방임적 리더, 권위적 리더 순으로 나타났다. 권위적 리더 밑에서는 초기에는 생산성이 상승하였으나 시간이 흐름에 따라 급격히 감소하였고, 공격적인 행동이나 냉담한 행동을 유발하였다. 자유방임적 리더 밑에서는 방향감을 잃고 좌절하거나 우유부단한 행동이 나타났다. 이 연구는 대상이 자유스런 분위기에서 자란 11세 소년들이고 소집단이란 점에서 일반화하기에는 무리가 있지만 지도성 행동을 실험한 첫 번째 연구로 대안적 리더의 행동유형을 설명하고 분류하는데 유용하다.

행동이론은 현장이나 실험실에서 리더가 행위를 관찰, 기술함으로써 어떤 패턴의 지도성 행위를 점차 인식하게 되어 유형이론으로 발전하게 되었는데 특히 탄넨바움과 슈미트(Tannenbaum & Schmit)는 연속체의 개념으로 발전시켰다. 그들에 의하면 권위적 리더십, 민주적 리더십, 혹은 중간 정도의 리더십 중 어떤 리더십이 가장 좋은 것인지를 리더의 영향력, 집단의 영향력, 상황의 영향. 장기적인 목표와 전략의 4개의 범주의 요인들로 보았는데 구체적으로 설명하면 <그림 1>과 같다.

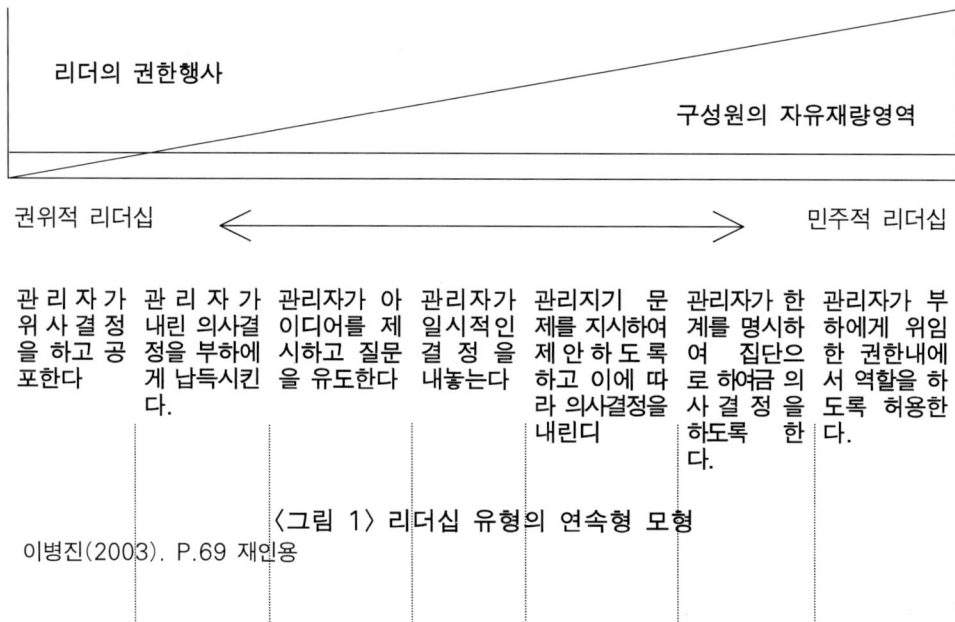

<그림 1> 리더십 유형의 연속형 모형

이병진(2003). P.69 재인용

그들은 리더십 유형의 연속성 모형에서 지시전달하기, 설득시키기, 검증하기, 자문구하기, 참여하기의 5개의 리더십 행동양식을 경험적 연구를 통하여 제시하였으나 일반화할 수 있는 도구는 아니었다. 그러나 교육리더들에게 유용한 대안적 리더십 행동을 선택적으로 활용할 수 있도록 하였다는데 의의가 있다.

집단과 조직의 목표달성 중에서 중요한 리더의 행동을 밝혀내기 위해 오하이오 주립대학의 햄필과 쿤(Hemphill & Coons, 1950)은 리더행위 기술 질문지(Leader Behavior Description Questionaire: LBDQ)를 개발하고, 후에 헬핀과 위너(Halpin & Winer, 1952)가 재정립하여 지도행위를 구조주도 차원과 배려차원으로 분류하였다. 구조주도 차원은 과업중심으로 조직수행 목표에 초점을 두고 과업을 조직하고 설정 할당하며, 과업집단의 성취를 평가하기 위해 노력하는 리더의 행동을 말한다. 배려중심차원은 인화중심으로 리더와 구성원 사이의 관계에서 우정, 상호신뢰, 존경, 그리고 온화함을 나타내는 지도성 행동을 의미한다. 또 그들은 구조주도 차원과 배려중심 차원을 양축으로 지도성을 효과적 리더십, 과업중심 리더십, 인화중심 리더십, 비효과적 리더십으로 나누었는데 <그림 2>와 같다.

고 ↑ 인화 중심 ↓	(인화중심 리더십) 저 과업 고 인화	(효과적 리더십) 고 과업 고 인회
	(비효과적인 리더십) 저 과업 저 인화	Ⅳ (과업중심 리더십) 고 과업 저 인화

| 저 | 저 | ← | 과업중심 | → | 고 |

〈그림 2〉 헬핀과 위너의 리더십 행위도

이범진(2003). P.72 재인용

학교장의 리더십 연구에서 지나친 과업중심의 리더는 학교의 효과성을 제한하고 인화중심을 무시하는 하는 것은 교사들의 만족을 줄인다고 한다. 그러므로 인화중심과 과업중심을 통합한 일관적 행동패턴의 리더가 바람직하지만 그렇지 않은 경우도 있다. 오하이오 주립대학의 리더십 연구는 광범위하게 활용될 수 있으나 효과성을 극대화하기 위해서는 적절한 상황과 리더십 유형을 어떻게 조화시킬 것이냐가 앞으로 해결해야 할 과제이다.

블레이크와 무튼(Blake & Mouton, 1964)은 리더십을 두 가지 차원으로 생각한 관리망 개념을 설정하였다. 즉, 일에 대한 관심을 x축에, 인간에 대한 관심을 y축에 설정하여 다음과 같은 사각형으로 구성된 그림을 그렸다. 그리고 리더의 일에 대한 관심과 인간에 대한 관심의 정도에 따라 크게 <그림 3>에서와 같이 다섯 유형으로 분류하고 있다.

높음	9	인기형 (1, 9)								이상형 (9, 9)
	8									
	7									
인간에	6									
	5					타협형 (5, 5)				
대한	4									
	3									
관심	2									
	1	무관심형 (1, 1)								과업형 (9, 1)
낮음	0	1	2	3	4	5	6	7	8	9
	낮음				**일에 대한 관심**					**높음**

〈그림3〉

출처:Blake, R.R.,& Mounton, J.S.(1964). The Managerial Grid, Huston, TX:Gulf Publishing Co., P.10.

① **무관심형 (1.1)**

조직원들에 대한 관심도 낮을 뿐 아니라 생산이나 성과에 대한 관심도 낮고 오직 자신의 자리를 보존하는 데 필요한 최소한의 노력만 기울이는 무사안일형의 리더이다.

② **과업형 (9.1)**

생산이나 업무성과에 대한 관심은 매우 높으나 인간에 대한 배려는 거의 없는 리더 유형이다. 따라서 목적 달성을 위해서 능력중심으로 사람을 파악하고 개인의 감정이나 조직의 분위기 등은 주요 고려대상이 되지 않는다.

③ **인기형 (1.9)**

조직의 목표나 일의 성과에는 별로 관심이 없고 사람에 대한 관심은 매우 높다. 구성원직원들이나 다른 사람들의 요구사항을 잘 들어주고 배려해 주며 조직을 우호적인 분위기로 유지하기 위하여 모든 노력을 기울인다. 좋은 분위기가 반드시 높은 업무성과로 연결되지는 않기 때문에 조직목표 달성에는 효과적이지 못할 수도 있다.

④ 타협형(5.5)

리더는 업무성과와 인간에 대하여 적절한 정도의 관심을 가지고 두 요소의 균형을 이루려고 노력한다. 즉, 어느 한쪽에 치우치기보다는 일과 사람 모두에 적당한 수준의 관심을 가지고 적정수준의 성과를 내기 위하여 노력한다.

⑤ 이상형(9.9)

팀 제도하에서 가장 바람직한 유형으로 과업이나 목표에 대한 관심 뿐 아니라 인간에 대한 관심도 높아서 조직원들의 사기와 성장을 중요하게 여긴다. 상호 신뢰적이고 상호 존중하는 관계를 유지하며 협동을 통하여 조직원들은 자신의 발전과 조직의 성과달성을 함께 추구하기 위하여 노력한다.

블레이크와 무튼은 이상형(9.9)이 가장 이상적인 리더십의 모델이라고 생각하였는데 미국의 한 연구 자료에 의하면 GE의 잭웰치 회장을 이상형의 대표적 사례로 들 수 있다. 그러나 리더십 스타일은 나라마다 문화가 다르므로 다를 수 있다. 일본의 미즈미 연구에서는 (7.7)이 가장 효과적인 리더십으로 밝혀졌는데 우리나라는 특별한 연구는 없다.

이러한 행동이론은 어떤 상황에서나 효과적인 리더십을 찾아내려고 노력하였으나 리더십을 둘러싼 상황과 그러한 상황의 변화를 충분하게 고려하지 못한 한계를 가지고 있다. 따라서 리더십에 대한 행동이론은 조직의 효과성에 일관적인 결과를 제시하지 못함에 따라 상황과 상황 속의 조직 구성원들의 상호작용에 관심을 갖게 하였다.

(3) 상황이론(Situation theory)

특성이론은 본질적으로 리더의 리더십이 발휘되는 시간과 장소, 그리고 조직이나 집단의 성격 등이 고려되지 않고 있다. 이러한 결점을 비판하고 등장한 것이 상황이론이다. 즉, 현대의 기업 환경이 복잡해지면서 처해진 상황이나 여건에 따라 필요로 하는 리더의 특성이나 행동이 다르다는 것을 알게 되었다. 특히 1970년대 이후에 나타난 이론으로서 연구자들은 특성이론이나 행동이론으로도 설명되지 않는 지도력의 영역이 있음에 리더의 상황적 변수가 리더십에 영향을 끼치는 것을 알고 연구하게 되었다. 모든 상황에서 유능하고 우수한 리더는 존재하기 어렵고, 구성원간의 관계나 행동적 특성, 작업의 종류, 리더의 권한 정도, 조직체나 집단의 제반 상황에 따라서 요구되어지는 리더의 모습도 달라진다는 것이다.

상황이론은 어떤 사람이 리더가 되는 까닭은 그가 지닌 생래적 속성 때문이 아니라 그가 처한 상황에 따라 지도에 적합한 형태를 보이기 때문이라고 주장한다. 즉, 리더는 그가 속하는 집단·조직의 목표·구조·성격, 그 집단·조직이 속하는 사회·문화의 성격·유형·발전도, 구성원들의 기대·요구 등의 상황적 조건에 따라 결정되는 것이라고 주장하는 이론이다. 상황이론은 상황 또는 사정을 강조하는 면에서는 앞의 성좌적 특성이론과 가까우나 리더의 자질보다는 구체적인 상황이 리더십을 형성하는 기본요인이라고 본다. 그러나 순전히 상황만이 리더십의 요인이라면 동일한 상황 하에서 다른 사람들을 물리치고 어느 특정인이 리더로 되는 이유를 해명하지 못하는 한계를 가지고 있다.

피들러(Fiedler, 1963)는 상황이론의 효시자이며 리더십에 대해서는 가장 먼저 구성원에 대한 영향력 정도를 특정 상황의 조절 변수로 보고 상황 적합 이론(Contingent Theory)을 주장하면서 대규모의 다양한 집단의 리더를 중심으로 연구를 시작하였다. 연구의 대상 집단에는 다양한 군 집단, 철강공장의 감독자, 농기계 제조업체의 관리자, 등 여러 대상이 포함되어 있었다. 이러한 여러 집단의 리더를 대상으로 그들의 리더십 유효성을 측정해 본 결과 리더십은 복잡한 상황 변수에 따라 전적으로 좌우된다는 것을 발견하였다.

이러한 상황변수는 상황적 선호도(Situational Favorability) 또는 상황적 통제(Situational Control)라고 불리는 바 상황변수는 다음과 같은 세 가지 요소로 구성된다.

첫째, 리더-구성원 관계(Leader-Member Relationship)

리더가 집단의 구성원들로부터 받는 신임과 충성의 정도와 리더가 구성원들에 의하여 매력적인 인물로 지각되는 정도를 의미하는 것으로 상황이 리더에게 호의적이냐의 여부를 결정하는 중요한 요소가 된다.

둘째, 리더의 직위 권력(Position Power)

리더가 공적 지위를 차지함으로써 생기는 권력을 의미하는 것으로 권위와 보상 권한들을 가질 수 있는 공식적인 역할을 가진 직위가 상황에 제일 호의적이다.

셋째, 과업 구조(Task Structure)

하위자들이 과업의 본질이 구조적이냐 비구조적이냐에 대한 인식정도로 한 과업이 보다 구조화되어 있을수록 그 상황은 리더에게 호의적이다. 리더가 무엇을 해야 하고, 누구에 의하여 무엇 때문에 해야 하는가를 쉽게 결정할 수 있기 때문이다. 과업의 구조화 정도는 목표의 명확성, 목표에 이르는 수단의 다양성 정도, 의사 결정의 검증 가능성이다.

이상의 세 요소의 조합이 리더에 대한 '상황의 호의성'을 결정하게 된다. 피들러는 상황의 호의성이라는 것을 그 상황이 리더로 하여금 자기 집단에 대해 그의 영향력을 행사할 수 있게 하는 정도라고 정의하고 있다. 이 모델에서는 세 가지 요소의 결합방법에 따라 상황이 리더에게 가장 호의적인 데서부터 가장 비호의적인 데까지 여덟 가지의 조합이 나올 수 있는데 <그림 4>와 같다.

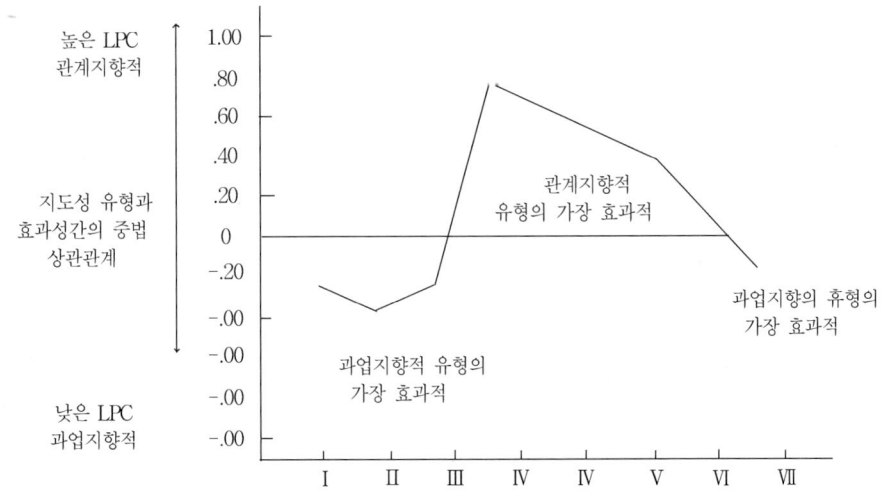

상 황	호 의 적		지도자에게 약간 호의적				비호의적	
지도자와 구성원의 관계	좋음	좋음	좋음	좋음	나쁨	나쁨	나쁨	나쁨
업무구조화의 정도	구조적	구조적	비구조적	비구조적	구조적	구조적	비구조적	비구조적
지도자의 직위권리	강함	약함	강함	약함	강함	약함	강함	약함

Fideler의 상황에 따른 효과적인 지도성유형
이명주(2003). 교육행정의 이론과 실제 P.112.

이 여덟 가지 중 리더에게 가장 호의적인 상황은 그 집단의 구성원들이 모두 리더를 좋아하고, 명확하게 정의된 직무를 지시할 수 있고, 또 리더가 강력한 직위를 갖고 있는 상황이다.

리더 자신의 특성은 리더에게 '가장 싫어하는 동료 작업자(Least Prefered

Co-worker: LPC)'에게 대해 물어봄으로써 측정한다. LPC 점수는 8척도의 20개 설문 문항에 대한 점수를 집약하여 산출한다. 구체적으로는 리더에게 그가 가장 같이 일하기 어려운 사람을 생각하게 한다. 그가 현재 같이 일하는 사람이든 과거에 알았던 사람이든 상관이 없다. 단지 일하기에 가장 애로를 느끼는 사람이다. 그 사람이 리더에게 어떻게 보이는가 측정하기 위해 척도를 이용하게 되는데 이것이 LPC 점수이다. LPC 점수가 낮은 것(비호의적 평가)은 리더가 자기와 같이 일할 수 없는 사람을 거부할 태세가 되어 있는 정도를 보여주는 것이다. 그러므로 LPC점수가 낮을수록 과업 지향적일 가능성이 크다. 반면 높은 LPC 점수(호의적 평가)는 종업원 지향적이 될 경향이 큰 것이다.

피들러는 리더와 구성원간의 관계와 과업구조, 직위 권력 등에 따라 8가지 상황을 나누었다. 그와 같은 8가지 상황과 그 유형의 리더를 분류한 뒤, 각 상황에 적합한 효과적인 리더십을 발견해내려고 하였다. 피들러의 연구 결과 중에 대표적인 것이 다음 두 가지라고 할 수 있다.

첫째, LPC 점수가 낮은 리더, 즉 과업 지향적인 리더는 집단 상황이 그에게 매우 호의적 상황이든가, 아니면 그에게 아주 비효율적인 상황에서 가장 효과적으로 나타났다.

둘째, LPC 점수가 높은 리더, 즉 관계 지향적인 리더는 호의성이 중간인 상황에서 가장 훌륭히 일을 수행하는 경향이 있다. 여기서 호의성이 중간 정도라는 것은 과업이 구조화됐으나 구성원이 리더를 싫어하므로 구성원의 감정을 중시하지 않으면 안 되는 상황, 또는 구성원이 리더를 좋아하기는 하나 과업이 구조화되어 있지 않으므로 구성원의 창의성과 참여를 구해야만 하는 상황을 말한다.

피들러는 군대, 교육기관, 산업체 등의 36개 조직, 454개 집단의 리더를 대상으로 실시한 타당성 연구를 통하여 상황의 유리성에 따라 적합한 리더십 스타일이 무엇인가를 밝히고, 조직은 상황의 유리성을 조정하거나 리더십 스타일을 변화하여 집단의 성과를 높일 수 있다고 주장하고 있다. 그러나 LPC 점수가 무엇을 측정하는가에 대한 규정이 수 년 동안 다양해서 리더를 분류할 수 있는 기준이 될 수 있는가 하는 것이고, 더 나아가 상황의 분류가 지나치게 단순화하다던가 변수의 의미가 분명치 못하다던가하는 문제점이 제기된다. 그러나 이런 비판에도 불구하고 상황중심적 지도성을 이해하는데 공헌하였고, 이를 검증하기 위한 많은 연구가 이루어지고 있다. 그러나 리더의 행동유형은 단일 연속선 상에서 과업지향과 관계지향의 두 가지 행동으로 분류함으로 일차원적으로 되돌아갔다는 비판을 받고 있다. 이론적 측면에서는 최초로 상황 변수를 본격적으로 도입한 것과 실무적 측면에서는 리더와 상황간의 적합관계가 리더십 유효성에 큰 영향을 준다는 사실을 밝혀내 리더십 개발에 한 방향을 제시해주고 있다.

레딘(Reddin, 1982)은 블레이크와 모튼의 관리망 모형과 피들러의 상황론을 이용하여 과업차원과 관계성차원, 그리고 상황에 따른 효과성 차원을 추가하여 3차원 관리유형이론을 제시하였다. 레딘의 모형은 3차원 리더십 개념, 상황변수, 리더십 유형으로 구성되어 있다. 레딘의 3차원 리더십 개념은 과업차원(task dimension), 관계성 차원(relationship dimension), 효과성 차원(effectiveness dimension)으로 <그림 5>와 같다.

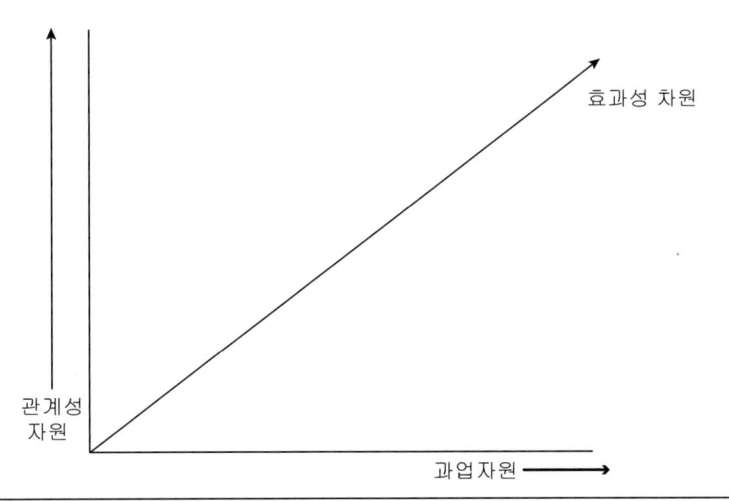

〈그림 5〉 레딘의 3차원 리더십 개념
Reddin의 리더십 모형의 효과성 차원
자료: Hersey, P., Blanchurd, K. H., & Jobnson, D. F.,(2001), Management of Oraganizational Bchavior Lending Human Resouroes, 8th, ed., Englewood Cliffs, N. J.: Prentice—Hall, Inc,. P.119.

① 과업차원
리더 자신과 구성원들의 노력을 목표달성을 위해서 전력하도록 힘쓰는 리더의 행동이다.
② 관계성 차원

리더가 구성원들의 의견에 대한 상호 신뢰와 존경, 그들의 감정에 대한 배려 등이 포함되는 개인적인 작업관계를 중요시 하는 리더의 행동이다.

③ 효과성 차원

리더가 그의 지위의 책임 하에 있는 목표를 달성하는 정도이다.

레딘은 조직의 상황 변수로 조직의 심리적 풍토, 과업 수행에 사용된 기술, 상급자와의 관계, 동료와의 관계 그리고 하급자와의 관계 등 다섯 가지를 제시하고, 지도성 유형은 기본적인 유형을 중심으로 상황에 따른 효과성 차원을 도입하여 효과적인 유형, 비효과적인 유형으로 나누었다.

(4) 변혁적 리더십(Transformation leadership)

전통적인 리더십은 목표를 달성하면 리더는 구성원들에게 보상을 준다는 것이 기본적인 형태로 조직의 성과를 높이기 위하여 구성원들은 노동과 지식을 제공하고 그 대가로 조직은 물질적 보상을 제공하는 교환적인 특징을 보였다. 그런데 번즈(Burns)는 이전의 리더십을 거래적 리더십이라고 하고 새로운 개념의 변혁적 리더십을 제시하였다. 그는 리더십을 '리더와 구성원이 점점 더 높은 수준의 도덕성과 동기 수준으로 서로를 이끌어 가는 상호 관계를 포함하는 과정'이라고 보고 변혁적 리더십과 거래적 리더십으로 나누었다. 변혁적 리더십은 리더와 구성원이 서로 동기 부여와 도덕성을 보다 더 높은 수준으로 높일 수 있도록 상호 작용을 할 때 발생 하는 반면에, 거래적 리더십은 리더의 개인적 가치나 교환 과정과 연관된 가치를 포함한다. 거래적 리더십은 구성원들의 개인적인 관심에 호소함으로써 동기화를 시도한다는 점에서 변혁적 리더십과는 분명히 구분된다.

변혁적 리더십을 발휘하는 리더들은 구성원들의 동기적 반응을 유도하고, 구성원들이 저항하거나 순응하거나에 따라, 끊임없는 상호 과정을 통해 구성원들의 행동을 변화시킨다. 즉, 가장 효과적인 형태의 변혁적 리더십은 구성원들의 가장 기본적이고 지속적인 욕구들이라고 할 수 있는, 고차원적이고 일반적이며 포괄적인 가치에 호소하는 것이다. 그는 리더와 구성원이 서로의 동기 유발 수준을 높이고 조직과 개인의 발전을 위한 자유와 평등, 평화, 인도주의 등의 높은 이상과 도덕적 가치를 담은 원대한 목표달성을 위한 의식을 제고시켜 줌으로 리더와 구성원이 하나가 된다. 또 구성원들을 하나의 인격체로 대하므로 성장의 욕구를 자극시켜 서로가 새로운 형태로 변혁되게 하는 리더십이다.

배스(Bass, 1985)는 이전의 번즈의 이론에 기초해서, 조직 내에서의 변혁과정을 묘사하고, 변혁적, 카리스마적, 거래적 리더십을 구분한 더 정교한 이론을 제시했다. 배스는 변혁적 리더십을 구성원들에 대한 리더의 영향력의 측면에서 정의했다. 리더는, 구성원들에게 과제의 결과에 대한 가치나 중요성을 상기시키거나, 구성원들의 개인적인 욕구를 자극하거나, 구성원들이 조직을 위하여 개인적인 관심을 초월하도록 유도함으로써, 구성원들을 변혁시킨다. 이러한 영향력의 결과로 구성원들은 리더에 대한, 신뢰와 존경을 느끼게 되고, 이전보다 훨씬 동기화된다.

변혁적 리더십은 과업의 중요성과 가치의 증대를 통해 팀과 조직을 위해 자신의 이익을 초월하게 함으로써, 그리고 매슬로우의 자아실현의 욕구와 같은 고차원의 수준으로 욕구를 높임으로써 최초에 기대했던 것 이상으로 직무를 수행하도록 동기화시키는 리더십으로 단기간에 만족을 보상받는 것과는 다르게 도덕성에 바탕을 둔 동기부여의 증대로 구성원들이 많은 가외의 노력을 함으로써 기대이상의 성과를 가져오게 하는 리더십을 의미한다(이병진, 2003).

티취와 울리히(Tichy & Urlich, 1984)는 변혁적 리더는 구성원의 잠재력을 향상시키고 모범을 보이며 개개인의 특성에 맞게 과업을 분담시키고, 구성원들의 책임감을 높이며 도덕적인 일을 위임하고 역할 수행에 모범을 보이며, 구성원들에게 필요한 정보를 제공하고 지적인 자극을 제공하며, 보다 긍정적으로 사고하고 행동함으로써 발전지향적인 태도를 갖는다고 하는데 기존의 거래적 지도성과 변혁적 지도성을 비교하면 <표 2>와 같다(김창걸, 2003).

〈표 2〉 거래적 지도성과 변혁적 지도성의 비교

관점지도성 유형	거래적 지도성	변혁적 지도성
시간 지향성	단기적, 현실 중시	장기적, 미래지향
협조 메카니즘	규정, 규칙	목적과 가치의 일치
의사소통	수직적, 하향적	다방향적
초 점	재무적 목적	내, 외의 고객
보상시스템	외적, 조직적	내적, 개인적
권력의 원천	지위로부터 받음	그 구성원들이 줌
의사결정	집단적, 하향적	분산적, 상향적
승낙 메카니즘	지시적	합리적 설명
변혁에 대한 태도	회피가능적, 저항적 현상	불회피적, 상향적
인도 메카니즘	이 윤	비전과 가치관
통 제	불굴의 의지	자주 관리
관 점	내 적	외 적

김창걸(2003). 교육행정 및 교육경영의 이론과 실제의 탐구. P.262.

리더의 다양한 행위에 대하여 조직 구성원들이 평가한 내용을 요인 분석한 여러 연구들은 변혁적 리더십이 4가지 요소로 구성되어 있음을 보고하고 있다.

첫째 요소는 카리스마이다.

리더가 확신을 지니고 있고, 신뢰를 강조하며, 어려운 상황에서 입장을 분명히 하고, 조직의 목표, 헌신, 결정의 윤리적 결과를 강조하여, 구성원들로부터 추앙을 받고, 자긍심을 느끼게 하며, 충성을 바치도록 한다. 그러나 카리스마는 리더가 구성원들에게 강한 감정과 동일시를 유발시켜서 영향력을 미치는 과정으로 변혁적 리더십에 필요조건이기는 하지만 충분조건은 아니라고 보았다.

둘째 요소는 동기부여이다.

리더가 미래의 비전을 제시하고, 구체화하며, 조직원들에게 도전의식을 독려하고, 비전의 실현을 위해서 활동을 개발하고 의미를 부여하도록 한다.

셋째 요소는 지적인 자극이다.

지적인 자극은 리더가 문제에 대한 구성원들의 인식도를 높이고 문제를 새로운 각도에서 보도록 유도하는 과정을 말한다. 구성원들에게 구태의연한 사고에서 탈피하기를 독려하고, 새로운 지적 도전을 제공하며, 새로운 관점을 취해 일들을 접하도록 하며, 그들의 생각을 표현하고 알리도록 권장한다.

넷째 요소는 개별화된 관심이다.

개별화된 관심은 배려의 하위 행동 유목으로서, 구성원들에게 지지와 격려, 발전적인 경험 등을 제공하는 것을 말한다. 리더가 구성원들을 조직원으로서가 아니라 개인으로서 대하려 노력하고, 개인의 욕구, 능력, 야망을 파악하여 과업의 수행과 결부시키며, 자기계발의 기회를 제공하고, 그들의 의견을 성실하게 듣는다.

이러한 변혁적 리더십은 사실 거의 모든 나라에서 사람들이 바람직한 리더십의 특징으로 꼽고 있는 것으로 나타나고 있는데, 이는 그동안 리더십 이론이 제한적인 현상만을 다루었음을 시사하는 것이다. 변혁적 리더십에서는 조직원들에게 조직의 미래에 대한 비전을 심어주고 일반적으로 가능하다고 생각하는 것보다 훨씬 높은 수준의 동기를 촉진시키며 개개인이 자신의 역량을 개발하고 발휘할 수 있도록 해준다.

⑸ 기타 리더십

최근에는 다양한 리더십이 강조되고 있다. 사회의 급격한 변화에 따라 패러다임의 변화가 요구되고 있고 이에 따라 적극적인 대응 전략이 필요하다. 이런 시대적 요구에 따라서 과학적이기 보다 인간적이고 도덕적이며 윤리적인 태도를 요구하는 도덕적 리더십(moral leadership), 직원들로 하여금 기대 이상의 직무수행을 하도록 동기유발을 시키는 카리스마 리더십(charisma leadership), 구성원으로 하여금 자기 자신을 스스로 이끌어 갈 수 있도록 해 주는 리더로 구성원에게 자율성과 권한을 부여하는 슈퍼 리더십(super leadership), 스스로를 이끌어 조직과 자신에게 영향력을 미치도록 하는 셀프 리더십(self leadership), 조직에서도 특정 대상에게 특정 기대를 가지면 그 기대와 일치되는 방향으로 행동하게 된다는 피그말리온 리더십(pygmalion leadership), 개인, 집단, 학교의 행정가와 정의적, 행동적, 인지적 영역을 포함하는 행정가 층에 중심을 두는 층 리더십(layer leadership) 등이 나오고 있다.

제2절 리더십의 제 유형 및 특징

지금까지 리더의 지도행태 또는 지도전략을 기준으로 하여 리더십의 유형을 구분하고 유형간의 차이를 규명하거나 제 유형 가운데서 가장 바람직하고 효과성이 높은 리더십 유형을 분간해 내려는 노력이 많은 학자들에 의하여 전개되어 왔는데 지금까지 연구된 리더십의 유형은 다음과 같다.

1) 레빈의 리더십의 유형

리더가 조직원들에게 권력을 행사하는 형태와 정도에 따라 레빈(Lewin, 1938)은 리피트(Lippitt)와 화이트(White)와 함께 리더십을 독재적 리더십(authoritative), 민주적 리더십(democratic), 자유방임적 리더십(laissez-faire)으로 분류하였는바 그 특징은 다음과 같다.

(1) 독재적 리더십

전제적 리더십이라고도 하며 조직이나 집단의 의사결정, 지위 및 통제에 관련된 중요한 사항은 주로 리더가 결정한다. 리더는 집단의 활동에 관하여 결정을 내릴 때 구성원들의 의견을 받아보려고 하지 않았고, 집단의 장기적 목표에 관하여 집단과 토의하지 않았으며, 자신의 권위를 강조하고, 누가 어떤 일을 할 것인가를 지시하였으며, 작업 파트너를 임의대로 짝 지워주었다, 즉 이러한 리더는 공식적 직위의 권력에 크게 의존하고 주어진 과업의 수행에 높은 가치를 두는 반면에 구성원의 욕구나 사람들과의 관계는 무시하는 유형이다. 구성원들의 반응양식은 다음과 같다.

① 구성원은 자발적인 행동을 보여주지 않으며, 작업의 양에 비해 질이 낮으며 의견교환이 적어 공동체 의식이 약하다.
② 리더들은 매우 지시적이고, 의사결정에 있어 참여를 허용하지 않는다.
③ 리더들은 하위자들에 의해 작업상황을 완벽하게 구조화한다.
④ 리더들은 완전한 권한을 가지고 있으며 과업의 시작에서 완료까지 완전한 책임을 떠맡고 있다.

이러한 형태의 리더십은 젊은 계층의 참신하고 창의적인 아이디어를 수용하는 데 어려움이 있으며, 특히 현대사회와 같이 변화의 속도가 빠른 조직에서는 효과적인 리더십이 될 수 없다.

(2) 민주적 리더십

참여형 리더십이라고도 하는데 조직의 목표설정, 의사결정 및 활동이 구성원의 자발적인 참여에 의하여 이루어진다. 민주적 리더는 모든 활동을 하기 전에 항상 먼저 전체 집단이 토론을 하도록 하였고, 집단 구성원들이 각자 자신의 할 일과 자신의 파트너를 스스로 결정하도록 해주었고, 평등한 분위기를 발전시키는 것을 격려하는데, 구성원들의 반응양식은 다음과 같다.

① 구성원들은 자발적으로 행동하며, 작업의 양과 질이 우수하고 의견교환이 활발하여 공동체 의식이 강하다.
② 리더들은 집단 토론과 의사결정을 촉진한다.
③ 하위자들은 리더에게 영향을 미치는 조건들에 관한 정보를 제공받는다.
④ 리더들의 아이디어를 표현하고 제안을 제시하도록 조장한다.

따라서 조직원들은 브레인스토밍, 팀워크 등을 통해 지위고하에 상관없이 대등하게 의사결정과정에 참여하며 자발적으로 조직의 목표를 위하여 협조하고 노력하게 된다. 이때 리더의 역할은 조직원들이 최대의 성과를 올릴 수 있도록 격려하며 일을 통하여 만족을 추구할 수 있도록 동기를 부여하는 것이다.

⑶ 자유방임적 리더십

리더가 소극적이고 방임적인 태도를 가지는 유형으로 리더의 역할을 거의 행사하지 않고 구성원들 스스로가 자신들을 이끌어 나가도록 허용하는 유형이다. 리더는 집단 활동에 거의 개입을 하지 않는다. 이런 분위기의 집단은 모든 결정을 아무런 감독자 없이 스스로 내렸고, 소위 리더는 주로 기술적인 정보를 제공하는 사람으로서만 기능하는데, 구성원들의 반응양식은 다음과 같다.

① 구성원들은 독자적으로 행동하며, 생산성이 낮고 의견교환이 없어 공동체 의식이 약하다.
② 리더들은 집단에게 완전한 자유를 주고, 하위자들은 그들이 스스로 개인적인 결정을 하도록 내버려둔다.

리더는 대외적으로 상징적인 존재에 불과하고 구성원들은 활동과 업무수행에 있어 많은 자유를 가진다. 독재적 리더십에 반대되는 개념으로 실제 조직에서는 거의 찾아보기 힘든 유형이다. 조직구성원들이 매우 독립적이고 각자가 해당 분야의 전문

가이어서 자신의 책임과 자율 하에 독자적으로 활동이 이루어 질 경우 이러한 리더
십이 효과적일 때가 있다. 그 예로 대학이나 연구소를 들 수 있다.

2) 핼핀과 위너의 리더십 유형

핼핀과 위너는 리더의 유형을 과업중심 리더와 인화중심 리더로 구분하였다.

(1) 과업 중심 리더

과업 중심 리더는 구조주도 차원으로 리더자 자신과 구성원과의 권한 관계를 형성하
고 분명한 조직 패턴, 의사소통의 통로 및 작업 방법을 확립하려고 노력하는 리더의 유
형이다.

(2) 인화중심 리더

인화중심리더는 인간적 배려 차원으로 리더자와 구성원 간의 관계에 있어서 우정
과 상호신뢰, 존경 및 온정을 나타내 보이려는 리더의 유형이다.

어떤 리더는 조직원들의 정서나 분위기 등은 아랑곳하지 않고 일에만 몰두하고
일의 결과와 성과에 집중한다. 또 다른 리더는 일보다는 조직 내의 관계나 인간관계
에 더 역점을 두며 다른 사람들이 자신에 대하여 어떻게 생각하는 지에 민감하다.
리더는 조직 내의 일이 원활하게 돌아가도록 노력하는 동시에 조직원들이 서로 좋
은 관계를 형성하며 좋은 분위기에서 일을 할 수 있도록 두 가지 능력을 동시에 갖
추는 것이 바람직하다. 그러나 두 가지를 완벽하게 추구하기는 힘들고 정도의 차이
는 있겠지만 두 가지 중 어느 한 유형에 속하게 된다.

일을 중시하는 리더를 일 중심적 리더라고 하고, 인간관계를 중시하는 리더를 인
간 중심적 리더라고 한다. 리더들의 리더십 스타일을 연구한 대표적인 리더십 학자
인 피들러는 어느 유형이 항상 바람직하다고 결론 내릴 수는 없으며 조직이 처한
상황에 따라 일 중심적 리더가 더 효과적일 수도 있고 인간 중심적 리더가 더 효과
적일 수도 있다고 하였다.

3) 레딘의 리더십 유형

레딘(Reddin, 1982)은 리더십을 과업차원, 관계성 차원, 그리고 상황에 따른 효과

성 차원을 설정하여 3차원적 리더십의 개념을 제시하였다. 관계성 차원과 과업지향 차원을 기본으로 하여 효과성 차원을 도입해 리더십 유형을 효과적인 리더십 유형과 비효과적 리더십 유형으로 구분하였는데 <그림 6>과 같다.

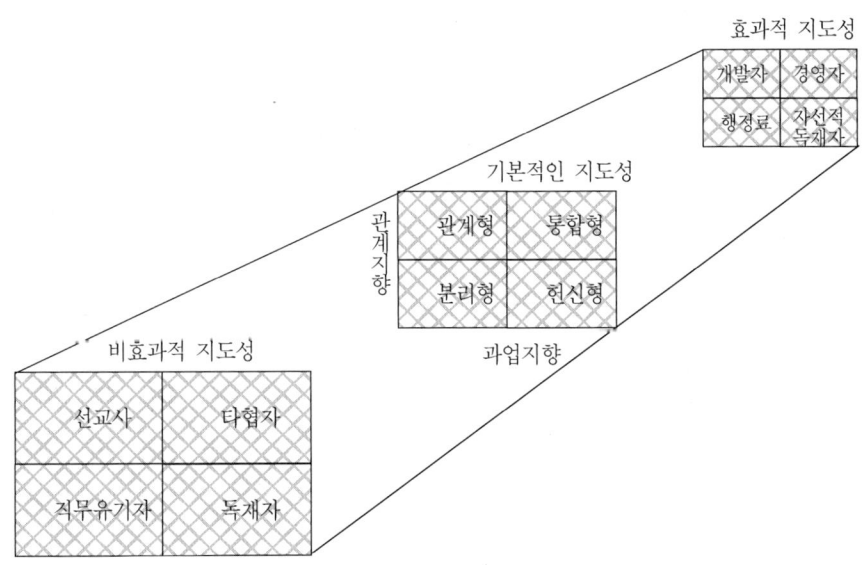

<그림 6> 레딘의 3차원적 리더십 유형

자료 : Fred C, Lunenburg and Allan C. Ornstein, Educational Administration: Concepts and Practices (Belmont, Cal.: Wadsworth Publishing Company, 1991), p.152

리더십의 유형은 기본유형을 중심으로 효과성 차원을 추가한 것이다. 리더가 상황에 어떻게 적응해 나가는가에 따라서 상황이 적합할 때는 같은 유형일지라도 효과적인 유형이 되지만, 상황에 적합하지 않을 때는 비효과적인 유형이 된다고 하면서 리더십 유형을 크게 기본유형, 효과적 유형, 비효과적 유형 세 가지로 구분하였다.

기본유형은 종합형, 관계형, 헌신형, 분리형으로 특징을 살펴보면 다음과 같다.
① 종합형(integrated style): 과업지향성과 관계지향성이 모두 높은 유형이다.
② 관계형(related style): 관계지향성은 높지만 과업지향성이 낮은 유형이다.
③ 헌신형(dedicated style): 과업지향성은 높지만 관계지향성이 낮은 유형이다.
④ 분리형(separated style): 과업지향성과 관계지향성이 모두 낮은 유형이다.

효과적인 리더십 유형을 경영자형, 개발형, 관료형, 자선적 독재형으로 나누었는데 특징은 다음과 같다.

① 경영자형(executive style)

이러한 유형의 리더는 과업과 관계 모두에 높은 관심을 가지고 있다. 훌륭한 동기부여자로서 높은 과업기준을 설정하며, 개인차를 인정하고 팀 관리를 효과적으로 활용한다.

② 개발형(developer style)

이러한 유형의 리더는 구성원과의 관계성에 최대의 관심을 보이면서 과업에 대해서는 최소한의 관심을 보인다. 또한 사람들에 대한 신뢰를 바탕으로 개인적 개발에 주로 관심을 가지고 있다.

③ 관료형(bureaucrat style)

이러한 유형의 리더는 과업과 관계 모두에 최소한의 관심을 보인다. 주로 규칙에 관심을 가지고 있으며, 규칙의 활용을 통해 상황을 통제하고 유지함으로 구성원들에게 양심적인 리더로 보여진다.

④ 자선적 독재형(benevolent autocrat style)

이러한 유형의 리더는 상황적 요구에 적절하게 과업에 최대한 관심을 보이면서도 관계에 대해서는 최소한의 관심을 보이는 리더이다. 조직 구성원들의 분노나 원망을 사지 않으면서도 수행해야 할 과업의 내용과 방법을 알고 있는 사람으로 인정받는 리더이다.

한편, 비효과적인 리더십의 유형은 다음과 같다.

① 타협자형(compromiser style)

이러한 유형의 리더는 한 측면에 대해 강조를 요구하거나, 또는 양 측면에 대해 강조를 하지 않아야 하는 상황에서 과업과 관계 모두에 대하여 높은 관심을 보인다. 장기적인 관점에서 생산의 극대화를 도모하지 않고 압력에 흔들리는 형편없고 졸속한 의사결정자이다.

② 선교사형(missionary style)

이러한 유형의 리더는 상황 요구에 어울리지 않게 사람과 관계에 대해서는 최대한의 관심을 보이면서 과업에 대해서는 최소한의 관심을 나타낸다. 오직 조직 구성원들과의 조화만을 중시하는 적선가 같은 행동을 하는 리더이다.

③ 직무 유기자형(deserter style)

이러한 유형의 리더는 상황적 요구에 어울리지 않게 관계와 과업 모두에 최소한의 관심을 가지고 있으며, 회피적이고 소극적인 사람으로 조직에 몰입하지 않고 수동적이고 부정적이다.

④ 독재형(autocrat style)

이러한 유형의 리더는 상황적 요구에 부적절하게 높은 과업과 관계성을 지향하는 비효과적인 유형으로 과업과 관계 모두에 대하여 최소한의 관심을 나타낸다. 또한 다른 사람들을 신뢰하지 못하고, 단지 직무 자체에만 관심을 가지므로 구성원에 대한 신뢰성이 없으며 즐거운 작업 분위기를 만들지 못하고 오직 당면한 과제에만 신경을 쓴다.

이상의 레딘의 3차원적 리더십 유형을 효과적인 리더유형과 비효과적 리더 유형
으로 비교하면 <표 3>과 같다(이병진, 2003).

〈표 3〉효과적인 리더유형과 비효과적 리더 유형의 비교

기본 유형	보다 효과적 유형	보다 비효과적 유형
통합형 고 관계, 고 과업	경영자형 동기유발을 통한 높은 기준 설정과 개인차를 고려한 팀 관리 중시	타협자형 부적절한 압력에 소극적이고 외적 압력에 쉽게 영향받는 의사결정
분리형 저 관계, 저 과업	관료형 규칙과 규정의 공평과 현상유지 및 통제 위주	직무 유기자형 수동적이며 경우에다라 간섭이나 책임을 포기
헌신형 저 관계, 고 과업	자선적 독재형 해야 할 일을 알고 저항을 최소화하여 효율적으로 일을 추진	독재형 일 추진과정이 완고하고 타인에 대한 불신이 높고 즉각적인 일에만 관심
관계형 고 관계, 저 과업	개발형 타인신뢰하는 온화함으로 구성원의 개인적 발달에 관심	선교사형 대인조화에 관심을 두고 조직의 위기상황에서도 선의를 전함

김창걸(2003). 교육행정 및 교육경영의

4) 허쉬와 브랜챠드의 리더십 유형

허쉬와 브랜챠드(Hersey & Blanchard, 1988)는 3차원 지도성유형을 확장하여 상
황적 지도성모형을 개발하고 오하이오 주립대학 연구 등의 선행 연구들을 검토하여
지도성 행위를 과업행위와 관계성행위의 두 가지로 구분하였다. 과업행위는 리더가
구성원들에게 무슨 과업을 언제, 어떻게 수행해야 할 것인가를 설명함으로써 일방적
인 의사소통에 전념하는 행위이고, 관계성 행위는 리더가 사회, 정서적인 지원, 즉
'심리적 위로'를 제공하고 일을 촉진하는 행동을 함으로써 쌍방 의사소통에 전념하
는 행위이다. 또 조직의 상황요인으로 하위자의 성숙성을 고려하여 직무수행 성숙성
과 심리적 성숙성으로 구분하였다. 직무 수행 성숙은 교육과 경험에 의해 영향을 받
는 것으로써 직무를 수행하기 위한 개인의 성숙을 나타내는 것이고, 심리적 성숙은
성취욕구와 자발적인 책임의 수용에 반영된 개인의 동기수준을 의미한다. 이러한 상
황적 리더십을 구성하는 과업 행위, 관계성 행위, 직무 수행성숙, 심리적 성숙의 핵
심요소를 중심으로 4가지 지도유형을 제시하였는데 특징은 다음과 같다.

① 지시형: 이것은 높은 과업, 낮은 관계성 유형이며, 구성원의 동기와 능력이 낮을 때 효과적이다. 리더가 구성원들의 역할을 결정하고 무슨 과업을 언제, 어디서, 어떻게 수행해야 하는가를 지시함으로써 일방적 의사소통이 이루어진다.

② 설득형: 이것은 높은 과업, 높은 관계성 유형이며, 구성원이 적절한 동기를 갖고 있는데 비해 능력이 낮은 경우에 효과적이다. 리더는 구성원들에게 대부분의 지시적 행동을 하지만 쌍방적 의사소통을 통해서 사회, 정서적 지원을 함으로써 구성원들의 의견을 의사결정에 받아들여 구성원들의 심리적 참가를 유도하려고 한다.

③ 참여형: 이것은 낮은 과업, 높은 관계성 유형이며, 구성원이 적절한 능력을 갖고 있는데 비해 동기가 낮은 경우에 효과적이다. 리더와 구성원들 간의 쌍방적 의사소통을 통해 의견을 교환하고, 구성원들이 과업능력과 지식을 갖고 있기 때문에 자발적인 행동을 조장할 수 있다.

④ 위임형: 이것은 낮은 과업, 낮은 관계성 유형이며, 구성원이 높은 능력과 동기를 갖고 있는 경우에 효과적이다. 리더는 위임이나 전반적인 감독을 통해서 구성원들로 하여금 자신의 일에는 자신이 리더가 되는 것을 허용한다.

그들은 구성원의 성숙도에 따라 리더의 과업행동과 관계행동을 효과성과 연관지어 <그림 7>과 같이 나타내었다.

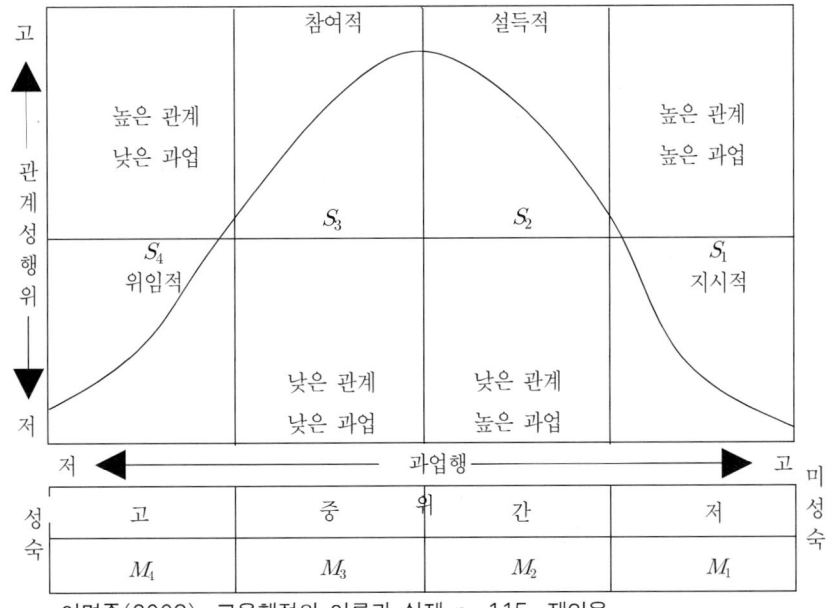

이명주(2003). 교육행정의 이론과 실제 p. 115. 재인용.

〈그림 7〉 허쉬와 브랜챠드의 상황적 지도성유형

제3절 리더십의 효과성과 자질

1) 리더십의 효과성

(1) 레빈의 리더십

리더십의 각 유형이 조직 또는 집단행동과 업적에 어떠한 영향을 미치느냐 하는 문제는 많은 실험적 연구가 이루어졌으나, 가장 대표적인 것으로는 역시 레빈과 그의 동료 화이트와 리피트의 연구이다. 이들의 연구에 의하면, 권위형의 리더 밑에서는 비교적 생산성은 높았으나 구성원의 사기가 극히 낮았고, 방임형의 경우에는 구성원의 사기는 비교적 높았으나 생산성이 극히 낮았다. 이에 비하여 민주형의 경우에는 생산성과 사기 모두가 월등히 높았다는 것이다. 그리하여 이들은 민주형을 최선의 유형이라고 하였는바 리더의 행동 특성에 대한 구성원들의 반응을 구체적으로 나타내면 <표 4>와 같다.

〈표 4〉 리더의 행동 특성에 대한 구성원들의 반응

리더십 유형	권위형	민주형	방임형
선호정도	가장 싫어함	가장 좋아함	중간임
행동특성	공격적, 냉담	대화와 타협	방향감 상실, 우유부단
생산효과성	초기 생산성 상승하나 급격히 저하됨	가장 생산성이 높음	민주적 리더와 비슷

권위적인 리더는 모든 결정을 자기가 내릴 뿐만 아니라 구성원들의 행동을 일일이 통제하는 것으로 되었고, 민주적인 리더는 구성원들이 의사결정에 참여하도록 하였을 뿐만 아니라, 물러서서 구성원들이 스스로 결정하도록 하였다. 하지만 의사결정과 구성원들의 행동에 대한 감시는 별개 차원임을 최근 연구가 보이고 있다. 리더는 구성원들의 토의과정이 민주적으로 진행되어 모든 관련된 내용, 정보가 모든 구성원들에 의해서 논의되도록 자신의 지도력을 행사할 수 있어 과정 지향적이지만 자기의 생각을 구성원들이 받아들이도록 지도력을 행사할 수 있으므로 결과지향적일 수도 있다. 과정지향성이 강한 리더는 모든 구성원이 결정과정에 참여하도록 분위기를 유도하였고, 과정지향성이 약한 리더는 구성원들이 토의하도록 할뿐 참여를 독려하는 행동은 취하지 않았다. 결과지향성이 강한 리더는 자신의 의견을 우선 피

력하고 구성원들이 받아들이도록 토의를 끌어갔고 결과지향성이 약한 리더는 자기 입장을 이야기는 하되 이를 수용하고 않고는 구성원들의 논의에 맡기는 식이었다.

최근에 와서는 이러한 실험결과에 대해 비판이 이루어지고 있다. 즉, 전적으로 민주형 리더십이 계층제 조직방식과 조화될 수 있느냐 하는 것이 문제이며, 또한 조직을 지나치게 구성원 중심으로 운영하면 생산능률이 떨어지고 오히려 사기가 저하될 수 있기 때문에 경우에 따라서는 민주형과 권위형을 절충할 필요성이 제기되고 있다. 또한 절대적으로 민주적인 지도행태나 절대적으로 권위적인 지도행태가 적합한 상황보다는 권위적 요소가 민주적 요소가 다소간에 배합된 지도행태가 적합한 상황이 실제로는 많을 수 있기 때문이다.

권위형과 민주형의 상대적이고 연속적인 분포를 상징적으로 보여 준다. 민주형의 극단을 지나쳐 추종자의 자유를 그 이상 허용하는 지도행태는 방임형에 해당하는 것이다. 이렇게 볼 때 민주형이 어떠한 시간·장소에도 불구하고 최선의 것이라는 생각은 잘못이며, 어떠한 경우에는 권위형이, 또는 방임형이 최선의 것일 수도 있다.

(2) 핼핀과 위너의 리더십

오하이오 주립대의 핼핀과 위너의 과업중심 리더와 인화중심 리더십에서 효과성을 극대화하기 위해서는 적절한 상황과 리더십 유형을 어떻게 조화시킬 것이냐 하는가가 관건이라고 하면서 효과성을 아래와 같이 밝히고 있다.

① 과업중심 차원을 소홀히 하는 것은 조직의 효과성을 떨어뜨린다.
② 인화중심 차원을 무시하는 것은 구성원의 만족감을 감소시킨다.
③ 과업중심 차원과 인화중심 차원을 일관성 있게 적절히 조화시키는 리더 유형이 가장 바람직하다.
④ 그럼에도 불구하고 상황에 따라 인화중심 차원을 보다 강조하고 과업중심 차원을 보다 억제하는 리더십 유형이 더 효과를 발휘할 수도 있다고 하였다.

(3) 블레이크와 무튼의 리더십

블레이크와 무튼의 관리망 모형에서는 9.9형의 리더는 사람과 생산 두 가지 모두를 매우 강조하므로 책임의 분담, 높은 참여, 몰입, 헌신 등으로 특징 지워지는 팀워크를 통해 조직의 목표달성에 도전하여 가장 좋은 방식이라고 생각하였고, 초기의 연구에서도 이 유형의 리더가 다른 방식을 채택하는 리더보다 경력상에서 훨씬 더 성공적이었다는 것을 발견하였다. 하지만 많은 학자들은 이 유형의 리더가 모든 상황에서 효과적이라는 데는 의문을 갖기도 한다.

⑷ 피들러의 리더십

피들러의 상황이론은 조직 전체의 상황을 평가하는데 있어서의 복합성과 중요성을 지적하고 있으며, 일정한 상황에 적절한 감독자나 관리자를 선택하고 훈련시키는데 적용시킬 수 있다는 점에서 높이 평가받고 있다. 또한 리더십이 좋은 것 또는 나쁜 것이라고 간주되어서는 안 되며 리더십은 그 유형과 조직 내의 상황적 차원들 간의 상호작용이라는 것을 시사하고 있다.

이상에서 살펴본 바와 같이 각 리더십 유형은 효과성에 장단점을 가지고 있고 최선의 유형은 존재하지 않는다. 골렘비위스키(Golembiewski)는 어떠한 유형의 리더십을 따를 것인가 하는 것보다도 '언제' 어떠한 유형의 리더십을 택할 것인가에 관심을 가져야 한다고 말하고 있다. 이처럼 리더십에 대한 경험적 연구가 더욱 확충됨에 따라 리더들이 처한 상황적 변수가 다르면 효과적인 리더십의 유형도 달라진다는 경험적 사례분포도 많이 늘어났다. 즉, 리더십 연구자들은 언제나 그리고 어디서나 효과적인 유일·최선의 리더십 유형이란 없는 것이며 리더의 지도행태는 상황적으로 결정되어야 한다고 보게 되었다. 이러한 연구는 지시적인 리더가 나쁜 것이 아니라, 모든 구성원들이 참여할 수 있도록 분위기를 유도하는 지시성은 집단 의사결정을 향상시키며 자신의 의견을 관철하고 수용하게 만들기 위한 지시성이 의사결정에 바람직하지 못한 것임을 보여주고 있다.

한편, 변혁적 리더십 유형을 다른 유형의 리더십과 비교한 연구는 변혁적 리더십이 거래적 리더십이나, 감독형 리더십(리더가 판단준거를 제시하고 적극적으로 조직활동을 감독함), 수동적 리더십, 방임적 리더십에 비해서 조직 효율성, 구성원만족도에 있어서 우월함을 보이고 있다. 즉, 변혁적 리더는 구성원들이 발전하고 고양되는 것을 추구하는 반면에, 카리스마적 리더는 때로 그 반대인 경우도 많다. 즉, 많은 카리스마적 리더들은 구성원들을 약하고 의존적으로 만듦으로써 이상에 대한 몰입보다는 개인적인 충성을 얻으려 한다.

2) 현대적 리더의 자질

산업사회에서 통용되던 전통적인 리더십은 특별한 재능을 가진 사람들이 추종자들에게 영향력을 행사해서 조직적·사회적인 목표를 성취해 내는 행동으로 생각되었다. 그러나 지식사회에서의 리더십은 리더들이 영향력을 발휘해서 조직원들의 잠재력을 최대한으로 이끌어 개인의 발전과 조직의 발전을 성취하는 과정이라고 새롭게 정의되고 있다. 리더십의 개발에 대한 공통적인 개념은 비전, 촉진자, 의사소통과 인간관계, 인격성과 낙관성, 전문성과 추진력, 구성원들에 대한 감화와 영향력 등이다(이병진, 2003). 따라서 급변하는 환경 속의 리더들은 '나를 따르라!' 식의 일방적인 명령이나 지시를 내리는 것이 아니라 상대방이 스스로 행동할 수 있도록 영향을 주고자 의도적으로 노력해야 한다. 리더는 구성원에게 신뢰를 심어주고, 구성원들이 좋아하는 특성을 소유하도록 자신을 성숙시키면서 그들이 리더와 일로부터 충족받기 원하는 요소들이 무엇인가 민감해야 하는데 구체적으로 설명하면 다음과 같다(최애경, 2002).

⑴ 영향을 미치는 6C
- ■ 신념(conviction) 개인이 자신의 비전에 대해 가지는 정열과 성실성
- ■ 성품(character) 지속적으로 보여지는 성실성, 정직성, 존경심, 신뢰
- ■ 관심(care) 다른 사람의 개인적, 직업적 안정과 발전을 위한 관심
- ■ 용기(courage) 자신의 신념을 고수하고, 도전하며, 잘못을 인정할 줄 알고, 필요할 때에는 자신의 행동을 바꿀 수 있는 용기
- ■ 침착성(composure) 힘든 위기상황에서 당황하지 않고 적절한 감정적 반응을 유지할 수 있는 능력
- ■ 역량(competence) 기술적·기능적·전문적 기술과 같은 업무관련 능력과 대인관계, 커뮤니케이션, 팀 조직화 능력

⑵ 구성원들이 좋아하는 리더의 특질
- ■ 친근함－다른 사람들과의 관계에 있어 친근하게 대해주어 따르고 존경하고 싶은 욕구가 생김
- ■ 관심－구성원직원들의 느낌과 감정을 잘 알아차리고 구성원직원에게 이해와 믿음을 보여줌

■ 공평성과 일관성 − 정책, 규칙 그리고 인사결정 등을 일관성있게 집행한다.
■ 개방성・융통성 − 구성원들이 자신의 관심사에 대해 이야기하도록 격려하고 업무의 진행이나 방법에 있어 개인의 특성에 맞추어 융통성 부과
■ 신뢰 − 구성원들이 하는 업무에 대하여 믿고 책임과 권한을 부여하여 전적으로 맡긴다.

(3) 현대 구성원들이 리더와 일로부터 충족받기 원하는 요소들
■ 자율성과 권한위임을 원하며 최소한의 감독과 최대한의 기술 전수를 원한다.
■ 의미 있는 일을 하기를 원하며 사회에 기여할 수 있는 일을 원한다.
■ 경력개발을 원하며 성장과 승진의 기회를 원한다.
■ 성취기준에 따른 보상을 원하며 인센티브, 즉 잘한 일에 대해서는 성과급을 받기를 원한다. 회사에 시간적으로 매여 있어 개인을 희생하기보다는 가족에 대한 배려를 할 수 있으며 문화적 욕구를 충족할 수 있는 융통성있는 근무일정을 원한다.

3) 현대적 리더의 역할

시대나 문화에 따라 리더십은 변하여 왔다. 특히 변화의 물결이 거센 현대가 요구하는 리더는 다양한 역할을 감당해야 하므로 전통적인 시각이나 관점과는 많은 차이가 있다. 패런과 케이(Farren & Kaye)는 끊임없이 변화하는 현대조직에 있어서의 리더의 역할을 지원자, 평가자, 예측자, 조언자, 격려자의 5가지로 분류하였는데 설명하면 다음과 같다(최애경, 2002).

(1) 지원자(facilitator)
■ 구성원 직원들이 직업의 가치와 아울러 일에 대한 관심 그리고 경쟁력 있는 기술을 개발할 수 있도록 도와준다.
■ 구성원직원들이 장기적인 경력개발계획의 중요성을 깨달을 수 있도록 도와준다.
■ 직원들이 자신의 경력개발과 관련된 문제를 상의하러 올 수 있는 개방적이고 수용적인 분위기를 만든다.
■ 직원들이 각자의 직무에서 원하는 것이 무엇인지 이해하고 이를 명확히 표현할 수 있도록 도와준다.

(2) 평가자(evaluator)

- 팀원들에게 그들의 작업수행과 평판에 관한 솔직한 피드백을 제공한다.
- 직원들의 작업수행평가 기준과 기대치를 명확히 한다.
- 현재 직업에서 중요하게 생각하는 점과 개선점 및 방법을 찾아내기 위해 직원 들의 말을 경청한다.
- 작업수행과 평가 그리고 커리어상의 최종목표 사이의 관계를 지적해 준다.
- 직원들이 그들의 작업수행과 그에 대한 평가를 개선하기 위해 할 수 있는 구 체적인 행동을 제시해 준다.

(3) 예측자 (predictor)

- 기업, 직업 그리고 해당산업에 대한 정보를 제공한다.
- 직원들이 부가적인 정보의 원천을 찾아서 이용할 수 있도록 도와준다.
- 직원들의 경력개발·전망을 위한 새로운 추세와 발전 내용을 지적해 준다.
- 직원들이 기업의 문화적·정치적 현실을 이해할 수 있도록 도와준다.
- 기업의 전략적 방향을 충분히 설명해 준다.

(4) 조언자 (advisor)

- 직원들이 잠재의식 속에 가지고 있는 커리어 목표를 찾도록 도와준다.
- 그 중에서 현실적인 목표를 택할 수 있도록 도움을 준다.
- 잠재되어 있는 커리어 목표를 비즈니스의 요구와 기업의 전략적 요구에 연결 시켜 준다.
- 커리어 목표를 성취하는 데 도움이 될만한 것들과 아울러 장애가 될 만한 것 들도 지적해 준다.

(5) 격려자(encourager)

- 직원들이 경력개발을 위한 행동계획을 이행하는 데 필요한 자원을 연계시켜 준다.
- 직원들을 키워 줄 수 있는 지위와 능력이 있는 사람들에게 직원들의 재능과 '경력 개발' 목표를 알려준다.

4) 보스와 리더의 차이점

보스와 리더는 분명한 차이가 있는데 <표5>와 같다.

〈표 5〉 보스와 리더의 차이

보 스	리 더
보스는 사람을 몰고 간다.	리더는 그들을 이끌고 간다.
보스는 권위에 의존한다.	리더는 선의에 의존한다.
보스는 '나' 라고 말한다.	리더는 '우리'라고 말한다.
보스는 '가라' 고 명령한다.	리더는 '가자' 고 권한다.
보스는 등 뒤에서 일한다.	리더는 공개적으로 일한다,
보스는 남을 믿지 않는다.	리더는 남을 믿는다.
보스는 복종을 요구한다.	리더는 존경을 모은다.
보스는 뒤에서 호령한다.	리더는 앞에서 이끈다.
보스는 권력을 즐긴다.	리더는 권위마저도 즐기지 않는다.

제4절 리더십 강화방안

리더가 적합한 성격 특성과 동기만 갖추었다고 해서 성공적이 될 것이라는 보장은 없다. 성공적인 리더가 되기 위해서는 직무수행에 관련된 능력이나 기술을 구비해야 한다. 성공적인 기술 유형에 관한 연구는 많이 있었지만 연구자들 간에 합의가 이루어진 것은 아직 없다. 리더의 기술을 분류하는 방법 중에서 가장 알려진 것으로 세 가지 기술 유형론이 있는데 캐츠(Kats, 1955)에 의해서 제안되고 맨(Mann)에 의해서 정비되었다. 세 가지 유형의 기술은 전문적 기술, 대인관계 기술, 개념적 기술이다.

전문적 기술(technical skill)은 전문화된 활동을 수행하는데 필요한 방법, 과정, 기법에 관한 지식과 그러한 활동을 하는데 관련된 도구를 사용하고 장비를 조작하는 능력을 말하는데 교육기관에서의 교육이나 실무 담당 경험을 통하여 습득하게 된다.

대인관계기술(interpersonal skill)은 인간의 행동과 대인 상호작용 과정에 관한 지식, 타인의 언행을 보고 그의 감정, 태도 및 동기를 파악하는 능력, 명확하고 효과적으로 의사소통하는 능력, 타인과의 효과적이고 협조적인 관계 형성 및 유지 능력을 말한다.

개념적 기술(conceptual skill)은 일반적 분석 능력, 논리적 사고력, 복잡하고 애매한 관계성들 속에서 개념을 가지고 이를 개념화하는 능력, 아이디어 생산과 문제해결에서의 창조성, 사건을 분석하여 추이를 파악하고 변화를 예측하는 귀납적 및 연역적 추리 능력 등을 말한다.

베니스(Bennis)는 효과적인 리더의 능력으로 ① 조직이 존재해야 하는 비전을 제시하는 능력 ② 여러 구성원들과 의사소통하여 다양한 구성원들의 지지를 얻어내는 능력 ③ 어려운 환경에서 바람직한 방향을 유지해 나가는 능력 ④ 적합한 문화를 창조하고 바람직한 결과를 얻어내는 능력이라고 한다. 또 그는 리더십을 강화하는 방안으로 ① 상황을 극복하라 ② 자신을 알라 ③ 세상을 알라 ④ 직감에 따르라 ⑤ 자신을 펼쳐라 ⑥ 역경을 헤쳐라 ⑦ 자기 사람을 만들어라 ⑧ 조직체를 활용하라 ⑨ 미래를 창출하라 등을 제시하였다(김경섭 역, 1993).

우리는 누군가에게 영향을 받기도 하고 누군가에게 영향을 끼치기도 한다. 문제는 당신이 누군가에게 영향을 주느냐 주지 않느냐가 아니라 당신이 어떤 종류의 영향력을 끼치는 사람이 되느냐에 달려 있다. 리더십이란 계발될 수 있는 기술로서 누구나 자신이 소유한 잠재적인 영향력과 리더십을 증진시킬 수 있다.

맥스웰(Maxwell, 1993)은 리더십의 단계를 지위, 허용, 성과, 인물계발, 인격의 5단계로 구분하고 있다. 1단계 지위는 권리차원으로 구성원들이 의무감에서 리더를 따르고, 2단계 허용은 관계차원으로 구성원 자신들이 원해서 리더를 따른다. 3단계 성과는 결과차원으로 구성원들이 리더가 조직을 위해 이루어 놓은 일로 인해 리더를 따르게 된다. 4단계 인물계발은 재생산 차원으로 리더가 조직을 위해 행한 일로 인하여 리더를 따르게 되고, 5단계 인격은 존경차원으로 구성원들은 리더의 인격과 리더가 대변하는 일을 통해서 리더를 존경하는 단계이다.

리더가 자신의 조직을 인도할 때 모든 구성원들을 동일한 수준으로 유지할 수 없으므로 효율적인 리더십을 발휘하기 위해서는 최상의 수준에 다같이 이를 수 있도록 돌봐주는 것이 필요한데 가장 먼저 리더 자신이 어느 단계에 와 있는지를 아는 것으로부터 출발한다. 각 단계에서 성공하는 데 필요한 특성들을 발견해서 적용시키면 훌륭한 리더십을 발휘할 수 있게 될 것이다. 다음의 단계로 이동하기 전에 충분히 이해하고 터득해야할 특성은 다음과 같다(강준민 역, 2002).

제1단계: 지위/권리

① 당신의 업무를 완전히 파악하라.
② 조직의 역사를 파악하라.
③ 조직의 역사를 조직 내의 사람들과 연관시켜라. 즉, 팀 운영자가 되라.
④ 책임을 져라.
⑤ 업무 처리에 있어서 지속적인 탁월성을 보여주라.
⑥ 기대 이상으로 일을 처리하라.
⑦ 변화와 개선을 위한 창조적인 아이디어를 제공하라.

제2단계: 허용/관계

① 사람들을 진정으로 사랑하는 마음을 가지라.
② 당신과 함께 일하는 사람들이 더욱 성공할 수 있도록 만들라.
③ 다른 사람들의 시각을 통해서 보라.
④ 절차보다는 사람들을 더욱 사랑하라.
⑤ 쌍방이 이기는(win-win) 길을 택하라. 그렇지 않은 경우에는 일을 추진하지
   말라.
⑥ 당신의 계획에 사람들을 참여시켜라.
⑦ 까다로운 사람들을 지혜롭게 처리하라.

제3단계: 성과/결과

① 성장을 위하여 주도권을 쥐고 책임을 받아들이라.
② 설정한 목표를 더욱 계발시키며, 그것을 추구하게끔 하라.
③ 업무할당과 활력을 목표 설정의 필수 불가결한 요소가 되게 하라.
④ 결과에 대한 책임을 당신이 먼저 지라.
⑤ 크나큰 보상이 주어지는 일을 찾아서 하라.
⑥ 조직의 전략과 비전을 사람들에게 이해시켜라.
⑦ 변화를 주도하며 타이밍을 맞추는 일의 중요성을 아는 인물이 되라.
⑧ 결정하기를 두려워 말라. 이것이 상황을 변화시킨다.

제4단계: 인물계발/재생산

① 당신의 가장 소중한 자산은 바로 사람들임을 알라.

② 사람들을 계발시키는 것에 우선순위를 두라.

③ 사람들이 따를 수 있는 모델이 되라.

④ 한 모임의 상위 그룹 20%에 당신의 리더십의 초점을 맞추라.

⑤ 중심 지도자들에게 성장의 기회를 주라.

⑥ 가능성 있는 사람들과 생산자들이 동일한 목표를 따라 움직이도록 조치하라.

⑦ 당신의 리더십을 보완해 줄 수 있는 핵심적인 내부 인물들 그 중심에 자신을 두라.

제5단계: 인격/존경

① 당신의 추종자들은 충성스럽고 희생적이다.

② 당신은 지도자들을 지도하며 훈련하는데 몇 년을 보냈다.

③ 당신은 정치력이 있는 인물이 되었으며, 컨설턴트가 되었고, 사람들이 찾는 인물이 되었다.

④ 당신의 가장 큰 즐거움은 사람들이 성장하며 발전하는 것을 지켜보는 일이다.

⑤ 당신은 조직을 초월해서 영향을 주는 인물이다.

제5절 교사리더십 선행연구

교육의 성패는 교사에 의해 결정된다. 설정된 교육목표를 효과적으로 달성하기 위해서는 교사에게 학생들을 유도하고 조정할 수 있는 리더십이 필요하다.

교사리더십에 관한 선행연구를 고찰해 보면, 블룸(Bloom)의 연구에서는 교사의 모든 특성이 학습자의 "성적 변차"와는 상관관계가 없다고 보고하고 있으며, 콜멘(Coleman)의 보고서와 같이 교사의 특성이 학교의 다른 모든 측면을 합한 것보다 더 학생의 성적 변차를 많이 좌우하고 있다는 연구도 있다.

또한 레빈(Lewin)과 그의 동료들은 Iowa대학에서 10~12세의 아동 5명씩 3개조를 동질집단으로 구성하고, 이들을 각각 민주형 교사, 방임형 교사 및 전제형 교사에 배치하고 그 행동특성에 따라 학생들의 행동을 관찰한 결과 전제형 교사의 학생들은 매우 복종적, 타율적이고 자주성이 결여되었으며, 교사에 대해 배타적, 적대적인 행동을 나타내었다고 보고하였다. 그리고 방임형 교사의 학생들은 개인주의적이고 구성원간의 협동이 잘 이루어지지 않고 능률이 저하되는 경향을 보였다. 그러나 민주형 교사의 학생들은 분위기가 우호적, 건설적이고 집단목표에 대해 협동을 하며, 개성이 뚜렷이 나타나는 행동을 보였다. 하일(Heil)은 9개 초등학교에서 48명의 교사와 4~6학년 학생 700명을 대상으로 하여 자발형, 정돈형, 공포형의 교사유형에 따른 영향을 분석하였는데 정돈형의 교사에 배치되었던 학생들의 경우 전체 평균보다 우수한 학업 성취효과를 나타내었음을 알 수 있고 자발형의 교사나 공포형의 교사들에게서는 낮은 학업성취를 보인 것으로 보고하였다.

조명아(1999)는 관계지향적 교사와 과업지향적 교사의 학업성적에는 유의한 차가 없었으나, 과업 지향적인 지시적 교사의 행동은 학생의 순종을 유발하고, 관계 지향적이고 동시에 설득적 교사의 행동은 내면화를 유발하며, 관계 지향적인 참여적 교사의 행동은 구성원의 동일시를 유발한다고 했다. 김홍미(1989)는 교사의 리더십에 따라 학생의 학습태도는 유의한 차이가 있다고 했다. 그는 효율적 교사일 때 학습태도가 가장 높았고, 과업중심교사, 인화중심교사, 비효율적 교사의 순으로 높게 나타났다. 노재홍(1999)은 교사의 지시적 수업과 비지시적 수업은 학업성취에 의미있는 차이를 나타냈으며, 지시적 수업이 비지시적 수업보다 학업성취가 더 높았다고 보고하였다. 또한 지시적 수업과 비지시적 수업은 학습태도에도 의미있는 차이를 나타냈으며, 비지시적 수업이 긍정적인 학습태도 변화에 효과적이었다고 한다. (여윤경, 2003, 재인용. 유아교육기관 원장의 리더십 유형이 교사의 직무스트레스 및 이직의도에 미치는 영향. PP.2-3에서 재인용)

위의 연구에서 보듯이 교사가 어떤 지도력을 갖고 있느냐에 따라 학생들의 성취에 차이가 나타나고 있다. 교사 모두는 리더이다. 주변의 사람들, 특히 학생들에게 많은 영향을 주기 때문이다. 그러나 모든 교사가 리더가 될 수 있을지는 모르나 긍정적인 영향력을 끼치는 진정한 리더가 되는 것은 쉽지 않다. 나 자신이 내 안에 가지고 있는 잠재력을 깨워 능력을 발휘한다면 나 자신이 나의 리더가 되고 타인의 리더가 되는 것이다. 자기 훈련을 통한 자기변혁과 자기개발은 진정한 셀프 리더십의 첫걸음이 된다. 좋은 교사는 그 영향력으로 좋은 제자를 키워내며 학생을 발전시키는 밑거름이 되는 것이다.

Ⅱ. 교사 리더십 훈련 프로그램

제1부 프로그램의 구성

21세기 지식정보화사회에서는 시대변화에 적응하는 리더십이 강조되고 있다. 인간 행동의 계획적 변화로서의 교육에서 교사의 지도적 역할은 매우 크다. 교사가 자신의 잠재적 능력과 창의성을 스스로 계발하여 교직 발전에 기여하면서 교직 문화를 만들어 나가는 새로운 패러다임의 교육적 리더십이 필요하다. 따라서 교육적 리더십은 어떻게 정의할 수 있고, 어떤 영역과 주제로 이루어지는가에 대한 개념적 고찰과 함께 프로그램의 개발과 훈련을 통해 리더십을 향상시키고자 한다.

교사 리더십은 교사가 자신의 계발을 통해 전문성과 창의성과 자발성을 갖고, 이를 아동에게 전이될 수 있도록 도와 학생들 안에 잠재된 능력을 일깨워 주어 좋은 관계 속에서 바람직한 행동의 변화와 성숙을 돕는 전인 교육적 활동이다.

따라서 교사 리더십의 주체는 성숙한 교사이다. 교사가 성숙한 인간으로 자신을 다듬어 나가면서 좋은 모델링이 되어주는 것에서부터 출발되어진다고 볼 수 있다. 교육적 리더십의 구성요소는 크게 셀프 리더십, 교수·학습적 리더십, 상호작용적 리더십으로 이루어진다.

1. 프로그램의 기본 방향과 목표

멋지고 성숙한 교사란 자신을 사랑하고 리드하면서 교단에서 학생들과 더불어 사는 삶을 통해 행복을 추구하고 보람을 찾는 교사이다. 빠르게 변화하는 세상에서 흐름을 이해하며 자신의 주관을 가지고 올곧은 방향을 정립하면서 세상을 이끌어 나가는 사람이다. 또 신체적으로 심리적으로 급성장의 시기를 경험하는 청소년들에게 심리적인 유예기를 잘 적응할 수 있는 힘을 길러주고 사회에 나가서 성인으로서의 역할을 다 할 수 있는 기술과 실력을 향상시킬 수 있도록 도와주는 사람이다. 학교라는 작은 사회 속에서 각자의 역할에 충실하며 성실과 도전을 통한 자기 학습능력을 길러 사회를 리드해 나갈 수 있는 역량을 닦도록 도와주는 사람이다. 그러면서 학교생활을 통해 더불어 사는 지혜와 문제해결이나 인간관계의 기술을 습득하고 연마하도록 키우는 사람이다. 따라서 가장 중요한 것은 청소년들에게 멋진 모델링의 모습으로 교사 자신이 우뚝 서 있는 것이다. 그러기 위해서는 자신의 성품을 잘 가꾸며 가르치는 사명을 위해 부단한 자기 개발에 노력하고 사람들과의 아름다운 관계 맺기를 통한 자아실현으로 행복한 삶을 추구해야 한다. 따라서 교사리더십 프로그램은 다음과 같은 목표를 가지고 있다.

* 교육목표

1) 삶의 주인공이 자신임을 알고 모든 일에 올바른 선택을 하고 책임을 지는 교사가 된다.
2) 자신의 지적, 신체적, 정의적 셀프 리더십을 개발하여 학교문화를 리드하는 교사가 된다.
3) 학생들에게 필요한 교육활동을 위해 창의적이고 적극적인 수업기술을 개발하고 보급하는 가치를 창출하는 교사가 된다.
4) 대인관계 향상을 위한 기능적이고 바람직한 행동기술들을 향상시켜 변화하는 시대에 긍정적이고 자기주도적인 교사가 된다.

2. 프로그램의 원리

자신의 현재 위치를 정확하게 파악하고 자신의 삶을 리드하기 위해 개발하여야 할 덕목들에 대한 이해를 돕고 자신과 학생들에게 바람직하고 긍정적인 영향력을 행사할 수 있는 다양한 능력과 기술을 습득하도록 한다.

3. 교사 리더십 프로그램의 구조적 모형

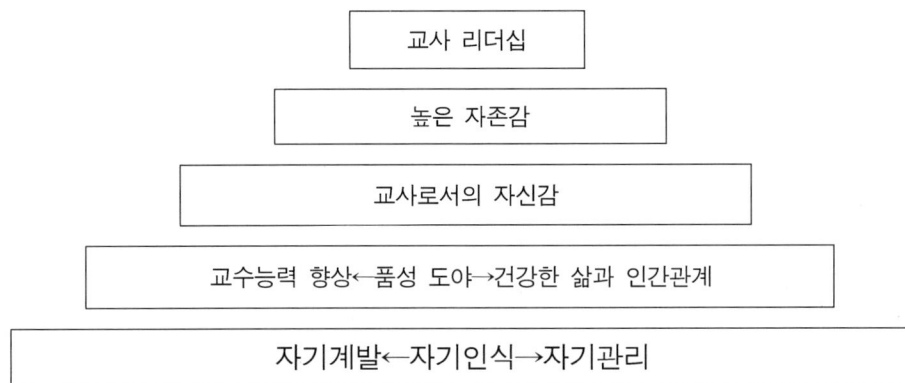

4. 교사 리더십 프로그램의 내용

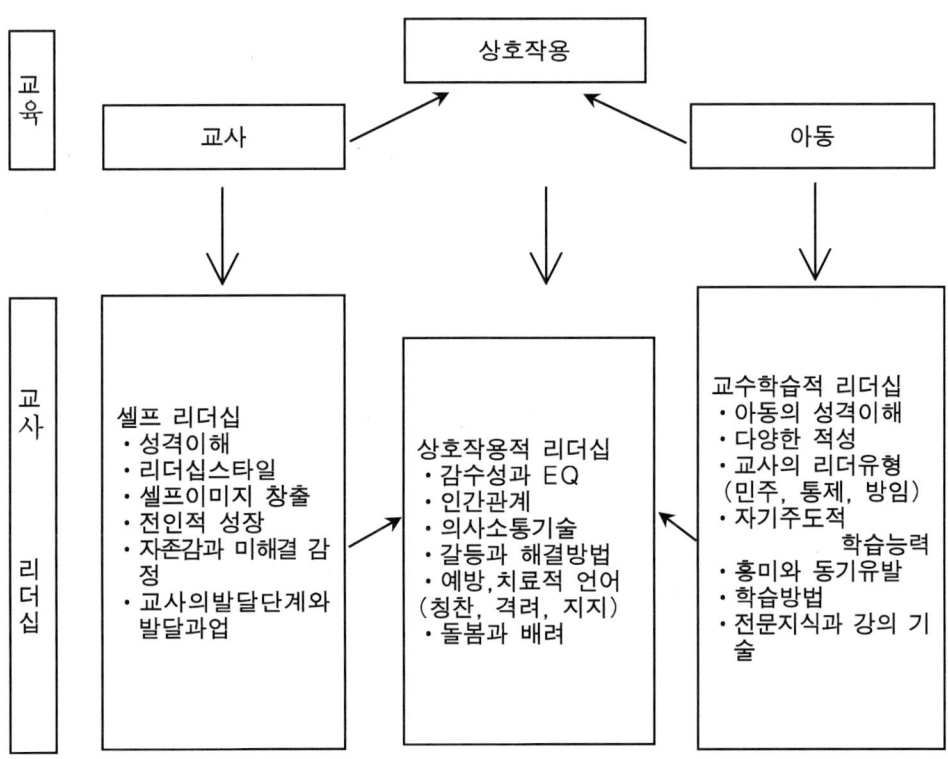

제2부 교사리더십 프로그램의 실제

회 기	프 로 그 램 명
1회기	리더십 훈련 프로그램의 안내와 선서
2회기	리더십 특강
3회기	MBTI를 통한 자기 이해
4회기	열등기능과 유형별 리더십 특징
5회기	리더로서의 행동철학
6회기	창의적인 사람들의 특징 알아보기
7회기	의사소통 I
8회기	의사소통 II
9회기	브레인스토밍과 SCAMPER
10회기	갈등의 개념과 유형
11회기	사회의 변화와 교육 패러다임의 전환
12회기	신나는 교실 재미있는 수업 I
13회기	신나는 교실 재미있는 수업 II
14회기	친밀한 인간관계 행복한 인간관계 I
15회기	전인적 성장과 멋진 나

◆ Leadership(리더십)은

Love 먼저 사랑이 있어야 하고,

Envision 내일을 그려가는 꿈이 있어야 하며,

Affirm 하면 된다는 신념의 자기선언인 확언이 있어야 하며,

Discipline 그러기 위해서는 부단한 훈련의 연단을 통해서,

Energize 활력과 정력을 축적하게 되고,

Risk 일을 성사시키기 위해서는 때로는 위험을 무릅쓰고 감행해야 할 때도 있어야 하고,

Serve그러기 위해서는 낮은 자리에서 남을 위해 봉사하는 자세도 있어야 하고,

Hope필요하다면 무모하리만큼 마음에 꿈을 희망하면서,

Imagine 그 꿈을 이루기 위해서는 소망하는 것들을 이루어달라는,

Pray끊임없는 기도가 있어야 한다는 뜻입니다.

문영식(2000). 내일을 열어가는 젊은이들을 위하여. P. 124.

◆성공하는 사람

1. 일찍 자고 일찍 일어나며 밥 잘 먹고 잠 잘 자는 사람
2. '네 덕이요 내 탓이다' 언제나 겸손한 자세를 갖는 사람
3. 어떤 좌절과 고난 속에서도 희망을 잃지 않는 사람
4. 주량보다 독서량을 자랑하는 사람
5. 약속을 잘 지키고 솔선수범하여 나보다 남을 더 생각하는 사람
6. 자기관리를 철저히 하고 어떤 고난도 감사히 받아들이는 사람
7. 언제나 낙천적이고 밝은 미소를 찾고 있는 사람
8. 누구의 말이든지 열심히 경청하는 사람
9. 상대방을 똑바로 바라보며 손을 잡는 사람
10. 나보다 나은 사람과 만나는 사람
11. 언제나 보다 나은 방법을 생각하는 사람
12. 내가 걸려 넘어진 돌을 디딤돌로 쓰는 사람
13. 검소한 옷차림, 검소한 음식을 먹는 사람
14. 자신의 몸을 성전처럼 돌보는 사람
15. 가정이 천국 같은 사람
16. 일을 즐겁게 하는 사람이 성공한다.

출처미상

제1회기 리더십 훈련 프로그램의 안내와 선서

목표: 참가자들로 하여금 이 프로그램의 목표와 특성에 대한 간단한 안내와 자기 소개를 한다.

준비물: 열린 마음, 칠판, 전지와 매직
소요시간: 90분

진행과정:

1. 이 프로그램에 참여하게 된 동기나 기대에 대해 서로 나누도록 한다.
2. 게임(덕담나누기, 질문지 게임)을 통해 친밀감을 형성한다.
3. 이 프로그램이 진행되는 동안 지켜야 할 규칙에 대해서 나누도록 한다.
4. 자신의 리더십 개발을 위한 구체적 목표를 세우고 점검한다.
5. 선서문을 만들고 낭독함으로 책임감을 갖고 훈련에 임하도록 한다.

주의 사항:

1. 서로 신뢰할 수 있는 분위기를 만들서 서로가 개방적이고 솔직할 수 있게 해야 한다.
2. 남을 판단하고 비평하는 발언은 삼가도록 한다.
3. 여기에서 일어난 개인적인 일은 비밀을 보장해 주어야 한다.

♣ 인생에서 노력 없이 얻는 것은 없다. 위험도 감수하고 때로는 고통을 겪어야 한다.

−에리히 프롬−

◆ 프로그램의 참석 동기와 기대

◆ 나의 구체적 목표

1.

2.

3.

4.

5.

◆ 친밀감 형성을 위한 덕담나누기 게임

* 당신은 이런 리더가 되세요.   이름 (   )

이름	덕담 내용	쓴 사람	점수

◆ 선서문 작성

선   서

이름:

본인은 교사 리더십 훈련 프로그램에 참가함에 있어 아래와 같은 규칙을 성실하게 이행할 것을 약속합니다.

1.

2.

3.

4.

5.

6.

7.

200   년   월   일

참가자: (인)

◆ 참고자료

1. 덕담나누기 게임 설명

① 자신의 이름을 초성, 중성, 종성으로 나누어 세로로 쓴다.
② 자신의 이름과 같은 다른 사람들과 만나면서 작업지를 교환하여 리더십과 관련한 덕담을 주고받는다.
③ 제일 먼저 완성을 하는 순서대로 나오면 진행자는 100점 만점에서부터 임의로 점수를 부여 한다.
④ 첫 번째 사람에게 가장 마음에 드는 덕담을 골라 낭독하게 하고 그 이유를 말하게 한다.
⑤ 그리고 보너스 상자에서 점수카드를 뽑아서 나온 점수를 덕담을 써 준 사람에게 부여한다.

2. 질문지 게임

① 질문지를 가지고 다른 참가자들에게 돌아다니면서 물어본 후 그렇다고 하면 서명을 한다.
② 질문지의 서명을 받을 때까지 15분 정도가 지나면 종료를 한다.
③ 가장 서명을 많이 받은 사람을 찾아 보상하고 서명을 받기 위해 돌아다닐 때의 느낌을 말하게 한다.
④ 물어 보기 어려운 질문이나 이유가 있었다면 이유가 무엇인지 말하게 한다.
⑤ 둘씩 그룹을 지어 서로 자신을 소개하는 소요시간을 갖고 상대가 상대를 대신하여 전체에게 소개를 한다.
⑥ 모두가 진지하고 적극적인 자세로 자신을 개방하도록 유도하여 자유로운 분위기에서 상대를 찾아다니면서 질문에 합당한 사람을 찾아 이유와 함께 적도록 한다.

질 문 지:
1. 가장 훌륭한 리더를 (   )이라고 생각하는 분이 5분 계십니다.
누구일까요?
(예시:히딩크, 링컨, 나의 아버지, 등등)

2. 돌아다니면서 가장 인상이 깊은 5분의 성함, 특징, 그리고 이유를 적으
   세요.)

◆ 리더십 유형검사

나는 어떤 유형의 리더일까요?

* 피들러는 리더십 유형을 분류하기 위해 리더가 가장 싫어하는 동료의 척도(LPC)를 개발하였습니다. 당신은 어떤 유형의 리더인지 알아봅시다.
  이 척도는 16개로 된 의미분석 척도로서 각각 8단계 평정척도로 되어 있습니다.

쾌활한 사람	8 7 6 5 4 3 2 1	쾌활하지 않은 사람
우호적인 사람	8 7 6 5 4 3 2 1	비우호적인 사람
거부적인 사람	1 2 3 4 5 6 7 8	수용적인 사람
긴장하고 있는 사람	1 2 3 4 5 6 7 8	여유있는 사람
거리를 두는 사람	1 2 3 4 5 6 7 8	친근한 사람
냉담한 사람	8 7 6 5 4 3 2 1	다정한 사람
지원적인 사람	8 7 6 5 4 3 2 1	적대적인 사람
따분한 사람	1 2 3 4 5 6 7 8	흥미있는 사람
호전적인 사람	1 2 3 4 5 6 7 8	조화로운 사람
우울한 사람	1 2 3 4 5 6 7 8	즐거운 사람
개발적인 사람	8 7 6 5 4 3 2 1	폐쇄적인 사람
험담을 잘하는 사람	1 2 3 4 5 6 7 8	과대한 사람
신뢰할 수 없는 사람	1 2 3 4 5 6 7 8	신뢰할 수 있는 사람
사려깊은 사람	8 7 6 5 4 3 2 1	사려깊지 못한 사람
비열한 사람	1 2 3 4 5 6 7 8	신사적인 사람
마음에 맞는 사람	8 7 6 5 4 3 2 1	마음에 맞지 않은 사람
성실하지 못한 사람	1 2 3 4 5 6 7 8	성실한 사람
친절한 사람	8 7 6 5 4 3 2 1	불친절한 사람

* 해석
 - 여기서 LPC 점수가 높게 나온 리더는 인화관계를 중시하는 관계지향적 리더이고, 반대로 LPC점수가 낮은 리더는 과업지향적 리더로서 지시적이고 통제적이다.
 그러나 이들 리더십은 상황의 호의성 여하에 따라 그 효과가 결정된다.
 - 높은 LPC 점수는 대인관계적(고용인 중심)리더
 - 낮은 LPC 점수는 과업달성을 가장 중시하는 과업지향적(생산중심)리더

제2회기 리더십 특강

목표: 리더십에 대한 전반적인 강의를 통해 이론적인 기본지식을 습득할 수 있다.
리더십의 유래, 필요성, 유형, 특징과 자질 등에 대해서 안다.

준비물: 연수자료, 작업지, 켄트지 전지, 12색 매직펜

소요시간: 90분

진행과정:
1. 리더십의 개념과 정의에 대해서 설명한다.
2. 리더십의 필요성과 역사적 변천에 대해서 설명한다.
3. 리더의 유형과 특징에 대해서 알고 자신과 비교해본다.
4. 효과적인 리더의 자질에 대해서 토의하고 발표한다.

주의사항:
1. 그룹작업을 통해 리더십의 개념과 정의를 내리고 비교하도록 한다.
2. 교사로서 갖추어야 효과적인 리더의 자질에 대한 토론을 통해 알도록 한다.
3. 종료 20분 전에 MBTI성격검사를 실시한다.

♣ 우리는 늘 타인에게 영향을 줄 수 있다는 사실을 인정해야 한다.
우리 자신의 경험에 비추어 보면 타인이 우리에게 얼마나 많은 영향을 주
는지 알 수 있는데 기억해야 할 것은 우리가 상대방에게 같은 방식으로 영
향을 준다는 것이다.

－조오지 엘리오트－

◆ 리더십의 정의

◆ 리더십의 역사적 변천 진행과정

◆ 리더의 유형과 특징

◆ 리더의 자질

◆ 리더의 윤리의식

◆ 리더의 역할과 사명

1. Listen 경청해라.

지시나 명령을 하고 자기주장을 하는 것도 중요하지만 상대방의 마음을 헤아릴 수 있어야 한다. 상대가 자신의 말에 귀를 기울일 준비가 되었는지 확인을 하고 상대의 감정에 호소를 하려면 먼저 잘 들어주는 것이 중요하다.

2. Explain 설득해라

진정한 리더는 아랫사람이 기꺼이 따라오도록 한다. 그러기 위해서는 언어나 행동, 태도 등에서 신뢰를 보이며 설득력이 있어야 한다. 왜 해야만 하는가를 설명할 수 있으며 실제로 모델링의 역할을 통해 설득할 수 있어야 한다.

3. Assist 도와줘라.

불필요한 장애를 없애고 극복할 수 있도록 돕거나 사전에 정보를 제공해줘야 한다. 아낌없는 격려와 지지를 통해 자원을 충분하게 끌어내도록 도와주어야 한다.

4. Discussion 토의를 잘 진행해라.

회의나 토론을 잘 진행할 수 있어야 한다. 주제를 잘 설명하고 적절한 진행능력을 갖추고 있어야 한다. 또 결론을 잘 마무리하도록 돕고 기분 좋게 실천할 수 있으며 시간을 잘 지켜야 한다.

5. Evaluation 바르게 평가해라

목표나 문제를 잘 파악하고 올바른 결정을 해야 한다, 또 잘못은 시인할 수 있는 정직과 함께 신뢰를 잃지 않아야 한다. 정확한 판단이나 평가를 위해 지식과 교양을 갖고 상식을 벗어나지 않는 지혜도 요구된다.

6. Responsibility 책임을 져라

스스로 책임을 지고 일을 해결해야 한다. 책임을 전가하거나 회피하지 말아야 한다.

제3회기 MBTI를 통한 자기 이해

목표: MBTI검사를 통해 자기이해와 타인이해를 돕고 자신의 특성과 개발해야 할 점을 알 수 있다.

준비물: MBTI검사지, 답안지, 프로파일, OHP, TP지, 네임 펜. 파워 포인트 자료.

소요시간: 90분

진행과정:
1. MBTI 검사를 실시한 후 채점을 한다.
2. 4가지 선호지표와 16가지 성격에 대해 설명을 한다.
3. 그룹작업(E/I. S/N)을 실시한 후 그룹별로 발표를 한다.
4. 그룹작업(T/F, J/P)을 실시한 후 그룹별로 발표를 한다.

주의사항:
1. MBTI는 대표적인 비진단검사이고 자기보고식의 검사이므로 선천적인 선호경향성을 찾는 검사임을 강조한다.
2. 성격을 알게 해주지만 이를 통해 자신을 이해하고 타인을 이해하도록 돕고 자신을 틀에 가두는 것이 아니라 자신을 개발하는데 더 의의가 있음을 안다.
3. MBTI는 전문적인 교육을 받은 사람만이 실시할 수 있고, 검사자의 윤리강령을 준수해야 한다.

♣ 너와 나의 차이는
  다만 분홍과 초록의 차이일 뿐이라고 생각해 봐.
  그때 분홍은 분홍으로서 훌륭하고, 초록은 초록으로서 훌륭할 뿐
  어느 것이 더 '나은' 빛깔인 것은 아니야.
  그러니 너는 너대로 한 나무로서 나를 지켜보아 주면되는 거야.
  너에겐 너의, 나에겐 나의 역할이 있고,
  그 역할은 각각 소중하며 각각 값진 게 아닐까?
  　　　　　　　　　　　　　　　－김성빈의 성자의 마을 중에서

◆ 4가지 선호지표의 대표적 특징

그룹작업을 통해 4가지 선호지표들의 대표적인 특징을 적어보고 자신을 이해합시다. 또 우리교실의 학생들을 선호지표별 특성을 보이는 학생들에 대해 이야기 하여 봅시다.

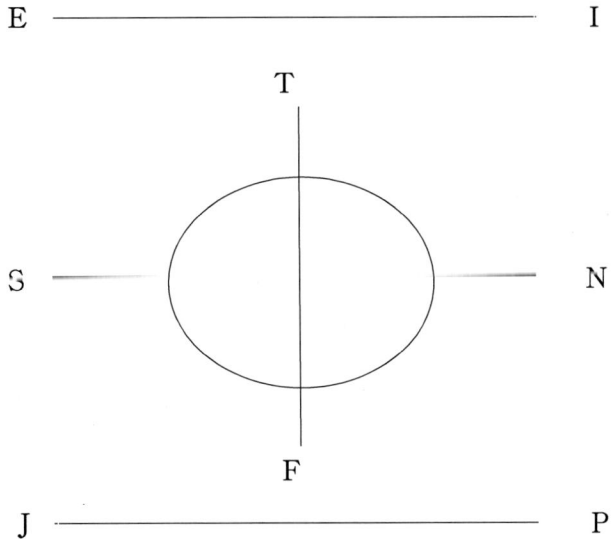

◆ 우리 반의 대표 학생들과 그들의 행동특성을 써봅시다.

E	김**(목소리가 크고 쉬는 시간에 잠시도 가만히 있지를 않는다)
I	
S	오**(학교에서 일어나는 일을 모르는 것이 없다)
N	
T	
F	
J	
P	차**(과제를 늦게 하거나 약속시간에 늦는 경향이 있다)

제4회기 열등기능과 유형별 리더십 특징

목표: 정신의 기능과 유형별 리더십의 특징과 개발해야할 점을 안다.

준비물: MBTI검사지, 답안지, 프로파일, OHP, TP지, 네임펜

소요시간: 180분

진행과정:
1. 정신의 기능 중에서 주기능과 열등기능을 이해한다.
2. 그룹작업을 통해 16가지 성격유형별 리더십의 특징과 개발해야할 점을 알고 발표한다.
3. 문제해결의 원리를 이해하고 실제적인 경험적 사례를 발표한다.

주의사항:
1. 실제적인 자신의 이야기를 통해 자신을 더욱 깊이 이해하도록 한다.
2. 성격에 따른 리더의 특성을 살피고 강점과 개발할 점에 대해서 충분한 토론이 이루어지도록 한다.
3. 합리적인 의사결정을 하지 못했던 경험을 충분히 나누고 문제해결의 원리를 몸에 익히도록 한다.

♣ 어려운 시기에 그 시련을 극복하는 방법을 보면 리더를 파악할 수 있다.

−그레그 S 레이드−

♣ 말 한마디

부주의한 말 한마디가 싸움의 불씨가 되고
잔인한 말 한마디가 삶을 파괴합니다.
쓰디쓴 말 한마디가 증오의 씨를 뿌리고
무례한 말 한마디가 사랑의 불을 끕니다.
은혜스런 말 한마디가 길을 평탄케 하고
즐거운 말 한마디가 하루를 빛나게 합니다.
때에 맞는 말 한마디가 긴장을 풀어주고
사랑의 말 한마디가 축복을 줍니다.

◆ 열등기능 사례

◆ 우리 교실에서 벌어진 사건과 열등기능 추측

어떤 열등기능이 작용했을까요?

김**(여) 평소에는 항상 남의 말을 잘 들어주고 학급 일에 동조하는 편이나 보통 때는 마음이 상한 일이 생겨도 아무 말 못하고 있는 편인데 오늘은 반장에게 큰 소리를 내며 조목조목 따져 반 아이들이 다 깜짝 놀랐다.

◆ 나의 리더십의 스타일

리더십 스타일은?	부족한 점은?
	개발해야할 점은?

◆ 주기능이 나타낼 수 있는 강점

주기능 S (ISTJ, ISFJ, ESTP, ESFP)	주기능 N (INTJ, INFJ, ENTP, ENFP)
* 타당한 사실을 인정한다 * 문제에 경험을 적용한다. * 구체적인 단서를 간직한다 * 문제를 현실적으로 다룬다.	* 새로운 가능성을 인정한다. * 문제에 독창성을 발휘한다. * 미래를 준비하는 방법을 안다. * 새로운 핵심에 대해 관찰한다. * 새로운 문제에 흥미를 가지고 관찰한다
주기능 T (ISTP, INTP, ESTJ, ENTJ)	**주기능 F (ISFP, INFP, ESFJ, ENFJ)**
* 분석을 잘한다. * 진행의 흐름을 찾는다. * 어떤 정책에 대해 일관성을 유지한다. * 법적 증거에 비중을 둔다 * 반대편에 대항해 확고한 입장을 취한다 .	* 공감을 잘 한다. * 다른 사람이 어떻게 느낄지에 대해 예견한다. * 정상참작이 가능한 상황을 허용한다. * 가치를 중시한다. * 각 사람의 기여를 인정한다.

◆ 열등기능이 나타낼 수 있는 약점

열등기능 N (ISTJ, ISFJ, ESTP, ESFP)	열등기능 S (INTJ, INFJ, ENTP, ENFP)
* 부정적 관점에서 미래를 본다 * 매우 비관적이다. * 외곬으로 빠져 다른 가능한 방법을 못 본다 * 판에 박힌 행동을 한다.	* 중요하지 않은 세부사항에 대해 강박적이다. * 비관여적 사실에 열중한다. * 감각적으로 추구하는데 열중한다. * 먹고 마심, 운동을 지나치게 좋아한다.
열등기능 F (ISTP, INTP, ESTJ, ENTJ)	**열등기능 T (ISFP, INFP, ESFJ, ENFJ)**
* 과민하다 * 화를 내거나 기대하지 않은 감정을 보인다. * 매우 개인적으로 비판을 한다. * 감정을 조절못해 폭발적인 반응을 보인다.	* 과도하게 비판적이다. * 모든 것에서 대부분 결점을 발견한다. * 지나치게 오만하다. * 다른 사람의 말에 귀를 기울이지 않으며 꼬치꼬치 따지고 고집을 부린다. (비합리적 논리성)

◆ 유형별 리더십 스타일

ISTJ	ISFJ	INFJ	INTJ
* 결정하기 위해 사실과 관련된 경험과 지식을 사용한다. * 책임완수를 위해 신뢰할 수 있고 안정되고 일관성있게 성과를 수립한다. * 전통적, 체계적 접근방법을 존중한다. * 업무수행 중 원칙을 준수한 자에게 포상한다. * 조직체계 내에서 일을 잘 한다.	* 처음에는 리더십의 수락에 선뜻 나서지 않으나 부탁받으면 받아들인다. * 자신과 남이 조직의 필요, 체계, 계층구조에 순응하기를 바란다. * 막후에서 개인적인 영향력을 행사한다. * 전통적인 절차와 규칙을 성실하게 따른다. * 실질적인 결과에 도달하기 위해 세부사항에 머리를 쓴다.	* 남과조직을 위해 무엇이 최선인지에 대한 자신의 견해를 통해 지도한다. * 요구보다는 협조를 획득한다. * 조용하지만 확고한 행동방향을 활용한다. * 자신의 영감을 실현하려고 노력한다. * 자신의 이상으로 남을 고취시킨다.	* 조직목표를 달성하기 위해 자신과 남을 이끌어 간다. * 아이디어 영역에서는 강력하고 강압적으로 행동한다. * 남에 대해 엄격해질 수 있다. * 개념화, 디자인, 신모델을 구축한다. * 필요한 경우, 냉정하게 전 시스템을 재편성할 수 있다.
ISTP	ISFP	INFP	INTP
솔선수범으로 리드한다. * 모든 사람을 동일하게 다루는 협동적 팀 접근을 선호한다. * 계층구조 및 권위주의적 평등주의자이다. * 주위의 분쟁에 신속하게 대응한다. * 부하를 느슨하게 관리하며 최소한의 감독을 선호한다. * 모든 행동을 규제하는 대원칙에 입각하여 행동한다.	* 평등주위를 선호하며 협조적인 팀 접근을 선호한다. * 동기부여의 수단으로써 개인적인 충성심을 활용한다. * 비판하기보다는 칭찬하는 편이다. * 가끔 분기하기도 하고 필요에 따라 적응하며 위기에 대처한다. * 다른 사람의 선의에 호소함으로써 조용히 설득해 나간다.	* 용이한 접근로를 택한다. * 보통과는 다른 독특한 리더십 역할을 선호한다. * 자신의 비전을 향해 독자적으로 노력한다. * 남을 비판하기보다는 칭찬하는 편이다. * 자신의 이상에 따라 남이 행동하도록 고무한다.	* 문제와 목표를 개념적으로 분석함으로써 지도한다. * 논리적 시스템 사고를 적용한다. * 자신들이 자율적으로 일을 찾는 반면 다른 독립적인 유형을 지도하기를 선호한다. * 직위보다는 능력에 입각한 대인관계를 맺는다. * 감정차원보다는 지적 차원에서의 상호작용을 추구한다.

ESTP	ESFP	ENFP	ENTP
* 위기시 기꺼이 책임을 진다. * 자신의 견해에 부하를 따르게 한다. * 솔직하고 독단적인 스타일을 가지고 있다. * 가장 편한 경로에 따라 움직인다. * 행동과 즉각적인 결과를 추구한다.	* 호의와 팀워크의 증진을 통해 지도한다. * 위기관리에 능통하다. * 갈등요인을 공동으로 해결함으로써 긴장상황을 완화시킨다. * 당면문제에 초점을 맞춤으로써 일이 되게 한다. * 사원들간의 효과적인 상호작용을 유발한다.	* 정열과 열의로 지도한다. * 착수단계의 책임지기를 선호한다. * 사람에 관련된 가치문제에 대해 관심이 많아 때로는 대변인이 되기도 한다. * 남을 포섭하고 지원하려고 노력한다. * 다른 사람의 동기가 무엇인지에 주의를 기울인다.	* 조직의 요구를 제기할 이론적 시스템을 계획한다. * 다른 사람의 독립성을 고취한다. * 논리적 시스템 사고를 적용한다. * 자기가 하려는 바를 위해 확고한 명분을 활용한다. * 사람과 시스템 간의 촉매적 역할을 수행한다.
ESTJ	ESFJ	ENFJ	ENTJ
* 지시적인 리더십을 추구하며 신속히 착수한다. * 문제해결에 과거경험을 적용, 응용한다. * 상황의 핵심에 접근함에 있어 확고하게 지시한다. * 신속하게 결심한다. * 계층구조를 존중하는 전통적인 지도자처럼 행동한다.	* 남에 대한 개인적인 관심을 통해 지도한다. * 좋은 대인관계를 통해 선의를 얻는다. * 부하에게 정보전달을 잘 한다. * 힘든 일이나 끝마무리에 솔선수범한다. * 조직의 전통을 지지한다.	* 개인적인 열의를 통해 지도한다. * 사람과 프로젝트를 관리함에 있어 참여하는 자세를 취한다. * 아랫사람의 욕구에 민감하다. * 행동을 가치와 일치시키기 위해 조직에 도전한다. * 변화를 고취한다.	* 행동지향적 열성적 접근 방법을 취한다. * 조직의 장기 비젼을 마련한다. * 필요한 경우 직접 관리하고 확고부동하다. * 복잡한 문제를 선호한다. * 가능한 많은 조직을 운용하려 한다.

◆ 의사결정의 원리와 사례

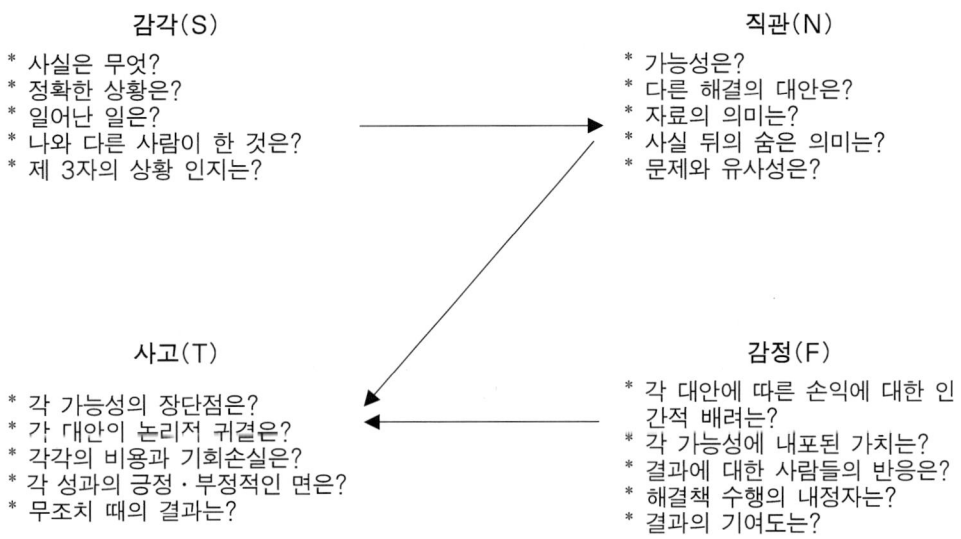

감각(S)
* 사실은 무엇?
* 정확한 상황은?
* 일어난 일은?
* 나와 다른 사람이 한 것은?
* 제 3자의 상황 인지는?

직관(N)
* 가능성은?
* 다른 해결의 대안은?
* 자료의 의미는?
* 사실 뒤의 숨은 의미는?
* 문제와 유사성은?

사고(T)
* 각 가능성의 장단점은?
* 가 대안이 논리저 귀결은?
* 각각의 비용과 기회손실은?
* 각 성과의 긍정 · 부정적인 면은?
* 무조치 때의 결과는?

감정(F)
* 각 대안에 따른 손익에 대한 인 간적 배려는?
* 각 가능성에 내포된 가치는?
* 결과에 대한 사람들의 반응은?
* 해결책 수행의 내정자는?
* 결과의 기여도는?

* 각 단계마다 개방성을 필요로 할 때는 (P)를 사용하고, 다음단계로 움직일 때는 (J)를 이용한 다. 또 방법에 따라 각 단계를 점검하고 반성할 때는 (I)를 이용하고 문제해결을 위한 각 단계의 토론에서는 (E)를 사용하여 가장 최적의 결과를 도출하는 것이 중요하다.

◆ 사례나누기

| |
| |

제5회기 리더로서의 행동철학

목표: 다양한 위치에서의 리더의 역할과 행동 기준을 살펴보고 리더로서의 자신
과 타인에 대해 기대하는 행동철학을 알아본다.

준비물: 위인전기집, 일화집, OHP자료

소요시간: 90분간

진행과정:
1. 개인은 맡겨진 위치에 따라 역할과 기능이 다름을 이해한다.
2. 가정이나 학교 현장의 예를 들어 서로 토의한다.
3. 학교 경영의 측면에서 계급적 구조의 특성에 따라 역할과 기능이 다름을 이해
   한다.
   * 관리자로서의 교사는 학교 경영자를 잘 보좌하기 위해서는 경영자의 청사진
     을 알고 구체화해서 무엇을 해야 하는지 이해하도록 한다.
   * 관리자는 목표의 중요성을 알고 달성방법을 연구하고 실행하여 교사나 학생들
     의 능력을 향상시키도록 한다.
4. 관리자인 리더로서의 행동기준을 이해하고 리더로서의 책임감과 의무감에 대해
   서 토론을 한다.
5. 노블레스 오블리지(noblesse oblige)의 개념을 이해하고 선인들의 사례를 통해 본
   받도록 한다.
6. 리더로서 내가 갖추어야 할 덕목에 대해 서로 이야기를 하고 조언을 얻는다.

주의사항:
   1. 노블레스 오블리지란 높은 신분을 가진 자의 도덕적 의무라는 의미로서 특정신
분으로서의 리더가 아닌 다양한 영역의 리더로서의 책임과 의무에 대해서 논의하도
록 한다.

◆마음으로 느껴보기

♣ 삶의 척도

우리는 세월이 아닌 행위 속에서 산다.
우리는 호흡이 아닌 생각 속에서 산다.
우리는 시계의 숫자판이 아닌 감정 속에서 산다.
우리는 심장의 고동소리로 시간을 헤아려야 한다.
가장 많이 생각하고 가장 고생하고 느끼고
가장 선하게 행동하는 이가 가장 좋은 삶을 산다.

－영국시인 베일리－

◈ 나의 역할과 기능

교장	경영자	아버지
교감	관리자	어머니
교사(부장)	감독자,	관리자	아이들
학생	작업자	아이들

교사로서의 4대 역할 – 학교경영의 관점에서 교장을 보좌한다.
　　　　　　　　　　목표달성을 위한 교육기능에 충실히 한다.
　　　　　　　　　　학생들을 바르게 육성한다.
　　　　　　　　　　자아실현을 위한 개발에 노력한다.

◈ 교실의 관리자로서 3대 행동기준

1. 전체를 부분보다 앞서게 – teamwork중시
　 * 전체를 최적의 상태로 만드는 방법 – 지향성을 일치시킨다.
　　　　　　　　　　　　　　　　　　　지향성을 폭넓고 길게 한다.
　　　　　　　　　　　　　　　　　　　지향성을 상향조정하고 창의적이게 한다.

2. 원기를 일기보다 우선하게
　 * 일의 결과는 2가지 요소로 결정된다. 객관적 요소와 주관적 요소이다.
　　객관적 요소는 어쩔 수 없는 제약조건이며 공통적인 조건으로 일기에 비유한다면 주관적 요소는 내부적인 자세, 의욕, 동기, 능력 등과 같은 주체적 노력이 원기이다.

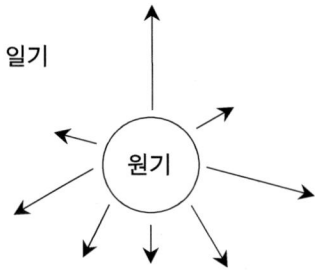

일기

원기

3. 중요한 일에 우선 순위를
　 * 일의 우선 순위정하기 – 긴급성, 중요성, 소요시간성 등을 고려하여
　　자원의 배분에 있어서 – 유효성, 효율성, 경제성 등을 고려하여

◆ 리더로서의 교사 십계명을 생각하고 나누어 봅시다.

1.

2.

3.

4.

5.

6.

7.

8.

9.

10.

◆ Noblesse Oblige(노블리스 오블리제): 지도층의 도덕적 의무

노블리스 오블리제란 사회적인 지위가 있는 사람들이 사회에 대한 의무를 다해야 한다는 뜻으로 사회적 지배층의 도덕적 의무를 뜻하는 프랑스 격언이다. 정당하게 대접받기 위해서는 '명예(노블리스)' 만큼 의무(오블리제)를 다해야 한다는 것으로 오늘날 유럽 사회 상류층의 의식과 행동을 지탱해 온 정신적인 뿌리가 되었다.

로마가 세계를 지배할 당시의 귀족들은 책무를 다하는 고귀한 신분으로서 행동하여 로마 사회의 본보기가 되었다. 재산이 많은 사람이 더 많은 세금과 기부금을 내는 것은 그들의 의무일 뿐만 아니라 자긍심으로 삼았다. 따라서 계속된 전투의 과정에서 지도자계급에 속하는 이들 귀족이 어느 누구보다도 많이 희생되었기 때문에, 로마 건국 이후 5백년 동안 원로원에서 귀족이 차지하는 비중은 15분의 1로 감소했다고 한다.

위험을 무릅쓰고 전쟁터에 앞장을 서는 귀족들의 기사도 정신, 제 1, 2차 세계대전에서 약 2,000여명 이튼 칼리지 졸업생의 전사와 25명의 총리 탄생, 철강왕 카네기, 석유재벌 록펠러에서부터 세계 최대의 갑부 빌 게이츠에 이르는 부자들의 자선 기부문화는 노블리스 오블리제의 전통을 계승한 것이다. 이러한 지배층의 사회적 도덕적 의무를 다하려는 솔선수범은 국민들의 정신을 하나로 묶는 힘을 발휘하였다. 서구 선진국에서는 나라가 위기에 처하면 사회지도층이 먼저 나서서 국민 앞에 서는 전통이 되어 오고 있고, 이와 같이 역사상 서구의 여러 나라가 문화의 꽃을 피우고 우뚝 선 것은 '노블리스 오블리제'의 도덕적 의무를 다하는 사회지도층의 국가에 대한 헌신이 밑바탕이 되었기 때문이다.

우리 사회도 이제는 노블레스 오블리제를 실천하는 사람들이 많아져야 한다. 경제적으로 풍부한 사람들이 가난의 세습의 굴레에서 벗어날 수 있도록 풍성함을 베풀고, 배운 사람들이 배우지 못한 사람들에게 지식을 나누어 주며 소외된 노인들에게 함께 사랑을 나누며 회사는 노사가 같이 갈 수 있어야 한다. 즉, 다같이 더불어 아름답게 살 수 있는 사회를 만들어야 한다. 그러기 위해서는 다방면에서 사회적 지도자들이 솔선하고 베풀면서 나눌 때 아름다운 사회, 우리가 꿈꾸는 사회가 이루어지는 것이다. 이 시대의 진정한 귀족은 누구일까요? 돈 많은 자도 아니요, 많이 배운 자도 아니요, 지위가 높거나 명예를 지닌 자도 아닐 것입니다. 아마도 가진 것은 적지만 마음이 풍요하고, 남을 위해 기꺼이 기부하고 봉사하면서 더불어 사랑하면서 사는 이 시대의 보통 사람들이 바로 '귀족'이 아닐까요?

◆ 한국 사회를 말한다. 가진 자들의 의무, 노블레스 오블리제 (2004, 01, 24, KBS방송)

* 신흥 무관학교를 세운 우당 이회영 선생 6형제의 목숨을 건 독립운동

한 집안에서 8명의 정승을 지낸 우당 이회영 선생 6형제는 독립운동을 위해 가지고 있는 만원(현재 600백억원)을 모두 처분해 만주로 가서 신흥무관학교를 건립했다. 독립운동에 헌신한 우당 일가 6형제 중 5명은 독립운동 중 고문을 당해 행방불명 또는 질병으로 사망했다. 나라를 위해 자신을 희생하여 목숨을 바치는 것, 그것이 조선의 선비정신이었다.

* 아시아 예술 박물관 이종문 회장

미국 샌프란시스코에는 한국인의 이름을 딴 박물관이 있다. 실리콘밸리의 한인 벤처기업 벡스사의 이종문 회장. 그는 아시아 예술 박물관에 1,700만 달러(우리 돈으로 200억원)를 기부했다. 국적을 떠나 누군가는 아시아인으로써 아시아의 정신적인 것을 유지해 나가야 한다는 생각 때문이었다. 서양 사람들이 아시아의 유형, 무형의 문화재와 정신을 흡수할 수 있도록 하는 것이 그의 목표였다.

◆ 경주 최부자집 이야기

부불삼대(富不三代), 곧 '부자가 3대를 넘기기 힘들다'란 말이 있다. 그러나 3대를 넘어 오래 가는 부자가 바로 경주에 있는 최 부잣집이다. 최 부잣집은 9대동안 진사를 지내고 12대 동안 만석을 한 집안으로 조선 팔도에 널리 알려진 집으로 대대로 내려오는 철학과 가훈이 있다.

첫째, 과거를 보되 진사 이상은 하지 말라. 이는 당쟁에 휩쓸리기 쉬워 멸문지화를 당할 것을 염려하여 최씨 집안에서는 진사 이상의 벼슬을 하지 않도록 한 것 같다.

둘째, 재산은 만석 이상을 모으지 말라. 만석이상의 재산은 사회에 환원하는데 이는 오히려 소작인들로 하여금 최 부잣집의 논이 늘어나기를 희망하는 현상을 가져왔다.

셋째 과객(科客)을 후하게 대접하라. 조선시대에 과객 집단은 정보전달자나 여론 조성자의 역할을 하였는바, 최 부잣집에서는 과객들을 통해서 새로운 정보를 수집하기도 하고, 다른 지역의 민심을 파악하기도 했다. 또 밤을 지내고 떠나는 나그네에게는 과

매기 한 손과 하루분의 양식, 그리고 몇 푼의 노자를 쥐어 보냈다고 한다. 최 부잣집의 1년 소작 수입은 쌀 3천 석 정도였는데, 1천 석은 가용으로, 1천 석은 과객 접대용, 나머지 1천 석은 빈민구제용으로 사용하였다고 한다.

넷째, 흉년기에는 남의 논을 매입하지 말라. 흉년기는 논을 싼값으로 사들일 수 있는 좋은 기회이나 그런 시기에 논을 구입하는 것은 다른 사람들의 가슴에 못을 박는 일이고 인간관계를 그르치는 행동으로 보았다. 즉, 양반이 할 처신이 아닐 뿐더러 가진 사람이 해서는 안 될 행동으로 보았다.

다섯째, 최씨 가문의 며느리들은 시집온 후 3년 동안 무명옷을 입어라. 살림을 담당하는 여자들의 절약정신을 매우 강조하였다. 또 보릿고개 때에는 집안 식구들도 쌀밥을 먹지 못하게 했고, 수저도 은수저는 절대 사용하지 못하게 하였다.

여섯째, 사방 100리 안에 굶어 죽는 사람이 없게 하라. 사방 100리라고 하면 동으로는 경주 동해안 일대에서 서로는 영천까지이고, 남쪽으로는 우산이고 북으로는 포항까지의 영역이다. 주변이 헐벗고 굶주려 있는 상황에서 혼자만 잘 먹고 잘 사는 것은 아무 의미가 없다고 보아 소작 수입 3천 석 가운데 1천 석을 주변의 빈민구제에 사용한 것이다.

또한 '스스로 초연하게 지내고, 남에게는 온화하게 대하며, 일이 없을 때에는 맑게 지내며, 유사시에는 용감하게 대처하고, 뜻을 얻었을 때에는 담담하게 행동하며, 실의에 빠졌을 때에는 태연하게 행동하라'는 수신(修身)의 가훈도 있어 어릴 때부터 군자다운 행동을 하도록 철저히 교육을 시켰다. 이런 가훈의 원칙들은 도덕적 실천을 넘어서 삶의 진정한 의미와 보람을 찾는 실존적 가치를 추구하는 방법이었을 것이다.

문파 최준은 마지막 최부자로서 일제시대를 넘긴 인물로 최부잣집의 자존심을 지키면서 동시에 재산도 관리해야 하는 어려운 상황을 살았던 사람이다. 그는 백산상회를 설립하여 임시정부의 김구 선생에게 독립자금을 비밀리에 제공하다가 부도가 나서 모든 재산을 압류를 당하여 빚쟁이가 되기도 했다. 최준은 해방 직후 모든 재산을 털어 대구대학을 설립할 때 기부했다. 종택은 교통 69번지로 원래 요석궁터였다고 하는데 지금은 영남대학교 재단이 소유하고 있으나 종손이 관리하고 있다. 장손 최성길씨는 판사가 되어 가훈을 어긴 자손이 되었다. 경주 최부잣집은 지금은 만석의 재산은 사라졌지만 그 명맥은 집안의 대대로 내려온 전통과 가훈을 빛내며 계속 이어져 갈 것이다. 이런 최 부잣집의 원칙들이 진정한 한국적 노블레스 오블리제가 아닐까 싶다.

제6회기 창의적인 사람들의 특징 알아보기

목표:
1. 창의성의 구성요인에 대해 알아보고 창의적인 사람들이 가지고 있는 특징을 안다.
2. 나의 고정관념이나 불완전한 지각을 깨닫고 다양한 관점이나 사고로 문제를 탐구한다.

준비물: 길포드의 지능이론, 루빈의 컵 그림들.(파워포인트 자료 이용)

소요시간: 90분

진행과정:
1. 창의성의 특성과 창의적 사고의 단계를 이해한다.
2. 창의적인 재능이 풍부한 사람들에 대해서 서로 이야기를 나누고 공통점을 찾게 한다.
3. 길포드의 지능이론을 잠깐 소개하고 확산적 사고가 창의성과 관련이 있음을 알게 한다.
4. 파워포인트를 이용해 1분간 조용하게 그림을 보도록 한 후 무엇으로 보이는지 묻고 대답하게 한다. 그리고 느낌을 발표한다.
5. 내가 지각하는 것이 전부가 아니며 나의 기준으로 다른 사람을 판단하지 않을 것을 강조한다.

주의사항:
1. 그림들은 정답이 있는 것이 아니므로 자유롭게 보고 반응하도록 유도한다.
2. 다른 사람들을 의식하지 말고 자신의 느낌이나 생각을 솔직하게 표현하도록 분위기를 조성한다.

♣ 발견은 누구나 본 것은 보고 아무도 생각하지 않은 것을 생각하는 것이다.

-Albert Szont-gyorgi von Nagyrapolt-

◆창의성의 정의와 특성

사회가 점점 복잡해지고 다양화되면서 새로운 상황에서 새롭게 적응할 수 있는 힘을 필요로 하고 있는데 인간이 지닌 수많은 능력 가운데서 특별히 창의력을 필요로 한다. 기존의 문화에 대한 이해를 바탕으로 새로운 문화를 수용하고 고유의 문화를 창조적으로 개발하고 리드해나가기 위해서는 창의력은 필수이다. 따라서 학교에서의 창의성 개발은 중요 과제로 부각되고 있다.

창의성은 인간의 지적 특성으로 이해되었으나 1950년 미국심리학회에서 길포드(Guilford, 1959)의 연설을 계기로 다양한 관점에서 많은 연구들이 진행되어 왔다. 그는 창의성을 새롭고 신기한 것을 낳는 힘으로 새로운 독특한 아이디어 또는 문제를 새로운 시각으로 보는 확산적 사고로 정의했다. 타일러(Tayler, 1961)는 생산적 사고와 창조적 사고를 표현하는 복잡한 심리과정으로서 인내성과 성취, 변화, 개선을 구하는 태도 그리고 소신을 낳게 하는 정열 같은 것으로 정의하였고, 서울대학교 교육연구소(1994)는 창의성을 새로운 관계를 지각하거나 비범한 아이디어를 산출하거나 또는 전통적인 사고유형에서 벗어나 새로운 유형으로 사고하는 능력으로 정의하였다. 토랜스(Torrance, 1988)는 창의성을 유추를 통해 표현하였는바, 더 깊이 파고(digger deeper), 두 번 보며(looking twice), 냄새를 듣는 것이며(listening for smell), 실수를 뛰어넘는 것이며(crossing out mistakes), 이해하려고 파고들어(getting in), 알아내어 캐내는 것이며(getting out), 꿰뚫어 보기 위해 구멍을 내며(cutting holes to see through), 귀퉁이를 자르는 것이며(cutting corner) 태양에 플러그를 꽂는 것(plugging into the sun)으로 표현하였다.

◆창의성의 구성요인

길포드는 창의성의 구성요인으로 유창성, 융통성, 그리고 독창성을 들었다. 유창성(fluency)은 두뇌회전이 빠르고 원활하여 주어진 자극에 대하여 제한된 시간에 어느 정도의 반응을 보일 수 있는가에 대한 능력으로 단어 유창성, 연상 유창성, 표현 유창성, 아이디어 유창성 등이 있다. 융통성(flexibility)은 변화하는 상황에 적응할 수 있게 고정관념에 사로잡히지 않는 여러 가지 견해를 가질 수 있는 능력으로 자발적 융통성과 적응적 융통성이 있다. 독창성(originality)은 타인이 생각하지 못할만한 새로운 발상이나 사고방식의 비범성으로 기존 지식의 단순한 통합이 아닌 흔하지 않은 새로운 반응을 만들어내는 능력을 의미한다.

퍼킨스(Perkins, 1988)는 창의성의 구성요인을 잠재력, 계획, 가치로 보았다. 잠재력은 지능, 중다지능, 아이디어 유창성, 유연성 그리고 연상력과 같은 심리적인 현상을 효율적으로 수행할 수 있는 능력을 말하고, 계획은 어떤 도식이나 틀과 같이 개인이 지닌 잠재력의 전개가 조직되는 패턴을 말한다. 또 가치는 한 개인이 노력을 기울이게 하는 보다 큰 가치로 가장 빈번하게 사용되는 기준가치에는 독창성, 포괄성, 인내력 등이 포함된다.

이외에도 주변의 환경에 대해 민감한 관심을 보이고 이를 통해 새로운 탐색 영역을 넓히고자하는 민감성, 흩어진 것을 조합시켜 의미있는 것으로 만들어 내는 구상성, 다듬어지지 않은 기존의 아이디어를 보다 치밀한 것으로 발전시켜 나가는 정교성, 하나의 원리원칙을 중심으로 다른 것에 적용해서 창조하거나 문제를 해결하는 응용성 등이 창의성에 영향을 준다.

◆ 창의적 산물의 특징

① 새로워야 하고 그 창조자나 창조된 문화에 가치 있거나 유용해야 한다(심리적 창의성psychological creativity-P창의성). 그러나 이 창의적 산물이 전부 역사적 창의적 산물은 아니다(historical creativity-H창의성)
② 사람들이 가치나 유용함을 어떤 식으로든 알아야 한다. 즉, 그들이 태어난 문화 속에서 진가를 인정받는다.

◈ Wallas(1926)의 창의적 사고의 단계

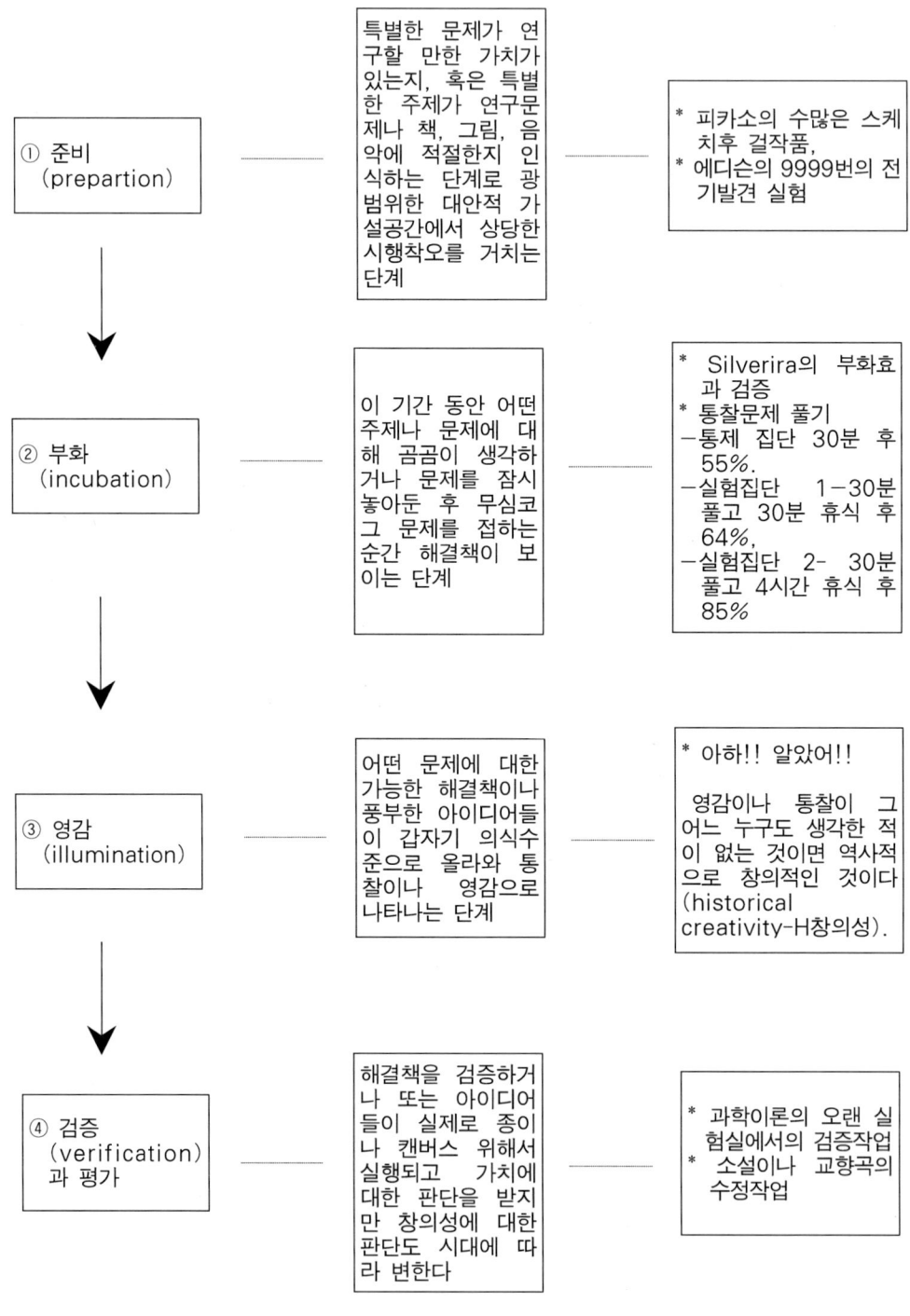

① 준비
(prepartion)

특별한 문제가 연구할 만한 가치가 있는지, 혹은 특별한 주제가 연구문제나 책, 그림, 음악에 적절한지 인식하는 단계로 광범위한 대안적 가설공간에서 상당한 시행착오를 거치는 단계

* 피카소의 수많은 스케치후 걸작품,
* 에디슨의 9999번의 전기발견 실험

② 부화
(incubation)

이 기간 동안 어떤 주제나 문제에 대해 곰곰이 생각하거나 문제를 잠시 놓아둔 후 무심코 그 문제를 접하는 순간 해결책이 보이는 단계

* Silverira의 부화효과 검증
* 통찰문제 풀기
－통제 집단 30분 후 55%.
－실험집단 1－30분 풀고 30분 휴식 후 64%,
－실험집단 2- 30분 풀고 4시간 휴식 후 85%

③ 영감
(illumination)

어떤 문제에 대한 가능한 해결책이나 풍부한 아이디어들이 갑자기 의식수준으로 올라와 통찰이나 영감으로 나타나는 단계

* 아하!! 알았어!!

영감이나 통찰이 그 어느 누구도 생각한 적이 없는 것이면 역사적으로 창의적인 것이다 (historical creativity-H창의성).

④ 검증
(verification)
과 평가

해결책을 검증하거나 또는 아이디어들이 실제로 종이나 캔버스 위해서 실행되고 가치에 대한 판단을 받지만 창의성에 대한 판단도 시대에 따라 변한다

* 과학이론의 오랜 실험실에서의 검증작업
* 소설이나 교향곡의 수정작업

◆ 길포드의 지능구조

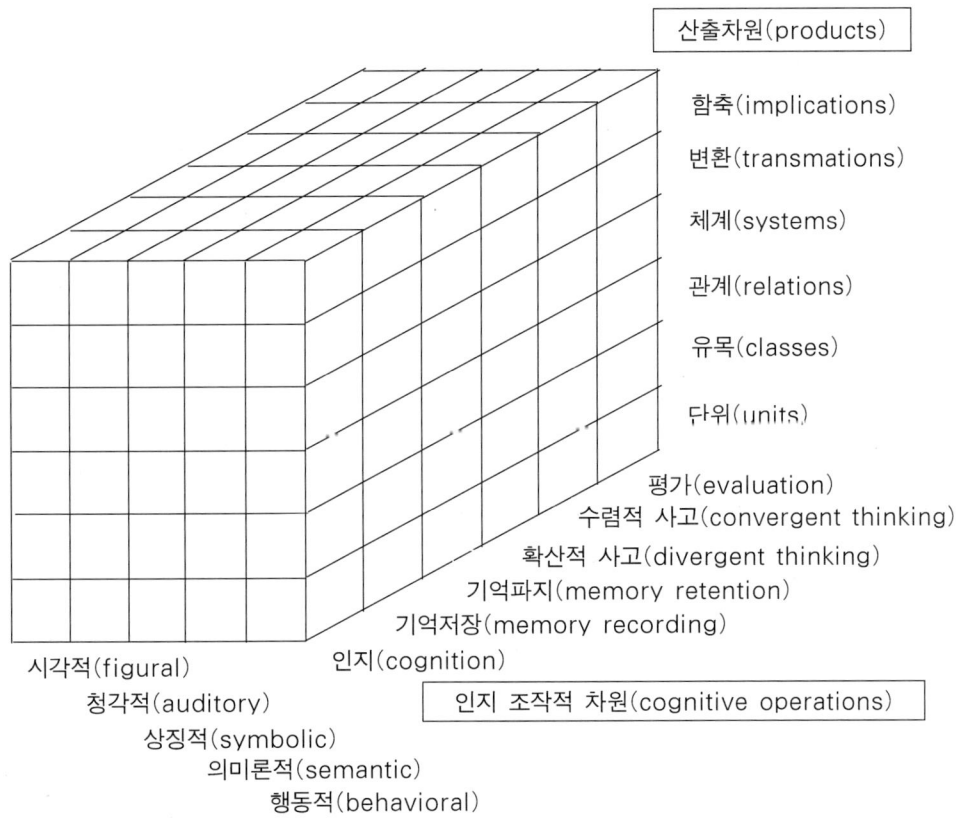

◆ 창의적인 사람들의 특징

MacKinnon(1978)	Tayler(1961)	Sternberg(1988)
* 독립적, 개성적 * 자신의 정서에 개방과 민감 * 판단보다 지각과 경험에 집중	* 유연성 * 기회에 대한 인식 * 조급한 결론 금물	* 장애의 극복의지 * 성장에의 의지와 내적 동기 * 적절한 모험심과 인정욕구
* 태도측면에서는 애매모호한 상황에 대해서 관용적이고, 모험을 좋아하고, 변화를 추구하며 성취감이 강하다.		

◆ 창의성 검사에서 추출한 하나의 문항에 대한 표본 응답과 채점절차의 예

문항	나일론 스타킹의 용도에 대해 얼마나 많은 응답을 생각해 낼 수 있는가?	
응답	*	발에 신는다
	***	얼굴에 쓴다
	*	추울 때 손에 낀다.
	**	깔개를 만든다
	*	옷을 만든다.
	***	의자 속을 만든다
	**	꽃병을 매단다
	*	모빌을 매단다
	***	크리스마스 장식을 만든다
	**	멜빵으로 사용한다.
	**	도둑을 묶는다
	***	깨진 유리창을 덮는다
	***	비행선에서 모래주머니로 사용한다
	**	어망을 만든다.
채점	* 유창성: 14(상이한 반응의 합계)	
	** 융통성: 10(한 부류에서 다른 부류로 이동한 수)	
	*** 독창성: 5(전체표본에서 5% 미만으로 발생하거나 평범하지 않은 반응의 수)	

출처: 김정휘, 주영숙, 하종덕(2002). 교육심리학 입문. p.433.

◆ 교실에서 학생들의 창의력을 확인할 수 있는 방법 예시

옆에 있는 두 개의 두 개의 평행선(線)을 단서 자료로 ──────────
이용해서 자유롭게 상상력을 동원해서 그리기 시작 ──────────

1. 어떤 학생은 이렇게 그렸다.

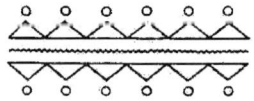 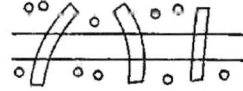

(정해진 범위 내에서 그렸기 때문에 덜 창의적이다.)

2. 어떤 학생은 위에 예시(例示)한 그림과는 다르게 다음과 같이 그렸다.

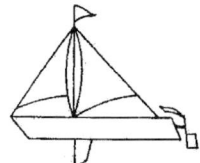 

(범위를 벗어나서 상상력을 발휘하는데 단서 자료를 이용하고 다양성, 정교성이 돋보이며 매우
창의적으로 그렸음.)

3. 또 다른 학생은 독특하게 다음과 같이 그렸다.

(주어진 두 개의 평행성에 구속받지 않고 범위를 벗어나서 착상(idea)을 가미하고 이용해서 그리고
매우 독창적인 상상력을 동원해서 그렸음. 창의력이 매우 뛰어난 학생)

〈그림 9〉 교실에서 학생들의 창의력을 확인할 수 있는 방법 예시(例示)

*)출처 : Hamacbek, D. e.(1975). *Behavior Dynamics in Teaching, Learning, and Growth Boston*

◆ 창의적 사고 연습하기

예제) 여기에 깡통 세 개가 있습니다. 이것을 기본으로 해서 만들 수 있는 것
들이 무엇이 있는지 생각이 나는 대로 빠짐없이 적어 보시고 분류를
해 봅시다.

① 만들 수 있는 것들

② 분류하기

③ 좀 더 생각해본다면

◆창의적 사고 기르기 연습

민감성	유창성	융통성	독창성	정교성
① 자명한 현상에서 문제나 의문을 가져보기 ② 주변의 변화 파악해보기 ③ 친밀한 것을 이상한 것으로 간주하고 살피기 ④ 이상한 것을 친밀한 것으로 생각하기	① 대상에 대한 관점을 의도적으로 바꿔서 생각하기 ② 언어, 도형, 현상으로부터 가능한 많이 연상해보기 ③ 특정문제 상황에서 가능한 해결방안을 많이 제시하기	① 시공간을 이동해 대상의 숨겨진 면을 파악하기 ② 특정생각을 하며 완전히 다른 것을 함께 떠올리기 ③ 서로 전혀 관련성이 없는 사물이나 현상을 관련짓기 ④ 사물이나 현상의 속성별로 생각하기 ⑤ 발상 자체를 전환시켜 사고하기	① 다른 사람과 같지 않은 생각하기 ② 기존의 생각이나 사물의 가치를 부정하고 생각하기 ③ 기존의 생각을 새로운 상황에 적용하여 생각해보기	① 순간적으로 떠오르는 거친 수준의 생각을 구체화하기 ② 아이디어를 실제적인 가치를 고려하여 발전시키기
① 물은 왜 흐르는가? ② 여기에서 가장 계절을 잘 나타내는 것은? ③ 전화기가 이상한 물건이라면? ④ 바퀴벌레가 애완 곤충이라면?	①원을 다양하게 본다면? ② 두개의 원으로 만들 수 있는 것들은? ③ 물없이 가장 오래 견딜 수 있는 방법이 있다면?	①마우스를 다양한 시각에서 본다면? ② 책과 텔레비전을 같이 생각한다면? ③ 전화기와 바퀴를 연결한다면? ④ 깡통의 속성을 열거하고 물건을 만든다면? ⑤ 바퀴의 펑크를 해결하려고 튜브를 없앤다면?	①나만의 독특한 자기관리 규칙을 만든다면? ② 편리한 운동화를 만든다면? ③ 냉장고 원리를 이용해 냉방용구들을 만든다면?	① 침상 (칙상, 마상)에서 갑자기 떠오른 생각을 구체화 시킨다면? ② 그것의 실용적 가치를 고려해 상품화한다면?

출처: 서울시교육청(1998). 창의성교육 문을 열다.

◆ 참고자료 (발상의 전환)

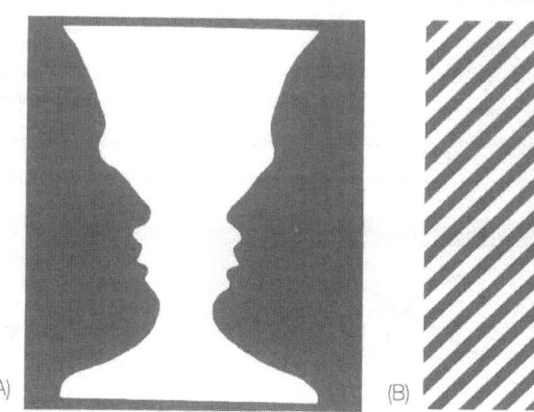

(A)   (B)

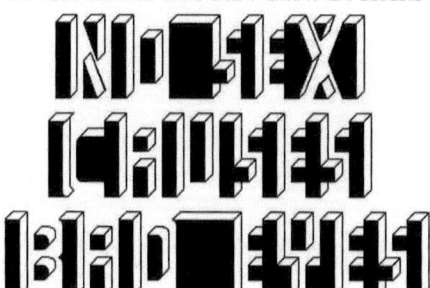

Eye Examination Chart
Increase distance from chart until it is readable

◆ 사고력을 요하는 퀴즈게임

```
      1
     11
     12
   1121
  122111
  112213
```

옆의 문제에서 나타나는 일정한 패턴공식은 무엇일까요?
다음에 올 숫자는 무엇일까요?

* 0에서 9를 이용하여 상대 가 3자리수를 만들었다면 그 수가 얼마인지 찾아내는 게임입니다. 0이 앞에 오면 세자리수가 될 수 없습니다. 자리수와 숫자가 맞으면 스트라이크, 숫자만 맞으면 볼입니다. 자, 연습게임을 해 봅시다.

예 1) 456(2 스트라이크)
        486(1 스트라이크)
        453(2 스트라이크)
        457(홈런! 입니다.)

예 2) 781(1 볼)
        258(2 볼)
        803(1 스트라이크)
        825(2 스트라이크)
        821(1 스트라이크)
        845(2 스트라이크)
        895(오케이 정답)

* 4자리를 이용해서 더 어렵게 할 수도 있습니다.

1458(1 볼)
2367(2 볼)
3017(2 볼)
9102(2 스트라이크)
9732(2 스트라이크)
9701(2 스트라이크)
9705(2 스트라이크)
9753(1 스트라이크)
9107(1 스트라이크, 1 볼)

9726(1 스트라이크, 1 볼)
9602(2 스트라이크)
9132(1 스트라이크)
9762(2 스트라이크)
3062(1 스트라이크, 1 볼)－고정관념을 바꿔라!
6702(3 스트라이크)
6302(2 스트라이크)
8702(3 스트라이크)
1702(3 스트라이크)
4702(만루 홈런!!!)

* 직선 6개를 이용하여 삼각형4개를 만들어 보시오.

정답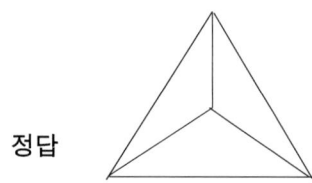

* 숫자 9가 6개 있습니다. 사칙연산을 이용하여 100이 되게 만드시오

9 9 9 9 9 9=100

정답 9×9+9+9+9÷9=100

◆ 논리게임 '스도큐'

게임방법－가로 세로가 8칸으로 된 81개의 작은 네모 속에 1에서부터 9까지의 숫자를 집어넣습니다. 단 가로든 세로든 같은 숫자는 한 줄에 오직 한 번만 쓸 수 있습니다. 그리고 9칸으로 이루어진 작은 네모 속에도 1부터 9까지 오직 한 번만 쓸 수 있습니다.

7		4	1	3		8		5
	1		4					
1		5	2	8	9	4		7
2		1	8		3	7		9
	7	6		4		5	2	
8		9	5		2	1		6
4		2	7	1	8	9		3
							7	
9		7		2		6		4

초급문제

1				1	3	6	7	
1			8					9
	7		9		5	1		4
	9	3	1		6	8		7
4			3		8			2
8		1	7		9	3	4	
7	3	9	4		1			
6					2		9	
	1	2	6	9				

고급문제

출처: 2005년 6월 24일 금요일 조선일보 D9면

제7회기 의사소통 I

목표: 의사소통의 기본 정의, 기능, 유형 등에 대한 기본 개념을 알고, 듣기와 말하기 기술을 익히고 나 전달법을 사용해서 말할 수 있다.

준비물: 칠판, 작업지, 명찰

소요시간: 90분

진행과정:
1. 의사소통의 기본 정의와 중요성, 유형 등에 대해 이해한다.
2. 의사소통의 상호작용에 관한 기본 개념을 이해한다.
3. 적극적 의사소통의 방법을 알고 그것을 방해하는 걸림돌에 대해 이야기 한다.
4. 나의 마음 상태를 솔직하게 설명하며 다른 사람의 도움을 청하는 나-전달법에 대해 실습 을 한다.
5. 의사소통의 특징을 자신과 연관지어 장단점을 찾아 발표한다.

주의사항:
1. 자신의 솔직하고 정확한 감정을 찾도록 모두가 노력한다.
2. 적극적으로 자신의 사례를 발표하고 자신의 의사소통에 있어 장단점을 파악해 보고 솔직하게 발표할 수 있는 분위기를 만든다.
3. 그러한 의사소통을 하게 된 원인이 무엇인지도 생각해 볼 수 있도록 한다.

♣ 다른 사람을 설득하는 가장 좋은 도구는 우리의 귀, 즉 상대방의 말에 귀를 기울여 듣는 것이다.

－딘 러스크－

◆마음으로 느껴보기

♣ 승자의 도

승자는 부드럽습니다. 그러나 사실은 강합니다.

패자는 결코 부드러움을 가지지 못합니다. 그는 나약하든지 폭군의 허세를 부립니다.

승자는 나은 길이 있을 거라고 생각합니다.

패자는 갈수록 태산일 것이라고 생각합니다.

승자는 자기보다 우월한 자를 보면 존경하고 그 사람으로부터 배울 점을 찾습니다.

패자는 자기보다 우월한 자를 만나면 질투하고 그 사람의 갑옷에 구멍 난 곳이 없는지 찾으려 합니다.

승자는 강한 자에게는 강하고 약한 자에게는 약합니다.

패자는 강한 자에게는 약하고 약한 자에게는 강합니다.

승자는 자기 장단에 맞추며

패자는 남의 장단에 맞추어 춤을 춥니다.

따라서 패자는 자기를 상실하고 있습니다.

—출처미상—

◆ 의사소통의 정의

의사소통(communication)

- −나누다, 분배하다(communicare)
- −라틴어 Communis(공동, 공통성)
- −공통성을 만들어내는 과정과 함께 나누
  는 과정을 전제

런드버그(Lundberg)

- −신호와 기호를 사용
  한 상호작용

의사소통은 일반적으로 언어, 기호, 동작
등을 통해서 송신자(개인, 집단, 조직)가
수신자(개인, 집단, 조직)에게 어떤 유형
의 정보를 전달할 뿐만 아니라 정보나 아
이디어, 감정 등 어떤 의미를 송신자와
수신자간에 피드백을 통하여 교환하거나
공유하게 되는 사회화 과정이다.

메리유(Merrihue)

- −전달자가 수신자에
  게 소정의 의미를 전
  달하여 수신자로부터
  그가 바라는 반응행동
  을 일으키게 하는 전
  달자의 주도저 행동

◆ 의사소통의 기능

① 통제기능

특정한 방향으로 움직이도록
조정·통제하는 기능

② 동기유발기능

해야 할 일, 직무성과의 개선
과 달성방법, 협동을 위한 매
개체 역할

**스코트(Scott)의
의사소통 기능**

④ 정서적 기능

자신의 감정을 표현하고 사
회적 욕구를 충족시켜주 는
역할

③ 정보제공기능

대안을 파악하고 평가하는데
필요한 정보를 제공함으로 의
사결정을 원활하게 하는 기능

◆ 의사소통의 원칙

레드필드(Redfield, 1953)는 의사소통의 일곱 가지의 일반 원칙을 다음과 같이 제시한다.

① 명료성(Clarity)의 원칙 — 이상적인 의사전달이 이루어지려면 전달자가 그 의도하는 바를 표현하면 피전달자는 그 뜻하는 의미를 정확하게 이해하여야 한다. 간결한 문장과 평이한 용어를 사용하여야 하고, 의사전달 내용의 구조가 체계화되어야 한다.

② 일관성(Consistency)의 원칙 — 의사전달은 일관성이 있어야 하며 처음의 명령과 나중의 명령이 모순되어서는 안 된다. 또한 어떤 명령이든 조직의 목표와 부합되는 것이어야 한다.

③ 적기적시성(Time and Time lines)의 원칙 — 의사전달은 너무 이르거나 너무 늦게 해서는 안 되며 알맞은 시기를 택하여 행해야 한다.

④ 적절성(Adequacy)의 원칙 — 의사전달은 전달하고자 하는 정보의 양과 규모가 적절해야 한다. 너무 많거나 너무 적은 경우에는 듣는 사람의 이해를 방해할 수 있다.

⑤ 분포성(Distribution)의 원칙 — 의사소통의 내용은 모든 사람들이 알 수 있도록 명확하게 공개해야 한다. 전달되지 않거나 다른 사람에게 전달된 정보는 아주 소용이 없거나 혼란을 가져올 뿐이다. 전달 대상에 따라 수단도 달라진다.

⑥ 적응성(Adaptability)의 원칙 — 의사소통의 내용이 상황에 따라 융통성과 신축성이 있어야 한다. 또 의사전달이 전체로서 통일되게 표현이 되어야 한다.

⑦ 관심(Interest)와 수용(Acceptance)의 원칙 — 의사소통은 피전달자가 관심이 있고 그것을 수용할 수 있는 가능성이 있는 때에 비로소 능률적으로 이루어질 수 있다.

◆ 의사소통의 중요성

① 협동의 전제조건이며 조정의 수단

조직에서 의사소통이 없으면 신경계통이 없는 인간과 같아서 그 조직은 기능이 마비된 상태가 된다. 따라서 조직에 있어서의 의사소통은 조직의 여러 요소에 영향을 주므로 협동적 행동이 가능하며 이와 같은 협동적 행동은 조정의 수단으로서 기능을 하게 된다

② 정보의 제공과 합리적 의사결정의 수단

조직의 활동은 의사결정의 연속적 과정이다. 이러한 결정을 합리화하고 효율적으로 집행하기 위해서는 의사소통을 통하여 필요한 정보를 제공하고 교환함으로써 양질의 의사결정에 도움을 주고 또한 의사소통이 내용이 정확하고, 신속하고, 적절하며 그 전달의 질이 우수해야 의사결정의 질도 확보될 수 있다.

③ 갈등해소의 수단

조직에서의 개인간, 부서간의 갈등은 있게 마련이다. 그런데 이런 갈등은 여러 가지 원인에서 생긴다. 이와 같은 갈등의 원인을 해소하는 수단으로서 의사소통이 사용된다.

④ 통솔과 사기앙양의 수단

의사소통은 조직을 통솔하고 조직구성원의 사기를 앙양시키는 수단이 된다. 조직구성원들은 의사소통을 통하여 참여감, 귀속감, 인정감, 유대감 등 사회·심리적 욕구를 충족하며, 이런 과정에서 자발적 통솔이 이루어지며 사기가 앙양되고 근무에 대한 동기가 유발된다.

◆ 의사소통의 유형

언 어		방 향		공 식		위 계	
언어적 (verbal) 의사소통	비언어적 (non-verb al)의사소통	일방적 (one way) 의사소통	쌍방적 (two way) 의사소통	공식적 (formal) 의사소통과	비공식적 (informal) 의사소통	수직적 (vertical) 의사소통	수평적 (horizontal) 의사소통
* 언 어 에 의한 의사 소통- 대 면적인 의 사 소 통 - 즉시성, 신 축성, 융통 성, 비밀보 장성 등의 장점 전 달 대 상 의 제한, 전달 내용 이 중요하 고 복잡할 때 사용곤 란 *문서에 의 한 의사소 통- 공문 서, 지침, 메모, 편 지, 회람, 안내서 등 (정확성과 보존성).	* 물 리 적 언어(교통 신호, 사이 렌, 도로표 지판 등), * 상 징 적 언어(사무 실의 크기, 의자의 크 기, 자동차 의 크기와 색깔 등), *신체적 언 어 (자 세 , 얼굴표정, 몸짓, 목소 리, 눈동 자, 하품 등)	명령이나 지시와 같 이 전달자 가 수신자 에게 일방 적으로 메 시지를 전 달하는 방 법	전 달 자 가 수 신 자 에 게 메시지 를 전달하 면 수신자 의 반응이 피 드 백 되 어 다시 전 달 자 에 게 되돌아 오는 형태	공식적 조 직에서 공 적인 권한 의 계층을 따라 정보 와 지식이 소 통 되 는 절차와 경 로의 합리 적이고 계 획적인 의 사 소 통 체 제	조직에서의 비공식적인 인간관계에 의한 의사 소통	* 하 향 적 (downw ard)의사 소통- 조 직의 위계 또는 명령 계통에 따 라 상급자 로부터 하 급 자 에 게 로 전달되 는 것(지 시, 훈령, 발령, 편람, 예규집, 벽 신문, 등) * 상 향 적 (upward) 의사소통- 하 급 자 의 성과, 의 견, 태도 등이 상위 계 층 으 로 전 달 되 는 의 사 소 통 (면접, 보 고, 직원의 견조사, 고 충 처 리 제 도).	수평적 관 계—구성원 이나 부서 간의 의사 소 통 으 로 상호작용적 의사소통

◆ 의사소통의 상호작용

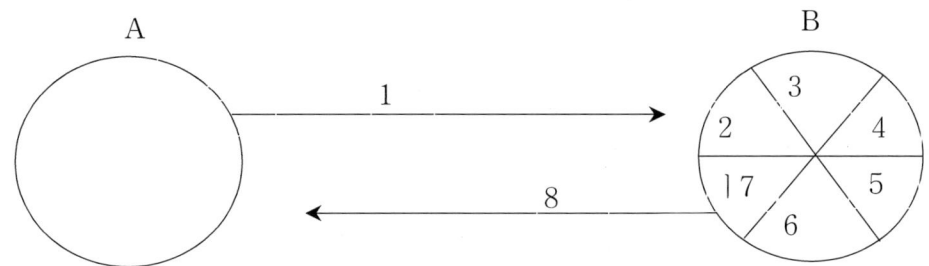

1. 발신자 A의 메시지

－언어적, 비언어적 메시지, 말하기의 기본 기술이 필요

2. 수신지 B는 오감을 통해 정보를 선별하여 받아들인다.

－듣기 기술이 필요하다.

－나는 무엇을 보고 듣는가?

단어들, 얼굴표정, 신체자세, 근육의 긴장, 향취 피부색의 변화, 냄새 호흡, 목소리, 걸음걸이

－무엇인지 선별－정서－

3. 의미부여

－받아들인 정보에 과거경험, 학습된 것과 관련시켜 의미를 부여한다.

－지각체계에 대한 점검이 필요

↓창조

4. 부여한 의미에 의한 감정발생

－감정에 대한 자각과 감정에 대한 감정의 자각

↓촉진

5. 감정에 대한 감정

－지나친 가치관의 경직

－자신의 감정에 대해 부정적으로 판단하게 되면 방어적이 됨

↓환기

6. 방어
－자신의 문제를 다른 사람에게 전가하려는 투사형
－자신의 문제가 존재한다는 것을 아예 무시하려는 무시형
－자신의 문제는 인정하지만 바꾸려 하지 않는 부인형

7. 의사소통 규칙들
－역할, 감정에 대한 규칙
－보아야할 것을 보고 기대하는 것을 말하고, 마땅히 느껴야 할 것을 느낌
－허락을 기다리며 안전한 것을 선택

8. 관찰할 수 있는 결과: A에 대한 B의 반응
－A는 다시 2에서 8까지의 단계들을 거친다.

◆말하기와 듣기의 기본 태도

듣기의 기본 태도	
1. 올바른 신체적 태도를 취하면서 듣는다. 2. 자각하면서 듣는다 3. 열린 마음으로 듣는다. 4. 언어적 메시지와 비언어적 메시지를 확인하면서 듣는다.	* 적절한 눈맞춤 * 비판하지 않으면서 듣기 * 나의 내면을 자각하면서 듣기 * *
말하기의 기본 태도	
1. 나-전달법을 사용한다 2. 정직하게 말한다. 3. 감정과 신체적인 표현을 일치시킨다. 4. 적절한 자기 개방을 한다.	* 나를 주어로 말하기 * 행동뿐 만 아니라 내면의 감정에도 정직하기 * 행동과 표현이 일치적이게 말하기

◆의사소통의 상호작용 이해

의사소통의 상호작용을 role play로 표현해 보고 자신의 생각이나 느낌을 적어봅시다

◆적극적인 의사소통

　적극적인 의사소통 기법은 자녀나 학생이 자신의 문제를 처리해 나갈 때 부모나 교사 쪽에서 지지를 해주는 일련의 대화기술로 배워서 익힐 수 있고, 연습을 통해서 개선해 나갈 수 있다.

　적극적 의사소통은 자녀가 문제를 소유하고 있는 상황이나 문제에 대해서 자녀와 부모가 함께 책임을 져야 하는 상황에서 필요한 것으로 다섯 가지 기술이 있다.

적극적 의사소통의 다섯 가지 기술	
1. 적극적으로 듣는다	* 상대의 말은 잘 듣는 것은 자신의 말을 최소한으로 줄이는 것부터이다. * 전적으로 주의를 집중한다. * 당신이 듣고 있다는 것을 확신시킨다.
2. 감정에 귀를 기울인다.	* 감정은 어디까지나 감정일 뿐 옳거나 그릇된 감정은 존재하지 않지만 우리에게 영향을 미친다. * 문제와 관련된 감정을 인정한다는 것은 문제를 다루는 첫 번째 단계이다. * 상대의 이야기 속에 있는 감정까지도 귀기울여 들어줌으로써 자신의 감정을 인정하는 법을 배울 수 있도록 도와주어야 한다.
3. 감정과 이야기 내용을 연결시킨다.	* 감정을 상대에게 되돌려 반영시키는 것이다. * 네 이야기를 들으니 저번보다 시험을 못 받아서 화가 나는가 보구나.
4. 대안을 찾아보고 결과를 평가한다.	* 학생 자신이 효율적인 문제 해결사가 되도록 다른 대안들을 찾아보고 가능한 결과를 평가하고 선택한 후 책임을 지도록 하는 것이다.
5. 추후지도를 한다.	* 문제를 처리 한 후에 다시 한 번 적극적 의사소통을 통해 추후지도를 한다. * 그 일은 어떻게 되었니?

◆ 나 전달법(I-message)

어떤 사건이나 문제 상황에 대한 느낌을 전달하는 방식에는 나-전달법과 너-전달법이 있다. 나-전달법은 이미 경험한 또는 현재 경험하고 있는 사건이나 문제 상황에 대한 말하는 사람의 느낌이나 생각에 중점을 둔 전달 방식이다. 너-전달법은 사건이나 상황에 대해 말하는 사람의 느낌이나 생각에 중점을 두지 않고 상대방에 중범을 둔 전달 방식이다. 따라서 나-전달법은 상대방의 행동을 비난하지 않고 자신의 진실한 마음과 감정을 드러내기 때문에 상대방의 도움이 필요하다는 것을 깨닫게 하여 방어적이 되지 않고 상대방이 책임감을 느끼고 된다. 그래서 자신을 더 잘 이해하게 하며 상대방에게 당신을 더 잘 알릴 수 있도록 도와주며 궁극적으로 상대방에게 그들의 마음을 정직하게 개방하도록 용기를 주게 된다.

(1) 나-전달법의 구성요소

나-전달법은 세 가지 요소로 구성되어있다.

① 수용할 수 없는 상대방의 행동에 대해 비난이나 비평 없이 말한다.

상대방의 행동으로 나에게 구체적인 영향을 끼치는 것을 믿을 수 있다. 이 때 주의할 점은 행동에 대해 단순한 진술, 가치판단이 개입되지 않는 것, '항상', '결코'와 같은 이전의 행동을 끌어들이는 말은 사용하지 않는 것이 좋다. 예를 들면, '너의 옷들이 항상 바닥에 있을 때'와 같은 이전의 행동을 끌어들이는 말이나 '너의 옷들이 뒤죽박죽으로 돼 있을 때'와 같이 나의 가치판단이 개입된 말을 사용하는 것보다는 '옷이 방바닥에 있을 때'와 같이 상대방 행동에 대한 단순한 진술이 좋다.

② 상대방의 행동이 나에게 미치는 구체적인 영향을 말한다.

상대방의 행동이 나에게 문제가 된다는 것을 알게 되면 행동을 바꾸게 될 것이다.

③ 상대방의 행동이나 또는 구체적인 영향에 대한 당신의 감정이나 느낌을 말한다.

(2) 나 – 전달법 사용할 때 주의점

나–전달법을 사용한 다음에는 다시 적극적 청취의 자세를 취하는 것이 좋다. 너 –전달법보다 위협감이나 방어적인 태도를 덜 일으키지만 상대방 때문에 자신에게 좋지 않은 감정이 생겼다는 이야기를 반복해서 하게 되면 상대방을 공격하는 셈이 된다. 그러므로 상대방의 감정을 존중하는 적극적인 청취자세로 돌아와야 한다. 또 상대방의 행동으로 인해 생긴 부정적인 감정만을 강조하지 않으며 표면적인 감정을 표현하기보다 근원적인 마음을 표현하도록 한다. 그리고 상대방의 습관적인 행동이 문제가 되는 경우에는 나–전달법을 사용하기보다는 적극적 청취를 하면서 구체적인 문제해결방안을 함께 모색하는 것이 효과적이다.

◆ 나 – 전달법과 너 – 전달법의 비교

	나–전달법	너–전달법
정의	나를 중심으로 하여 상대방의 행동에 대한 자신의 생각이나 감정을 표현하는 대화방식	너를 중심으로 하여 상대방의 행동을 표현하는 대화방식
예시	그런 나쁜 행동을 하는 것을 보면 선생님은 속이 상하는구나. 교사 속이 상함 → 학생 나쁜 행동 때문에 걱정하는구나.	넌 왜 그런 나쁜 행동을 하니? 교사 속이 상함 → 학생 나를 싫어하는구나.
결과	① 상대방에게 나의 입장과 감정을 전달함으로서 상호 이해를 돕는다. ② 상대방에게 개방적이고 솔직하다는 느낌을 전달한다. ③ 상대방은 나의 느낌을 수용하고 자발적으로 자신의 문제를 해결하고자 하는 의도를 갖는다.	① 상대방에게 문제가 있다고 표현함으로써 상호관계가 파괴된다. ② 상대방에게 일방적으로 강요나 공격, 비난하는 느낌을 전달하게 된다. ③ 상대방은 변명하려 하거나 반감, 저항, 공격성을 보이게 된다.

◆ **구체적인 나-전달법 연습하기**

> 〈상황〉
> 공부시간에 열심히 설명을 하고 있는데 길동이 학생이 옆 사람에게 장난을 치고 있어 수업분위기가 엉망이 되어 화가 난 선생님

※**너-전달법**-왜 매일 옆 사람과 장난을 쳐서 수업을 망치니? 너 때문에 못 살 겠다.

※**나-전달법**(길동에게)

공부시간에 옆 사람에게 장난을 치니까(상대방의 행동), 선생님은 몹시 화기 나는 구나(나의 감정). 수업분위기가 엉망이 되고 설명을 할 수가 없어서(구체적인 영향).

◆ **행동, 구체적 영향, 감정의 3요소 찾기**

① 네가 책상 위에서 뛰면( )선생님은 걱정이 된다.( )네가 다치게 될까봐( )
② 약속시간에 번번이 늦게 나오면( ) 무시당하는 것 같아서( ) 나는 기분이 나쁘고 화가 나( )
③ 내가 학교에 오지 않으면( ) 나는 가슴이 두근거리고( )걱정이 된다( ).
   네가 어디 다른 곳에 갔나 확인해 봐야 하기 때문에( ) 힘이 들어( )

<정답>   ① 행동, 감정, 구체적 영향
          ② 행동, 구체적 영향, 감정
          ③ 행동, 구체적 영향, 감정, 구체적 영향, 감정

◆ **자신의 사례로 연습하기**

>

◆ 의사소통의 걸림돌

의사소통의 걸림돌	교사나 부모의 의도	예시
명령하기	상황을 통제하고 빠른 해결책을 주고 싶다.	네가 해야 할 일은 -이다. 변명은 그만해라.
충고하기	논쟁과 의견을 통해서 영향력을 행사하고 싶다.	선생님테 좋은 생각이 있는데…… 이렇게 해 보면 어때?
회유하기	상대의 고통을 없애주고 싶다. 즉, 기분을 더 좋게 해주고 싶다.	실제로는 그게 나쁜 게 아니야. 모든 게 다 잘 될 꺼야.
심문하기	문제의 발단을 알아보고 무엇을 잘못했는가를 알아보고 싶다.	네가 가에게 어떻게 했길래 그러니?
관심 돌리기	화제를 바꿈으로써 상대를 그 문제로부터 보호하고 싶다.	그 일은 걱정하지 말자.
심리분석 하기	상대의 행동과 동기를 분석함으로써 다시는 그런 문제가 생기지 않도록 도와주고 싶다.	네가 왜 그렇게 말했는지 아니? 너는 지금 불안정해.
빈정대기	상대를 스스로 바보같이 느끼게 함으로 태도나 행동이 몹시 잘못되었다는 것을 보여주고 싶다.	글쎄, 이제는 끝장인 것 같다.
도덕적 판단하기	문제를 올바르게 다루는 방법을 가르쳐 주고 싶다.	~하는 것이 옳았다. 아이구, 끔찍해라.
도사노릇하기	어떤 문제가 있어도 그것을 해결해 줄 수 있는 부모나 교사가 곁에 있다는 것을 보여주고 싶다.	해결책은 아주 간단한 거야.

◆ 나의 의사소통 걸림돌 분석

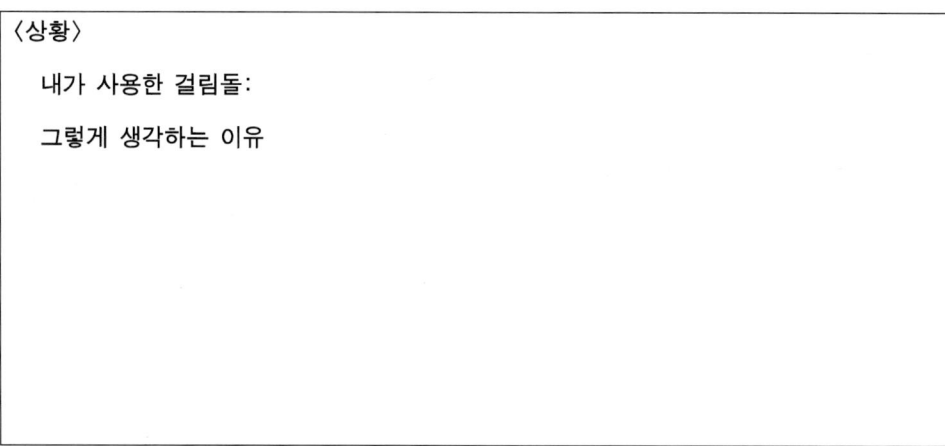

〈상황〉

　　내가 사용한 걸림돌:

　　그렇게 생각하는 이유

◆ 말하기 기술

♣대화를 촉진시키는 말하기 기술(Do-language)		
	(Do-language)	(Be-language)
정의	* 구체적인 행동을 나타내는 표현으로 자신의 감정이나 경험을 파괴적으로 전달하는 것이 아니라 상대방과의 대화를 촉진시키는 대화언어	* 사실을 기술하는 것 이상의 여러 가지 의미를 담고 있어 분명한 의미전달이 되지 않아 감정을 상하게 하는 모호한 대화언어
예시	선영이는 ~~한다.(do동사) 선영이는 학교에 늦게 왔구나.	선영이는~~이다(be동사) 선영이는 무척 게으른 아이구나.
주의점	① 구체적인 상황에서 일어나는 구체적 행동으로 표현 ② 행동을 비평이나 평가하지 말고 사실적이고 객관적으로 기술 ③ Do-language를 사용한 뒤 나-전달법을사용하면 효과적임	① 늘, 오직 의 성질로 일반화하려는 경향 ② 평가적 형용사 동반 ③ 감정적인 요소를 포함 ④ 대답할 수 없는 모호함
연습상황	* 아침에 복도에서 선영이가 나를 못 본 체 인사도 하지 않고 그냥 지나가서 버릇이 없다고 생각이 들어 불쾌하였다. * 김교사 반응: 야!, 너 이리 와 바, 선생님을 봤으면 인사를 해야지. 왜 그렇게 버르장머리가 없어? ① 평가한다면? ② Do-language로 다시 표현한다면?	

♣융통성 있는 분위기를 유도하는 말하기 기술(Ego-Language)		
Ego-Language	Id-Language	Superego-Language
* 객관적인 현실의 세계와 주관적인 체험의 세계를 있는 그대로 자연스럽게 기술하는 표현	* 자기중심적이고 충동적이고 원시적인 표현으로 상대의 감정을 상하게 표현하는 언어	* 도덕적이고 윤리적인 평가를 가지고 있는 언어
* 현실적, 객관적인 설명과 해석으로 적절한 부드러움과 융통적 표현과 탐구하고 음미하며 대화에 초대하는 자세	* 되는대로 내버려 두겠다는 무책임한 자세	* 해야한다, 해서는 안 된다의 강요적 성격으로 심리적인 저항감이나 방어적 자세
현실의 원리	쾌락의 원리	도덕의 원리

* Ego-Language의 주의점

① 이렇게 하는 것이 더 좋은 결과를 가져 올거야 같은 상대적이고 융통성 있으면서도 확고한 방향을 제시하는 것이 좋음
② 위협이나 아첨이 아닌 현실을 사실적으로 표현할 것
③ 외적귀인이나 상황귀인으로 돌리기보다 과정이나 문제해결전략을 다루는 표현을 하기
   (예: 시험을 못 본 것이 잘 들리지 않아서 그런 것도 있지만 다음에는 더 잘 볼 수 있도록 미리 계획을 세워 노력을 하면 좋겠구나).

◆ 언어 유형과 자아개념

자아개념이 높은 사람들과 낮은 사람들은 언어유형에 있어서 차이가 있다는 연구가 있다. 자아개념은 상황, 주제, 대상에 따라 변하기도 한다. 특히 상대방과의 관계에 있어서 자신을 어떻게 생각하느냐는 의사소통 양상을 결정하는데 많은 영향을 끼친다.

1) 낮은 자아개념의 언어유형
①상투적인 어구나 짤막한 말을 자주 쓴다. 구체적인 지칭을 하지 못하고 자신이 독창적이라고 생각하지 않기 때문이다.
②자신을 비난하거나 나약한 사람으로 인정한다. 그러나 왜 못났는지 설명하지 못한다.
③칭찬을 제대로 받아들이지 못하거나 부인하는 편이다.
④추진과제가 잘 완성되었는가보다 누가 신임을 얻고 비난을 얻는지에 더 관심을 쏟는 식으로 비난에 대한 방어적인 태도를 취한다.
⑤다른 사람을 혹평함으로써 성과나 결정에 대해 비꼰다.
⑥자신이나 타인의 성공에 대해 투덜대거나 비난하는 태도를 취한다.
⑦경쟁에 있어 비관적인 태도를 취한다.

2) 높은 자아개념과 언어유형
①독창적인 표현과 풍부한 어휘력으로 상황에 맞는 정확한 말을 구사한다.
②타인의 보증 없이 혼자 할 수 있는 능력이 있으므로 업적에서 자신보다 남을 내세운다.
③칭찬이나 비난을 제대로 받아들일 능력이 있어 위험을 무릅쓰고 말이 많은 자리를 택한다.
④일의 성과에서 자신의 능력에 대한 인정도 기대하면서 타인의 역할에 대해 기꺼이 칭찬한다.
⑤오만한 태도를 취하지 않으면서 자신 있는 목소리로 말한다.
⑥일반적이든 아니든 타인의 감정과 정서를 폭넓게 수용한다.
⑦비교에 대한 낙천적인 태도를 갖고 새 주제에도 위험을 감수하고 참여한다.
⑧자신의 믿음에 대해서 독단적인 태도를 취하지 않는다.

제8회기 의사소통

목표:
1. 성격유형에 따른 의사소통의 특징을 이해하고 상대방을 폭넓게 이해하는 기회를 갖고 효과적인 의사소통을 위한 기본적인 태도와 반응을 훈련한다.
2. 그룹작업을 통해 4가지 선호지표에 따른 의사소통 특징을 알아보고 발표한다.

준비물: 게임을 위한 시범 그림 3가지, A4용지와 필기구
유형별 의사소통 특징표, 공감적 이해수준 분석표, 공감적 이해 연습 반응표

소요시간: 90분

진행과정:
1. 성격유형에 따른 의사소통의 특성에 대해 이야기를 나누고 공통점을 발표한다.
2. 서로 다른 유형과의 의사소통으로 인한 오해나 갈등 사례들에 대해 이야기를 나누고 발표한다.
3. 유형별 의사소통 특징표를 보고 자신의 의사소통 특징을 점검하고 개발할 점들에 대해 이야기하고 발표한다.
4. 공감적 이해 연습 반응표를 작성하고 발표해 본다.
5. 자신들의 반응에 대해 토의하고 새로운 반응을 찾아본다.
6. 훈련을 통해서 얻은 통찰과 느낌을 나눈다.

주의사항:
1. 집단원이 자유롭게 활동할 수 있는 분위기가 되도록 하여 자유스럽게 반응하고 발표하도록 하고 정해진 소요시간을 준수해야 한다.
2. 많은 사람들이 반영이나 반사에 익숙하지 않으므로 이에 대한 간단한 훈련을 하는 것이 도움이 된다.
3. 너무 지적인 토론이 되지 않도록 한다.
4. 모든 사람들이 어떤 유형인지 선명하게 드러나는 것은 아니지만 공통점을 모아 성향이있음을 인지시킨 후 보다 많은 행위 스타일에 자신의 정체를 일치시킬

수 있음을 알게 한다.

5. 의사소통의 효과의 관건은 수용자의 주요 행위 유형에 얼마만큼 호소력이 있는 혹은 적응된 메시지를 전달할 수 있느냐의 문제임을 알게 해야 한다.

♣ 말도 아름다운 꽃처럼 그 색깔을 지니고 있다.

-E. 리스

◈ 바꾸어 말하기 게임

1. 네 명이 한 조가 되어 두 명씩 짝을 짓도록 한다.
2. 이 중에 한 사람이 자신이나, 상대방이나, 혹은 두 사람관계에 대해서 말하도록 한다. 너무 간단한 표현은 피하고 될 수 있는 대로 감정이나 두 사람에게 같이 의미 있는 것을 이야기 하게 한다.
3. 이번에는 들은 사람이 말하는 사람의 입장이 되어 들은 내용을 그대로 전달하게 한다.
4. 듣는 사람이 어떤 태도를 취할 때 편안하지 또는 불편한지에 대해서 서로 피이드백을 주고받는다.

◈ 4가지 선호지표별 그룹작업

1. MBTI검사에서 자기 유형과 주기능, 부기능이 무엇인지를 다시 한 번 확인한다.
2. 주기능이 같은 사람끼리 모여 4인 1조로 그룹을 만든다.
3. 나는 어떻게 말하는 사람인가? 에 대해 자신의 견해를 밝히고 공통점을 모아 발표 한다.
4. 다른 사람들에게 나는 어떻게 의사소통을 하는 사람이라는 피드백을 많이 받는지 충분한 토의를 한 후 의견을 모아 발표하도록 한다.
5. 의사소통에 있어 효과적일 때와 비효과적일 때의 상황을 그룹별로 이야기하고 피드백을 주고받은 후 요점 정리를 해서 다시 한번 의사소통의 차이를 확인하도록 한다.
6. 상대방에 알맞은 대화 스타일을 생각해 보고 정리해서 의사소통을 해야 함을 알게 한다.

◈ (말하기 연습) 논리적으로 다른 사람을 설득시키기

1. 선악이 분명하지 않은 사례를 선정하여 찬, 반 두 팀으로 나눈다.
2. 차례대로 이유와 근거를 들어가며 조리 있게 상대방을 설득시킨다.
3. 토의가 끝난 후에 처음의 생각에서 얼마나 변화했는지 조사해 본다.

◆ 조해리의 창(Johari's Window)과 의사소통의 유형

조해리의 창은 조셉 루푸트(Joseph Luft)와 해리 잉글랜드(Harry Ingland)에 의해서 개발된 대인관의 계 유형을 설명하는 이론이다. 조해리의 창에 의하면 자신과 타인에 대한 정보들은 자신과 타인에게 알려져 있는 부분(know to self area)과 자신과 타인에게 알려져 있지 않은 부분(unknown to self area)으로 나눌 수 있다. 조해리의 창은 이것을 기준으로 개방영역, 무지영역, 비밀영역, 그리고 미지영역의 4개영역으로 나누었는데 그림과 같다.

```
                          내가 나를
                    ┌────────┴────────┐
                알고 있다          모르고 있다
        ┌──┬────────────────┬────────────────┐
      알│  │① Open area     │② Blind area    │
  타  고│  │                │                │
  인  있│  │   (개방영역)    │   (무지영역)    │
  이  다│  │                │                │
  나    ├──┼────────────────┼────────────────┤
  를  모│  │③ Hidden area   │④ unknown area  │
      르│  │                │                │
      고│  │   (비밀영역)    │   (미지영역)    │
      있│  │                │                │
      다│  │                │                │
        └──┴────────────────┴────────────────┘
```

① 개방적 영역(open area, 민주형): 이 영역은 자신에 대한 정보가 자신이나 타인에게 잘 알려져 있는 부분으로, 서로 잘 알고 상호작용하기 때문에 일반적으로 개방적이고 방어적이 아니기 때문에 효과적인 의사소통이 가능해진다.

② 무지한 영역(blind area, 독단형): 이 영역은 자신에 대해 타인에게는 알려져 있지만 자신은 모르고 있는 정보로 구성되어 있다. 그러므로 타인으로부터 피드백을 받지 못할 때는 이 부분이 더 넓어져 의사소통에서 자신의 주장을 내세우고 타인의 의견을 불신하고 비판하며 수용하려 들지 않는다. 따라서 효과적인 의사소통이 이루어지지 않는다.

③ 비밀스런 영역(hidden area, 과묵형): 이 영역은 자신에 대한 정보가 자신에게는 알려져 있으나 타인에게는 알려져 있지 않은 부분이다. 이와 같은 경우에는 타인이 어떻게 반응할지 몰라 자기의 감정과 태도를 비밀에 붙이고 타인에게 방어적인 태도를 취하게 된다. 그러므로 의사소통에서 자신의 의견이나 감정을 표출시키지 않고 타인으로부터 정보를 얻으려는 경향이 커진다.

④ 미지적 영역(unknown area, 폐쇄형): 이 영역은 자신과 타인에게 모두 알려지지 않은 부분이다. 즉, 나에 대해서 자기 자신도 모르고 또한 타인도 모르는 정보로 구성되어 있다. 이러한 경우에는 자신에 대한 견해를 표출하지도 않을 것이며 또한 타인으로부터 피드백을 받지도 못할 것이다. 이런 상태가 계속되면 미지적 부분의 넓이가 더 커질 것이다.

민주형

개방적	무지한
비밀스런	미지적

독단형

개방적	무지한
비밀스런	미지적

과묵형

개방적	무지한
비밀스런	미지적

폐쇄형

개빙적	무지한
비밀스런	미지적

◆ 나의 의사소통 유형 파악하기

- 상황1:

  이유:

  다르게 한다면:

- 상황2:

  이유:

  다르게 한다면:

◈ 효과적인 듣기

의사소통에 있어서 서로의 메세지를 잘 전하고 듣는 것이 중요하다. 그러나 말하기 전에 상대방의 메시지를 주의깊게 듣는 것이 매우 필요한데 듣기는 기능이기 때문에 훈련이 필수적이다.

* 효과적인 듣기를 위해서는
①시간을 효과적으로 활용하고,
②화자보다 한 발 앞서서 생각하고,
③화자의 말을 요약하고
④화자가 내 놓은 증거를 식별하고
⑤행간을 읽어야 한다.
⑥듣기는 감정에 영향을 받는다는 것을 깨닫고
⑦주의가 산만해지는 것을 피하려고 노력해야 한다.

* 니콜스(Nichols)와 스티븐스(Stevens)는 「경청하십니까」라는 저서에서 10가지의 나쁜 듣기 태도와 좋은 듣기 태도를 제시했는데 아래와 같다.

10가지 나쁜 듣기 태도	10가지 좋은 듣기 태도
1. 흥미없는 주제라고 여긴다	1. 뭔가 도움이 될 만한 것을 찾는다
2. 화자의 말솜씨, 개인적 용모, 넥타이 등에 신경을 쓴다.	2. 화자의 용모보다 메시지에 10배는 신경을 더 쓴다.
3. 넘겨짚고서 반박을 준비한다.	3. 화자를 판단하기에 앞서서 그의 말을 끝까지 듣는다.
4. 사실에만 귀를 기울인다.	4. 중심생각, 원리, 개념에 귀를 기울인다.
5. 내가 들은 것을 개관하려고 애를 쓴다.	5. 2, 3분간 듣고서 노트한다.
6. 화자에게 집중하는 체 한다.	6. 듣는 동안 긴장을 풀지 않는다.
7. 모임의 주의산만한 요인을 모른 체 한다.	7. 주의산만한 요인에 대해 무언가 조치를취한다.
8. 어려운 내용은 피한다.	8. 어려운 내용을 듣기 위해 학습한다.
9. 신경이 쓰이는 표현에 영향을 받는다.	9. 자신에게 크게 신경쓰이는 표현 장벽을알고 있다.
10. 말의 속도(분당 100-300단어)와 생각의 속도(분당 800단어처리)의 차이를 허비한다.	10. 생각의 속도를 유용한다. (다음 요점 예측, 대조와 비교, 화자의 증거 식별, 머릿속 요약)

◆ 자신의 듣기 태도를 살펴보고 어떤 좋은 태도와 나쁜 태도를 가지고 있는지 스스로 평가하여 보시오.

＊ 동료나 상사간의 의사소통이 이루어지지 않아 곤란했던 상황을 찾아내어 문제의 원인이 어디 있었는지 알아봅시다

＊ 학생들의 이야기를 잘못 이해했거나 전달이 올바르지 않아 문제가 되었던 상황을 찾아보고 같이 토론해보고, 앞으로 학생들간의 의사소통에서 주의해야 할 점들을 열거해 봅시다.

◈ 성격유형에 따른 메시지의 예시

이상추구형(N)	이 제안의 기본적인 개념에 대해 어떻게 생각하십니까?
분석형(T)	○○의 분석을 토대로 할 때 제가 드린 자료의 유용성을 어떻게 평가하십니까?
느낌형(F)	이 문제는 제가 생각을 많이 해 보았는데 ○○는 현재의 진행상황에 대해 어떻게 느끼시는지요?
실용형(S)	제가 너무 장황한 설명을 하지 않았는지 모르겠습니다만 여기에 제시된 기본 내용을 어떻게 생각하십니까?

◈ 의사소통 유형의 효과적, 비효과적 적응 상황

의사소통 유형	의사소통 유형이 적용된 상황	
	효과적인 적용	비효과적인 적용
이상추구형 (intuitor)	독창적 상상적 창조적 폭넓음 카리스마적 이상주의적 지적인 집요성 이념적	비현실적 극단적 환상적 산만적 우회적 독단적 비실용적
분석형 (thinker)	효과적 의사 소통자 신중한 안전한 객관적 합리적 분석적	말이 많음 우유부단한 과다한 의심 지나친 분석 감정의 결여 역동성 결핍 통제적 지나친 진지함
느낌형 (feeler)	자발적 설득적 감정이입적 전통가치 수호적 탐색적 내성적 타인의 느낌유도 충성적	충동적 조작적 지나치게 개인화 감상적 연기나 뒤로 미룸 죄의식적 갈등을 일으키는 주관적
실용형 (sensor)	실용적 자기주장적 직접적 결과중심적 상황의 객관적 경쟁적 확신적	장기적 안목결여 지위추구와 자기몰입 생각보다 먼저행동 타인에 대한 신뢰결여 타인지배적 거만한

◆ 성격유형별 의사소통의 특징

ISTJ	ISFJ	INFJ	INTJ
* 시각적 개념(그래프, 챠트)을 선호한다. * 직접적이고 핵심을 찌르는 용어를 많이 사용한다. * 자신의 의견을 고수해 나간다. * 경험을 토대로 정보를 전달한다. * 논리정연하며 실제 사례를 제시한다.	* 의사전달 수단으로 실례나 견본을 활용한다. * 솔직하다. * 명쾌한 대비를 잘 한다. * 학습진행과정을 마무리하기 위해 모든 일을 기록해 둔다. * 우호적이고 인내심이 있다.	* 품위있는 태도로 의사소통을 한다. * 타인의 감성을 우선시 한다. * 타인의 선호성과 가치를 우선시 한다. * 언어에 천부적인 재능이 있다.	* 마음 속에 구체적인 목표를 가지고 의사소통한다. * 시각적으로 정보를 수집한다. * 논리적인 체계를 활용한다. * 편견이 없고 사실적이다.

ISTP	ISFP	INFP	INTP
* 타인과 1 : 1의 대화를 선호한다. * 솔직하며 타인에 대해 개방적이다. * 기술적 자료를 좋아한다. * 경험을 통해 학습하고 타인과 교류한다. * 핵심적 정보를 찾아내려 한다.	* 타인의 요구를 잘 알고 있다. * 조용히고 괴묵히디. * 감정을 말보다 행동으로 나타낸다. * 말뿐만 아니라 행동에서도 의미를 찾는다. * 먼저 듣고 나서 말한다.	* 문장표현 능력이 뛰어나다. * 설득력이 뛰어나다. * 말보다는 글을 통해 의사소통을 한다. * 관계의 중요성을 강조한다.	* 말보다 글로 의사소통한다. * 전체 싱횡을 느의한다. * 1 : 1 접촉을 좋아한다. * 개념과 아이디어에 대해 이야기하길 좋아한다.. * 사람들과 개념토론하기를 좋아한다. * 조용하고 과묵하다.

ESTP	ESFP	ENFP	ENTP
* 언어 및 시각적 의사소통 방법을 활용한다. * 실제적인 논쟁을 좋아한다. * 신체, 언어 등을 통하여 정보를 얻는다. * 계획과 운용을 화제로 검토하기를 좋아한다.	* 솔직하다 * 단순하고 감성적인 접근 방법을 사용한다. * 대화를 이끌어 나간다. * 대화하는 것을 좋아한다. * 사람과 관련된 내용을 선호한다.	* 가치를 강조한다. * 경청을 통해 정보를 수집한다. * 사람들을 대화로 이끌어 낸다. * 재능과 매력을 통해 신뢰를 얻는다.	* 신속하고 언어표현적이다. * 논쟁적인 문제를 즐긴다. * 재미있게 대화를 이끌어 나간다. * 다른 사람들을 동기화시킬 수 있다. * 새로운 정보를 끊임없이 추구한다.

ESTJ	ESFJ	ENFJ	ENTJ
* 언어 및 시각적인 의사소통을 사용한다. * 타인에게 훌륭한 모델 역할을 한다. * 사실을 전달한다. * 세부사항보다 전체적인 윤곽을 선호한다. * 분명하고 솔직하다.	* 흥미진진하게 대화를 이끌어 나간다. * 상대방의 의견을 이해와 동정으로 경청한다. * 언어 전달 능력이 뛰어나다. * 감각을 통해 정보를 구한다. * 상대방의 의견을 높이 평가한다.	*사람들이 참여하도록 한다. * 상호관계를 통해 배운다. * 의사소통에 육감을 활용한다. * 가치와 전통을 실례로 활용한다. * 글보다는 언어에 능하다.	* 육감에 의지한다. * 정보의 구조를 파악한다. * 특정한 주제에 대해 통론하는 것을 즐긴다. * 사고와 표현이 명료하다. * 언어에 대한 통찰력과 의미파악이 뛰어나다.

제 9 회기 브레인스토밍과 SCAMPER

목표: 제기된 문제나 사건을 다양한 관점에서 바라보거나 창의적인 사고의 진행 과정을 통해 최선의 대안을 찾아낼 수 있다.

준비물: 창의적 사고를 기르기 위한 다양한 사례, 브레인 라이팅 용지

소요시간: 90분

진행과정:

1. 브레인스토밍을 위한 소집단(10-30명 정도, 많으면 소집단별로)을 구성한다.
2. 정확한 규칙을 알려준다.
3. 다루고 싶은 주제나 가장 시급한 교육문제를 1차 브레인스토밍으로 정하고 그 주제에 대해 서로의 아이디어를 내어 놓는다
4. 소집단원들의 협의를 거쳐 가장 창의적인 발상에 대해 보상을 준다.

주의사항

1. 특정 주제나 문제를 제시할 때 정확하고 선택의 여지가 있어야 한다.
2. 다른 사람의 의견을 무시하지 않고 존중하도록 하며 개방적이고 자유로운 분위기를 유도해야 한다.
3. 말하는 것도 중요하지만 남의 이야기를 잘 경청하는 것도 매우 중요함을 인식시킨다.
4. 비판하지 않는 분위기를 통해 자신의 생각을 억누르거나 견제하지 않도록 하고 작은 아이디어라도 사소하게 여기지 않도록 한다.

♣ 생각의 방향은 내 인생의 모든 것을 바꿀 수 있는 근원이 된다.

－송종훈: MF문화원원장

◆마음으로 느껴보기

♣승자의 도

승자는 문제 속에 뛰어들고

패자는 문제의 변두리에서만 맴돕니다.

승자는 실패를 거울로 삼으며 패자는 성공을 휴지로 삼습니다.

승자는 바람을 돛을 위한 에너지로 삼고 패자는 바람을 보면 돛을 거둡니다.

승자의 주머니 속에는 꿈이 있고 패자의 주머니 속에는 욕심이 있습니다.

승자가 즐겨 쓰는 말은 '다시 한 번 해보자.'이고

패자가 자주 쓰는 말은 '해 봐야 별 수 있나.'입니다.

승자는 차라리 용감한 죄인이 되고 패자는 차라리 비겁한 선인이 됩니다.

승자는 땀을 믿고 패자는 요행을 믿습니다.

―출처 미상―

◆ 오스본(Osborn, 1963)의 브레인스토밍(brainstorming) 기법

브레인스토밍은 1941년에 미국의 광고회사에서 오스본이 아이디어를 생각해내는 기법으로 사용한 것으로 제기된 문제에 관련된 아이디어를 자유롭고 솔직하게 말함으로 창의적 사고를 할 수 있도록 하였다. 이런 자유로운 생각이나 제안은 다른 생각을 유추하거나 관련시킴으로 기발한 아이디어를 가져오게 하였다. 오스본은 창의적 사고를 증진시키기 위한 브레인스토밍의 4원리를 판단의 지연, 다양한 아이디어의 축, 자유로운 사고, 결합과 조합을 통한 개선으로 설명하였다.

① 판단의 지연: 산출되는 아이디어에 대해서 끝날 때까지 평가나 판단을 금지한다. 어떤 것이나 생각나는 대로 말하며 무모하거나 부적절하더라도 판단하지 않으며 어떤 제안이라도 비판하지 않는다.
② 다양한 아이디어의 산출: 아이디어의 수준이나 질에 관계없이 가능하다면 많은 아이디어를 산출하도록 한다.
③ 자유로운 사고: 과거의 지식, 경험, 전통 등에 구애됨이 없이 새로운 아이디어를 산출하도록 한다.
④ 결합과 개선: 제한된 아이디어에 새로운 아이디어를 결합시켜 아이디어 시너지를 통한 새로운 개선 방안을 모색한다.

이러한 브레인스토밍은 교육이나 세미나에서 다룰 주제를 선정하거나 이미 제시된 문제점을 가장 좋은 방법으로 해결하기 위해 참가자들의 참여를 유도하는데 적극 활용할 수 있다. 또 학생들이 자신의 생각을 자신있게, 또는 솔직하게 표현하기 어렵다면 브레인라이팅(brain writing)을 하여 종이를 서로 교환할 수도 있다.

◆브레인라이팅(brain writing)

행동체험을 통해 학습하는 구안학습(project method)의 일종으로 카드나 스티커 등을 활용한 학생중심의 민주적이고 효율적인 수집·분류를 통한 메타플랜 교수법의 일종이다. 카드 포스팅 테크닉, 핀보드 세미나, 브레인라이팅이라고도 하는데, 일종의 교구재와 시청각 매체를 통한 모둠별 학습으로 학습, 토론, 발표하므로 학습의 효율성을 높일 수 있다. 이런 메타플랜의 학습효과는 매우 뛰어나다.

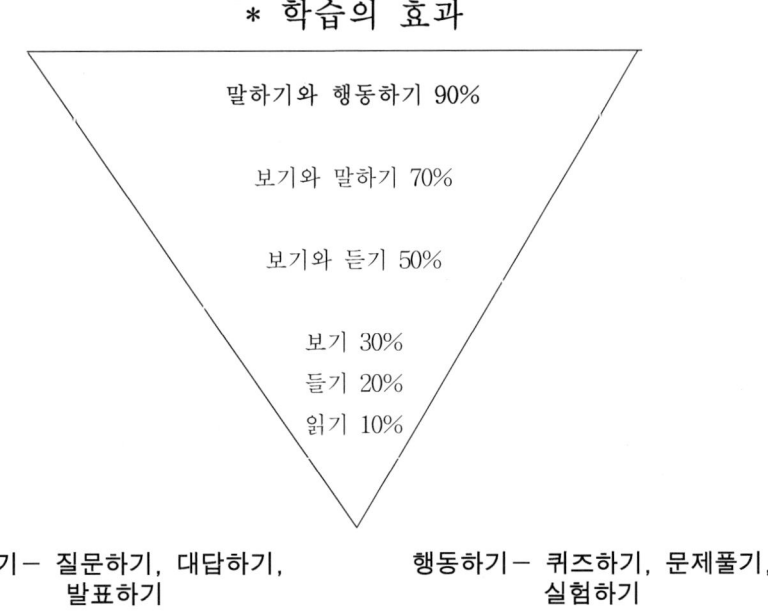

* 학습의 효과

말하기와 행동하기 90%

보기와 말하기 70%

보기와 듣기 50%

보기 30%
듣기 20%
읽기 10%

말하기 – 질문하기, 대답하기,   행동하기 – 퀴즈하기, 문제풀기,
　　　　　발표하기　　　　　　　　　　　　　　실험하기

◆ Bob Eberle의 창의적 사고기법(SCAMPER)

일련의 사고 과정을 통해서 창의적 사고를 생각할 수 있는 기법으로 앞 글자를 따서 만들었다.

① 대치하기(Substitute): 다른 것으로 바꾸기
② 결합하기(Combine): 다른 것과 결합하기
③ 적용하기(Adapt): 다른 것에 적용해 보기
④ 수정(Modify)하거나 확대하기(Magnify): 새롭게 변화시키거나 크기를 더 크게 하기
⑤ 다르게 활용하기(Put to other uses): 다른 용도로 이용하기
⑥ 제거하기(Eliminate): 축소하거나 어떤 부분을 제거하기
⑦ 반대로(Reverse) 하거나 재배열하기(Rearrange): 위치를 바꾸거나 속성을 바꾸기

◆ Gorden의 발견적 문제해결법(Synectics)

문제에 대한 광범위한 접근으로부터 시작해 얻어진 해결책을 직접 문제에 관련지어 구체적인 해결방안을 강구하는 것이다.
① 참가자 구성: 문제해결에 필요한 지식과 기술 분야의 전문가를 참여시키기
② 문제 제시: 광범위하고 추상적인 문제를 제시하기
③ 문제 축소: 문제의 범위를 점진적으로 축소시키기
④ 결론: 산출된 아이디어를 결합하고 개선하여 문제와 관련된 아이디어를 만들어 내기

◆ 브레인스토밍(브레인라이팅) 연습하기

* 오늘 학교나 교실현장에서 가장 문제가 되는 주제를 하나 정하고 그 해결책을 찾아봅시다.:

  ① 다루고 싶은 주제나 내용들

  ② 선택된 문제에 대한 해결책이나 대안들

  ③ 최선의 대안책

제10회기 갈등의 개념과 유형

목표: 대인갈등의 개념과 유형에 대해 이해한다. 가족(동료) 간에 겪는 갈등 문제
를 솔직하게 말할 수 있고, 이 갈등 상황을 객관적으로 이해할 수 있다.

준비물: 강의 자료. 메모지, 필기도구

소요시간: 90분

진행과정:

1. 갈등의 이론적 배경에 대한 강의를 통해 확실한 개념과 유형을 익힌다.
2. 갈등의 긍정적인 면과 부정적인 면을 알게 하고, 갈등의 개념에 대한 각자의
   생각을 발표한다.
3. 가족(동료) 간의 겪는 심리적 갈등의 문제 중 하나를 선택한다.
4. 갈등문제를 중심으로 작업지에 나를 중심으로 가족들(동료들)간의 심리적인 거
   리를 표현하고, 상황이나 감정상태를 설명한다.
5. 집단원을 가족(동료)으로 하여 가족조각을 만들고 구성원들로 하여금 갈등의
   원인, 내용, 감정 등을 가족별로 설명하게 한다.
6. 자신이 갈등해소를 위해 해 보았던 경험들은 소개하고 가족들의 피이드백을 받
   아보고, 현재의 상황과 앞으로의 계획을 솔직하게 소개한다.
7. 모든 집단원들 상호간에 피이드백을 주고받으며 다른 사례로 넘어간다.

주의사항:

1. 각자의 생각을 솔직하고 정확하게 발표할 수 있는 분위기를 유도한다.
2. 갈등도 사회화의 한 형식임을 분명히 알도록 한다.
3. 모든 집단원이 자기의 갈등상황을 잘 찾아보고 적극적으로 자기 개방을 하도록 돕는다.
4. 가족조각을 통해서 나의 입장과 가족의 입장이 다름을 이해하고 객관적인 입장
   에서 갈등 상황을 볼 수 있는 눈을 갖도록 한다.
5. 다양하고 많은 사례를 다룰 수 있도록 하여 각자의 갈등 상황을 체험할 수 있
   는 기회를 갖도록 한다.

◆마음으로 느껴보기

♣ 승자와 패자

승자는 패자보다 더 열심히 일하지만 시간의 여유가 있고
패자는 승자보다 게으르지만 늘 바쁘다 바쁘다라고 말한다.
승자의 하루는 25시간이고 패자의 하루는 23시간이다.
승자는 열심히 일하고 열심히 놀고 열심히 쉰다.
패자는 허겁지겁 일하고 빈둥빈둥 놀고 흐지부지 쉰다.
승자는 시간을 관리하고 살고 패자는 시간을 끌며 산다
승자는 시간을 붙잡고 달리며 패자는 시간에 쫓겨서 달린다.

—작가 미상—

◈ 갈등의 정의

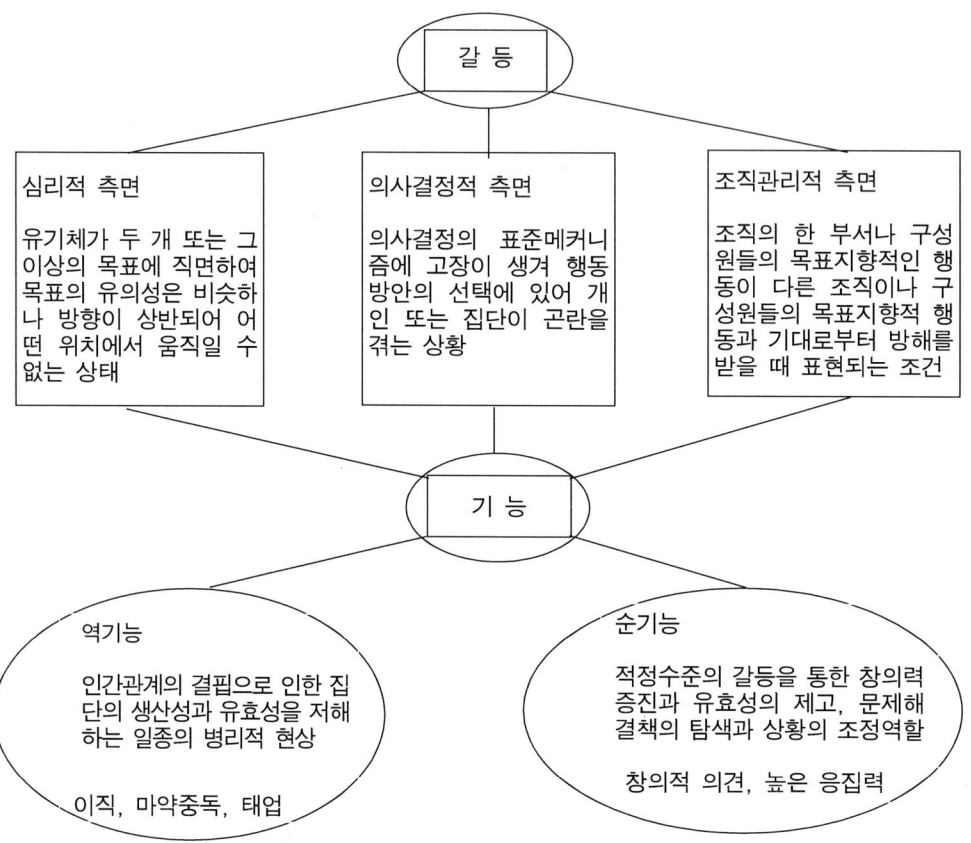

◈ 갈등의 정의

1) 사회화의 한 형식으로 집단형성과 집단생활의 연속에 있어서 필수적인 요소이다 – Simmel
2) 사회의 안정과 균형을 파괴하는 부정적인 요소가 아닌 적극적 생산과 양기능적인 결과나 규범과 가치와 사회제도의 변동을 낳는 동력이다 – Coser
3) 목표달성 진행과정에서 서로의 양립될 수 없는 목표, 부족한 보상, 상대방으로부터의 간섭을 인지하는 사람 사이의 상호의존적인 관계에 나타나는 표현된 투쟁으로 상호협력단계 내에서 반대의 입장에 처해있다 – Wilmot & Wilmot

◈ 갈등의 가치

1) 갈등적 상황은 미래에 발생할 수 있는 보다 큰 갈등을 사전에 제거할 수 있는 기능을 갖는다.
2) 갈등의 경험은 우리로 하여금 사물을 바라보는 새로운 시각, 새로운 사고방식, 새로운 행동양식을 터득하게 함으로써 우리의 혁신성을 고양한다.
3) 갈등은 우리의 친밀성과 신뢰를 증진하는 계기가 될 수 있으며 이렇게 하여 우리의 결집력과 동창의식을 향상시킬 수 있다.
4) 갈등은 우리가 유지하는 사회적 관계의 튼튼함과 생존력을 측정할 수 있는 귀중한 기회를 제공한다.

◈ 대인갈등에 대한 사회적 통념

1) 대인관계에서의 상호조화는 정상이지만 갈등은 비정상이다. 그러나 지속적인 상호관계에서 갈등은 생성, 소멸, 재생성의 주기를 갖는 지극히 정상적인 사회행위임을 간과해서는 안 된다.
2) 사람들은 갈등과 의견의 불일치를 동일현상으로 보는 경향이 있다. 실제로 불일치는 이해의 문제일 수 있으며 상호입장의 접근을 통해 해결될 수 있지만 갈등은 불일치에서 한 걸음 더 나아가서 양립할 수 없는 목표의 대립이기도 하다.
3) 대인갈등이 병리적인 현상으로 인지되는 경향이 있다. 갈등을 조장하는 사람은 욕구불만,초조, 장애, 신경성 등의 성향을 나타내는 것으로 인지된다. 그러나 이러한 성향과 관계없이 갈등의 원인은 실제로 존재할 수 있다.
4) 대인갈등의 극소화 혹은 해소만이 바람직한 행위로 강조되는 반면 이것의 확대는 바람직하지 못한 것으로 억제된다.
5) 대인갈등이 행위자의 성격문제로 이해되고 있다. 그러나 성격 그 자체가 반드시 갈등을 초래하는 것은 아니다. 사람의 행위가 갈등의 원인이 될 뿐이다.
6) 대인갈등과 분노의 감정을 혼동하는 경향이 있다. 분노의 감정은 대체로 대인갈등을 수반하지만 대인갈등이 반드시 분노의 감정과 자리하는 것은 아니다.

◆ 대인갈등의 유형

1) 대인갈등의 강도에 따라 저급 강도, 중급 강도, 상급 강도로 나눌 수 있다.
2) 대인갈등은 의사갈등, 내용갈등, 가치갈등, 자아갈등으로 나눌 수 있다.
3) 대인갈등은 현실적 갈등과 비현실적 갈등으로 나눌 수 있다.

◆ 대인갈등의 기능

1) 두 사람 이상의 사이에서 상호작용을 의미하는 대인 갈등은 특정 개인들의 충동이나 다른 원인적인 특성들이라고 하기보다는 개인들 간의 상호작용의 특정 유형에서 일어나는 인간이 인간으로서 살아가는 고유한 속성으로 조직체계, 집단체계, 인간관계의 여러 부분을 유지하고 통합하는 주된 작용들 중의 하나로서 기능을 한다.

사례1. 늦은 밤 오랜 통화로 인해 불화를 빚고 있는 아버지와 딸의 관계를 좋게 하려면?
사례2. 학급에 왕따가 되는 학생이 있는데 아이들과 원만하고 사이좋게 지낼 수 있게 하려면?

◆ 사례나누기

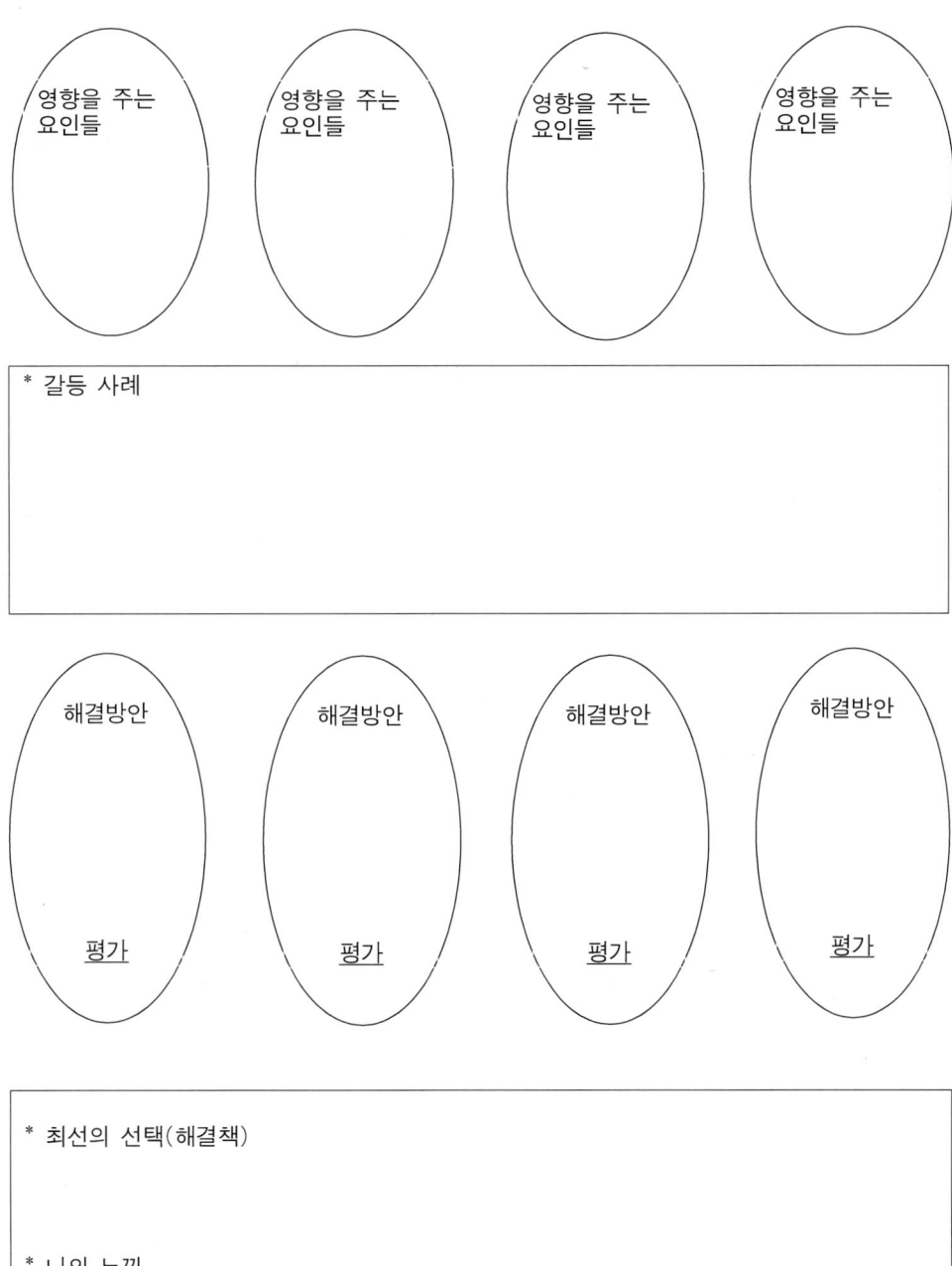

영향을 주는 요인들

영향을 주는 요인들

영향을 주는 요인들

영향을 주는 요인들

* 갈등 사례

해결방안

해결방안

해결방안

해결방안

평가

평가

평가

평가

* 최선의 선택(해결책)

* 나의 느낌

제11회기 사회의 변화와 교육 패러다임의 전환

목표: 급변하는 시대의 흐름을 이해하고, 교육의 패러다임의 변화가 필수적인 요
 소임을 안다. 청소년 문화를 이해하고, 학교문화를 창출하는 리더의 자질을
 익힌다.

소요시간: 90분

진행과정:

1. 시대의 변화와 가치의 충돌에 대해 소집단 토의를 한다.
2. 교육의 패러다임의 변화와 특징에 대해 카드 포스트 테크닉을 실시한다.
3. 청소년의 문화를 이해한다.

주의사항:

1. 청소년 문화의 다양성을 인정하면서 긍정적인 방향으로 지도한다.
2. 문화의 일시적인 현상과 지속적인 패턴에 대해 알고 자신이 선택하는 주체자가
 되는 확고한 가치를 갖도록 지도한다.
3. 속도와 가짐의 철학도 중요하지만 느림과 나눔에 대해 문화와 관련지어 생각해
 보도록 한다.

♣ 유능한 교사는 자기의 마음속에 있는 여러 가지 인간적인 감정을 충분히
알고 그것들을 항상 소중히 여기고 있는 것이다. 언제라도 참고 견딜 수 있는
사람은 아니지만 언제라도 신뢰할 수 있는 사람들이다.

－Heim Ginott

◈ 시대의 변화

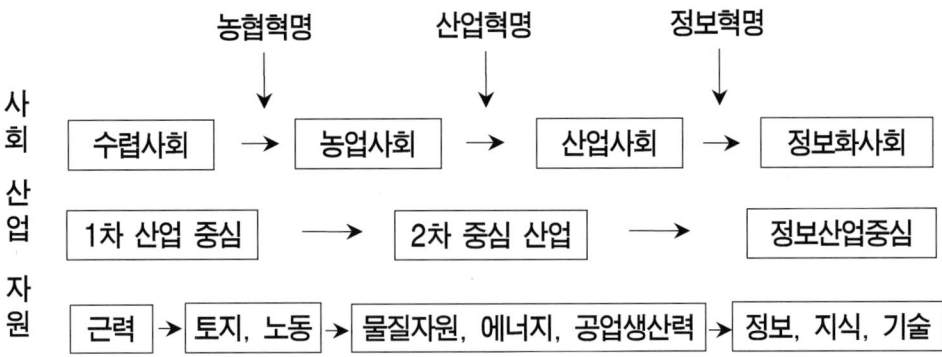

◈ 교육 패러다임의 변화

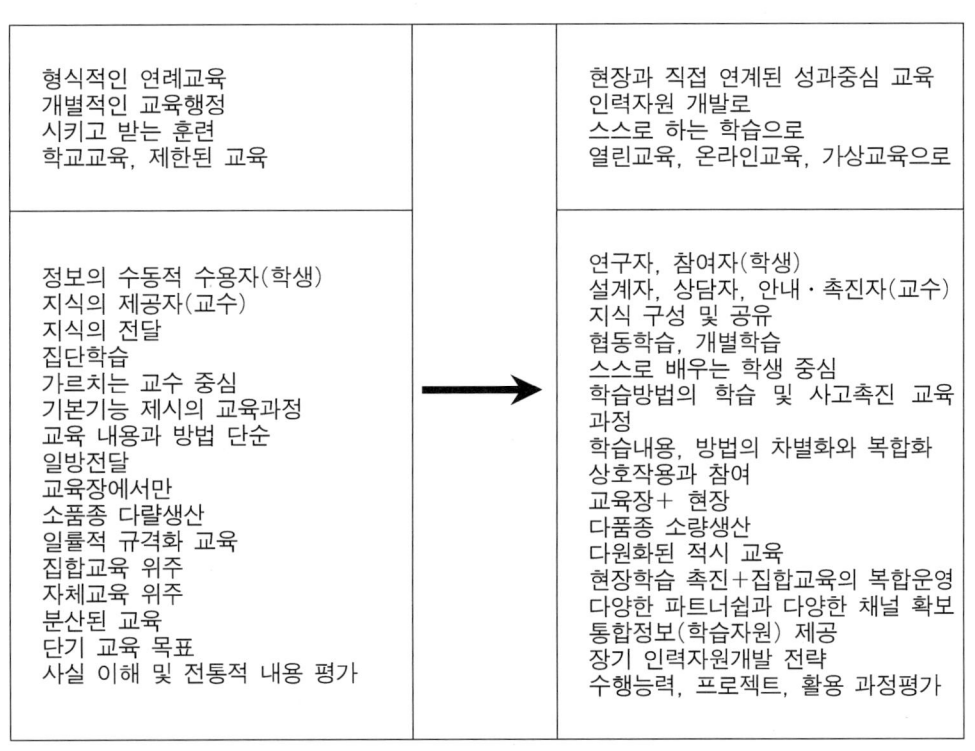

◆ 청소년 문화의 이해

①문화의 정의와 기능

  광의-특수집단의 사람들이 일반 대중과 차별해서 추종하여 즐기는 생활에서의 멋,

   우아함, 고매한 취미와 예술

  협의-특정사회(조직)의 구성원들이 일반적으로 옳다고 받아들이는 삶의 총체적 양식

  Sorokin-상호 작용하는 사람들이 소유하는 의미, 가치, 규범의 전부와 이러한 의 미들을 객관화하고 사회화시키며 전달하는 매체의 전부

  유형-물질문화와 정신문화(자동차와 신념)

     중핵문화와 주변문화(노래방 문화와 락카페 문화),

     경험적 문화, 규범적 문화 그리고 심미적 문화(자동차운전 기술, 선악의 기 준, 예술)

  기능-개인의 욕구 충족성-집단의 소속감을 통한 안정감

     개인의 사회화 가능성- 문화를 통한 사회 일원으로서의 역할과 지위자각, 책임

     행동의 준거성 제시-사회성원으로서의 인정과 불인정

     사회변동성- 세대간의 차이와 새로운 관계형태

②청소년 문화

  -관념으로서의 문화-인간의 사고와 정신상태, 성취되어 가고 다듬어 가는 목표,

           인격도야의 사회화 교육 강조, 대중문화와 구별,

           Arnold, Leavis, Tayler

  -적응체계로서의 문화-사회적 지적 기술의 표현

           기술의 성장과 생활양식의 개선

           변증법적 발전에 기초

           가치와 지향점 없음

           발전정도에 따른 구분(선진문화와 후진문화)

           White, Huxly, Marx

  -구조체계로서의 문화-소규모 사회의 조직원리

제일성적 요소(표현방법은 다르나 근본은 동일)

일정한 보편적 인간관계

존재하지 않는 문화 우월주의와 열등주의

Brown, Malinowski, Levi-Strauss

－상징체계로서의 문화－경험해석과 행동규제의 의미와 상징

상징과 의미의 조절기제는 구성원들의 고유적 공적 합의

조직은 구성원들의 행위의 유형과 행위를 위한 유형

종교와 이념도 문화

Geertze, Douglas, Hofstadter

－사회적 범주로서의 문화－특정집단의 전체모습과 삶의 내용

문화다원주의 견지

포스트 모더니즘적 접근

질서와 통합의 한계

③청소년문화의 구성요소

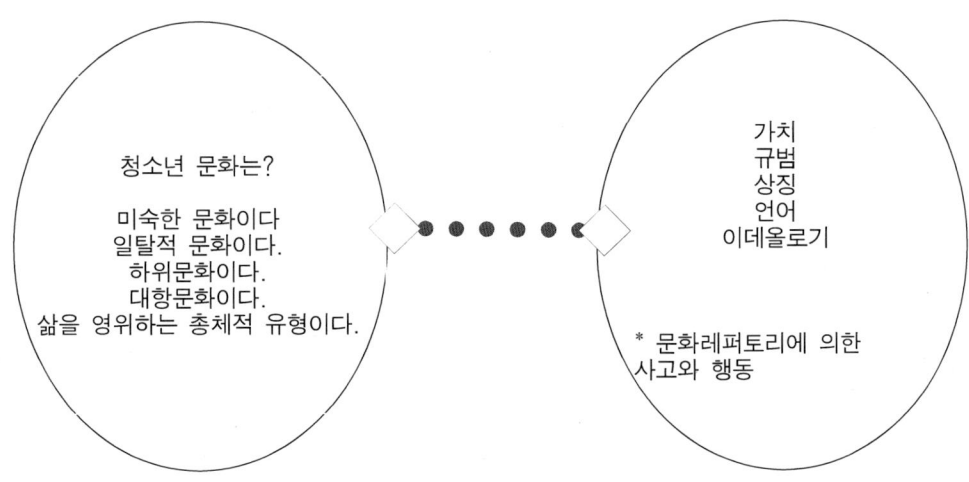

④ 한국청소년 문화의 특징

－문화를 형성할 수 있는 자율권 부여와 여건이 조성되어 있지 않다.

－학교문화가 바로 청소년 문화로 간주되는 경향이 크다.

－문화결핍 현상이 두드러지고 있다.

⑤ 청소년 관련사이트

또 하나의 문화http://www.tomoon.com

서울청소년문화교류센터 http://www.mizy.net

10대들이 만드는 10대들만의 공간 http://idoo.net

청소년과 놀이문화연구소 http://ilf.or.kr

청소년 세계 http://youth.co.kr

한국청소년문화연구소 http://youth.re.kr

◆ 재미있는 수업을 위한 사이트

월간 작은 이야기 http://www.smallstory.co.kr/index9.html

이상우, 정혜영의 교육사랑자료실

천일야화(천 가지 이야기, 교훈, 감동)

http://my.dreamwiz.com/cellclan/start.html

재미있는 옛날이야기 모음

Lg전래동화마을 http://story.lg.co.kr:3000/korean/history/story

◆ 청소년의 눈으로 정의한 청소년 문화

청소년 문화는 ~이다. 왜냐면 ~이기 때문이다.

소우주 활동의 표현이다.	우리의 미래를 보여주는 청사진이다.
* 어른들의 세상과 같기에 * 작지만 하나의 완성이기에 * 다르지만 하나이고, 하나지만 다르기 때문에 * 더 큰 세상으로 가기위한 탄력성 단계이기에 * 표현할 줄 알고 어떻게 조화할 줄 알기에	* 미래를 이끌고 갈 인재이기에 * 건전하고 건강한 몸과 마음을 가졌기에 * 즐겁고 잘 할 수 있는 탐색과 선택을 하기에 * 자유로운 의사표현과 창의적 사고를 가지므로 * 미래를 준비할 기반을 다지고 있기에
미숙한 요리사이다.	**무지개다**
* 주체적 성인으로서의 책임과 의무를 다하지 못하는 미성숙의 존재이기에 * 사회적 안정과 규율을 파괴하며 쾌감을 느끼는 비행문화이기에 * 기성세대의 규범과 가치를 거부하거나 비판하는 대항문화이기에 * 사회문화들 중의 한 요소인 하위문화이기에 * 새로운 문화 창출에로의 도전과 적응 때문에	* 비온 뒤의 개임을 표현하는 희망이 있기에 * 다양한 일곱 빛깔을 가지고 있기에 * 자연스런 빛깔의 연속체로 건전한 화합의 공간 때문에 * 적외선과 자외선을 보이지 못하는 것처럼 그들이 내면의 무한한 잠재성을 가지고 있기에 * 무지개의 호는 웃는 눈 같고 지구 밖은 원의 모습인데 원은 무한과 평안과 화합의 상징이므로
모자이크이다.	**도전이다.**
* 개인의 취향이 다양하기에 * 빛이 있어 더 아름다운 것처럼 양지를 지향하기에 * 다양함이 조화를 이루기에 * 특정한 장소나 위치에 있으므로 * 한 시대를 풍비한 문화적 양식이기에	* 새로운 유행을 창조하기에 * 기성세대가 하지 못한 일을 하기에 * 세상의 불합리나 부도덕과 타협하지 않기에 * 기성세대와 문화에 궁금함이 많기에 * 도전하면서 자라나기에
갓 태어난 아기의 울음이다.	**도자기를 굽는 과정이다.**
* 울음으로 존재를 알리듯이 문화는 존재를 알리는 수단이기에 * 태어나면서 울듯이 당연히 형성되기에 * 새 생명은 창조인 것처럼 하나의 창조이기에 * 울음이 소리이듯 자기의 의견을 내는 소리이기에 * 아이가 미성숙하듯 아직 미숙한 문화이기에	* 굽는 환경에 따라 완성품이 다르기에 * 매 단계마다 세심한 관심이 필요하기 때문에 * 깨어지기 쉽기에 * 걸작품도 이러한 과정을 통해 탄생하므로 * 틀이 잘못되어 있으면 완성품도 잘못 만들어지므로
갓 잡아 올린 물고기이다.	**처음과 끝이 불분명하다**
* 싱싱하고 역동적이기에 * 요리 방법이 다양한 것처럼 다양하기에 * 시간이 지나면 죽는 것처럼 정체성이 형성되지 않으면 사라지므로 * 몸에 영양분을 공급해주는 것처럼 기존의 문화에 영양을 공급해주기에 * 떼지어 다니듯이 또래집단의 영향을 받기에	* N세대들의 정보는 출처를 알 수 없고 처음과 끝을 알 수 없기에 * 주체성이 확립되지 않아 말과 행동의 기준이 모호하기에 * 누구에게 영향을 받고 주는지 관계와 기준이 모호하기에 * 넘치는 대중문화 속의 어제와 오늘의 문화패턴을 뒤바꿔 생활하므로 * 청소년시기가 언제 시작해 언제 끝나는지 알 수 없기에

제12회기 신나는 교실 재미있는 수업 Ⅰ

목표: 재미있고 다양한 수업방법을 배워 활기가 넘치는 교실을 만들 수 있다.

준비물: 작업지, 교수에 필요한 자료

소요시간: 90분

진행과정:

1. 다양한 교수·학습이론과 수업방법에 대해 설명을 듣는다.
2. 새롭게 접근하고 싶은 이론이나 수업방법에 대해 집단원과 이야기를 나눈다.
3. 같은 교과목이나 주제, 흥미가 같은 집단원끼리 한 조가 되어 실제로 학습지도안이나 수업계획서를 만들어 본다.
4. 간단하게 시범수업이나 프fp젠테이션을 하고 피드백을 주고받는다.

주의사항:

1. 교수학습이론에 대해 사전에 조사해 오게 하고 학습지도안을 짤 수 있도록 충분한 시간을 준다.
2. 교과지도뿐 아니라 특별활동, 재량활동시간에 필요한 수업계획서를 만들 수도 있다.

♣ 교육은 학생들이 자기활동을 통해 결함을 극복할 능력을 길러주는 것이다
－한스 게오르그 가다머

♣중고생 1000명을 대상으로 한 설문조사(www.sinsago.co.kr, www.true-study.com 공동 조사. 2005.6) 학생들이 가장 좋아하는 선생님 유형으로 '재치 있는 유머와 말발로 수업시간이 지루하지 않은 유머감각파 선생님'을 1순위(29.1%, 352명)로 꼽아 역시 예나 지금이나 교단에서 재미있는 선생님이 학생들에게 가장 사랑 받는 것으로 조사됐다. 재미있는 선생님 다음으로는 '항상 학생들의 인격을 존중해주시는 인격파 선생님'(25.8%, 312명)과 '학생들이 궁금해 하는 부분만 콕콕 짚어주시는 실력파 선생님'(20.5%,248명), '성적 스트레스, 수면 부족 등 학생들의 고민을 잘 들어주는 친구 같은 선생님'(20.5%, 248명)이 인기 있는 선생님인 것으로 조사됐다. '빼어난 용모를 갖춘 얼짱 선생님'이 좋다는 의견은 0.6%(8명) 뿐이었다.

♣ 5가지 습관을 통한 유머 감각 익히기
   1)긍정적으로 생각하라.
   2)뒤집어서 생각하라.
   3)때와 장소를 가려라.
   4)온몸으로 실천하라.
   5)표정에 웃음을 담아라.

♣수업 중간 중간에 재미있는 이야기를 들려주면 아이들이 더 흥미있게 집중할 수 있게 된다. 평소에 많은 유머와 이야기 거리를 모아서 카드파일을 만들어 두면 효과적으로 사용할 수 있다.

◆ 교수·학습이론

교수·학습이론

행동주의

파블로프의 고전적 조건화 이론
시간의 법칙
강도의 법칙
계속성의 법칙
일관성의 법칙

스키너의 조작적 조건반사
강화의 법칙
소멸의 법칙
자동회복의 법칙
일반화·변별의 법칙

쏜다이크의 시행착오설
효과의 법칙
연습(반복)의 법칙
준비의 법칙

반두라의 사회학습이론
주의 집중
파지: 모델의 행동을 정신적으로 재현하는 것
　　　(정신적 시연, 실제 연습)
생성: 연습과 자기효능감의 신념
동기: 유인자극(직접강화, 간접강화, 자기강화)

인지주의

퀄러의 통찰이론(아하! 현상)
문제상황의 배열의 원리
갑작스럽고 완전한 해결－성공
같은 상황같은 방법의 문제 해결
통찰적 해답을 통한 즉각적 반복
새 상황의 적용(수단과 목적의 인지적 관계)

피아제의 인지 구성주의
감각운동기－전조작기－구체적조작기－형식
　적 조작기
자신의 인지구조에 다른 실재의 다른 해석
동화의 조절의 갈등상태에서 인지 발달
학습자료와 활동은 정신활동에 적절한 활동
능동적 존재의 도전적인 학습방법

비고츠키의 사회구성주의
학습과 발달은 사회협동적 활동
사회적 학습의 개인적 내면화
근접발달영역의 개념은 교육과
정과
계획에 지침
체계적 학습내면화는 인지발달
과 밀접
실생활과 경험적인 학교학습

정보처리 이론
감각등록단계의 원리－짧은 시간의 감각등록기의 처리와 유실－2이상의 정보
　제시 곤란
단기기억과 작동기억단계에서의 원리－자동성 획득과 작동 잉여공간의 유용성
장기기억에서의 원리－장기기억의 존재정보는 사실과 관계성으로
주의집중을 위한 원리－ 학습관련 자극에의 집중과 계획세우기
지각을 위한 원리－과거의 경험과 자신의 기대에 영향받는 정보의 제한성
시연을 위한 원리－정보의 기억과 시연횟수와 시기
부호화와 인출을 위한 원리－성공적인 부호화와 정교화 과정의 기억전략화

인본주의

로저스의 주도적 학습이론
학습에 대한 욕구와 새로운 경험에의 욕구
자기주도적 학습과 내부에 의한 경험
학습자 스스로에 의해 평가되는 학습경험'
외부압력으로부터 벗어날 때 촉진
협력에 의한 학습과정을 통한 촉진

매슬로우의 자아실현론
학습은 생활의 철저한 몰입에서
시공을 초월한 환경에서
지적 측면 뿐 아니라 정의적 학습도 중요
스스로 학습가능하고 즐거운 경험과 개방

◆ 프로젝트 접근법

준비단계	→	시작단계	→	전개단계	→	마무리 단계

준비단계	시작단계	전개단계	마무리 단계
① 주제선정 ② 주제망 예비 구성(브레인스토밍, 유목화, 주제망 그리기) ③ 기본 어휘 및 중심 개념 선정 ④ 학습내용/활동조직표 구성 ⑤ 자원목록 작성 및 준비 ⑥ 부모들에게 알리기	① 학생의 이전 경험 표현(말, 그림, 글, 조형, 역할놀이) ② 교사와 아동의 공동 주제망 구성 ③ 질문목록 작성 질문의 가시화, 명료화— 질문의 장려—적절한 해결방법 모색— 질문거리 소주제별 분류 — 합의된 해결방법 기술— 새 질문거리 기술 — 질문을 활동으로	① 현장견학 전 활동 ⓐ 질문조사/탐구활동— 자세관찰, 책조사, 주변인에게 질문, 실험하기, 전문가의 설명 ⓑ 특별목표활동— 주제망의 내용의 흥미에 따른 계획적 활동 ② 현장견학 ⓐ 현장견학전준비 ⓑ 현장견학 ③ 현장견학후활동 ⓐ 현장견학에 기초한 표현활동(언어, 미술, 수학, 과학, 음악, 게임) ⓑ심화된 조사/탐구활동 ④ 전문가의 방문	① 전시회 및 발표회 ⓐ 준비—전체토의, 교실꾸미기, 초대장보내기 ⓑ 개최— 손님맞이,전시안내, 프로그램발표 ⓒ 마무리—마무리토의, 정리

◈ 수행평가의 예

우리 도내에 있는 관광지 중에서 가고 싶은 곳의 여행계획서를 꾸며 보아라.

(채점기준 상: 3점, 중: 2점, 하: 1점)

평가요소	① 시기와 장소 등의 타당성			② 여행지에 대한 정보조사			③ 여행계획의 치밀성			④ 조리있는 발표태도			총점	교사 의견
수준	상	중	하	상	중	하	상	중	하	상	중	하		
번호 / 이름														
1 / 김**														
2 / 홍**														

◈ 다중지능(multiple intelligence) 접근법

Gardner(1983)의 마음의 틀(Frames of mind)에서 유래

지능에 대한 준거틀	
①지능은 두뇌의 좌·우뇌 부위 중 어느 한 부위를 차지하고 있다.	뇌의 브로카 영역 손상-언어적 지능 손상
②지능 각각의 영역에는 백치, 천재들이 존재한다.	3세때 작곡한 모차르트 수계산의 천재인 자폐증상 아동
③지능은 고유한 활동을 유발하기 위하여 일련의 주요 작동체제들을 가지고 있다.	음악적 지능- 음조에 대해 민감, 리듬구조의 변별력
④지능은 각 영역별 최고 수준의 전문가가 되기까지 독특한 발달사의 일련의 수행괘도를 가진다.	발달의 절정기가 다름- 작곡가의 궤도, 수학가의 궤도
⑤지능은 인간의 진화론적 역사 등 다른 종에 있어 진화가능성이 있어야 한다.	Homo Sapiens
⑥지능은 서로 독립적으로 작용한다.	단어기억력은 뛰어나나 얼굴을 잘 기억하지 못할 수도 있다.
⑦지능은 심리측정의 결과와 어느 정도 일치해야 한다.	표준화된 IQ 검사의 사용지지
⑧지능은 인간의 상징체계 내에서 부호화해야 한다.	공간지능- 표의문자인 중국어, 그래픽 언어

다중지능의 종류와 설명		
①언어적 지능	언어와 관련된 활동에 민감하고 이와 관련된 문제를 잘 해결할 수 있는 능력	작가, 판매원, 교사, 변호사, 교수, 기자, 방송인, 상담가
②논리-수학적 지능	수학이나 자연 현상 등 여러 가지 대상에 대해 관심을 가지고 탐구하고 추론하여 규칙이나 법칙을 발견할 수 있는 능력	회계사, 통계학자, 변호사, 컴퓨터 프로그래머, 철학자, 과학자, 무역가, 직무관리자
③공간적 지능	시각적, 공간적 세계를 정확히 지각하고 그 지각한 내용을 머리 속에서 변형, 회전시켜 볼 수 있는 능력	항해사, 디자이너, 건축가, 미술가, 일러스트레이션, 아티스트, 사진작가
④음악적 지능	음악의 여러 영역에 대한 관심이 있으며 그것을 즐기고 창작해 낼 수 있는 능력	작고가, 연주가, 합창단원, 가수, 지휘자, 음악교사, DJ, 음악비평가
⑤신체-운동적 지능	신체를 이용한 모든 활동을 잘 할 수 있는 능력	운동선수, 배우, 무용가, 안무기, 외과의사, 운동코치, 다양한 기술자, 교사
⑥대인관계지능	다른 사람의 기분이나 동기, 바람이 무엇인지를 잘 이해하고 그에 적절하게 반응할 수 있는 능력	교사, 치료사, 간호사, 비서, 상담가, 코치, 정치가, 행정가, 판매원, 전도사
⑦개인지각지능	자신의 감정에 관심이 많고 그 감정들을 잘 구별하고 그것을 바탕으로 자신의 능력, 욕망, 약점 등을 인식할 수 있는 능력	느낌, 장단점, 특기, 희망, 관심 등을 잘 파악
⑧자연관찰지능	자연세계에 민감하고 관심이 많아 과학적 연구나 활동에 몰두하는 능력(1996년 추가)	식물학자, 과학자, 조경사
⑨실존지능	존재 이유, 생과 사, 본성과 가치 등 철학적이거나 종교적인 사고를 할 수 있는 능력	뇌에 해당부위가 없고 학생기에는 거의 나타나지 않음으로 반쪽지능으로 간주

◆ 전체는 부분의 합 이상

수학적인 사고에서 1+1은 2입니다. 그러나 그렇지 않은 경우들이 많이 있습니다. 남여가 결혼을 하면 임신을 하면 1+1=3이 됩니다. 또한 일 더하기 일은 중노동입니다. 이처럼 전체는 부분의 합보다 크게 작용을 하기도 합니다. 이것을 다중지능에 적용할 수 있습니다.

* 훌륭한 교사, 리더십이 있는 교사는 다중지능의 다양한 영역의 부분들이 조화롭게 통합되어 수학적 합보다 크게 작용합니다. 교사의 직업과 다중지능과의 관계를 알아봅시다.

언어적 지능-언어를 통해서 학생들에게 전하고자 하는 지식이나 정보를 잘 전달한다.
인간관계지능-학생들과의 관계, 상사와 관계, 동료와의 관계를 잘 맺기 위해 꼭 필요합니다.
개인내적지능-자기 성찰을 통해 삶의 깊이를 더 할 수 있도록 인격적 수양을 해야 합니다.
다른 지능도 생각하고 적어 봅시다.

* 미국의 Regina 고등학교에서는 학교의 장기 전략을 세우면서 다중지능 이론을 도입하기로 결정하고 다중지능 교육과 공동학습을 통합시켜 활용하는 방안을 개발하고 있다. 교사들은 매달 한 지능 분야에 대해서 집중적으로 탐구하고 교육하였고, 교직원 연수에서 각 선생님들이 각 반에서 다중지능을 활용한 구체적인 아이디어를 교환하는 시간도 갖는다. 또 학생들의 지능을 어떤 방식으로 진단하고 평가할 것인가에 관심을 가지고 연구한다.
출처: Shearer, B. C.(1999). The MIDAS Handbook of Multiple intelligence in the classroom. columbus. Greyden Press. p35.

◆ 협동과 다중지능

* 학습조직의 창시자인 Senge는 개인적으로 IQ가 높은 사람들을 모아 일을 하는데 한 개인이 하는 것보다 못한 결과를 가져오기도 한다고 한다. 이 때는 팀을 구성할 때 성과지향의 지능 배합을 하는 것이 필요하다.

예를 들어 보고서나 프리젠테이션 자료를 작성하려면 언어적 지능이 높은 사람들을,
브리핑 챠트를 만들려면 공간지능이 높은 사람을,
프로젝트 매니저는 인간관계 지능이 높은 사람으로 구성하는 것이 필요하다.

* 학급의 일이나 협동, 교과를 통한 다양한 학습방법과 관련하여 어떻게 활용할 수 있을까요?
조별 토론 후에 발표하고 아이디어를 모아 봅시다.

* 선생님의 다중지능을 www.creatizen,com 에 들어가서 알아봅시다.

◆ 다중지능 접근법 학교교육에의 시사점

	다중지능 접근법의 교수원리	학교현장에서의 생각할 점
①	다중지능 이론은 각각의 학생들은 나름대로 뛰어난 지능을 가지고 있다.	
②	음악, 인간관계 등 다른 분야의 지능도 언어적 지능이나 논리·수학적 지능과 동등하게 강조되어야 한다.	
③	수업의 전략도 각 지능의 특성을 활용할 수 있도록 다양하게 수립해야 한다.	
④	학생들의 낮은 지능 분야를 보완하기 위해서는 먼저 높은 분야의 지능을 강조한다.	
⑤	통합교과를 구성하여 운영한다.	
⑥	지능은 발달궤도에 따라 발달하며 그 표현도 달라진다. 따라서 교수 학습도 궤도에 따라 달라져야 한다.	
⑦	평가는 상대평가보다 개별학습자의 지능에서 강점과 약점을 파악하여 적절한 교수내용과 방법을 안내해 주어야 한다.	
⑧	종전에는 학교가 교육기능을 주로 담당해 왔지만 갈수록 학교 이외의 사회기관도 교육활동에 중요한 역할을 해야 한다.	

◆ 다중지능 접근법의 모형

Spectrum Project	Key School	PIFS(Practical Intelligences for School)	Art PROPEL
매사추세스주 터프대학 엘리어트 유아원에 다중지능 이론을 처음 적용한 프로그램	인디애나 폴리스 공립초등학교 교사들이 이론을 현장에 작용시킨 프로그램	중도탈락생의 학교나 직장에서의 성공을 돕기 위한 프로그램	하버드 프로젝트 제로팀과 고등 수준에 적용가능
광범위한 영역의 15개의 다른 과제들을 아동 자신의 환경 속에서 지속적으로 평가해 조기에 학생의 지적인 강점과 약점을 확인하고 적절한 교육을 제공	정규교과에 다루어지는 주제중심과 활동적 방법 세유형의 학습방법－도제제도의 pod, 지역사회연계방법, 주제수행 프로젝트법	개인지각 지능, 특수영역 지능, 대인관계 지능의 지식 강조. 주제에 대한 학생의 지식 확인 후 다양한 교육과정 계획하여 참여 유도하고 적절한 평가	음악, 시각예술, 상상의 글쓰기의 예술형태. 생산, 지각, 반성의 3능력 프로젝트 방법과 프로세스폴리오 방법
각각의 지능을 자극하는 다양한 활동들로 가득찬 센터나 코너	모든 학생은 자신의 지능이 날마다 자극되어야 한다는 신념	중학교 수준 적용 적절	최근 유치원과 초등학교서도 이용

◆ 수업설계

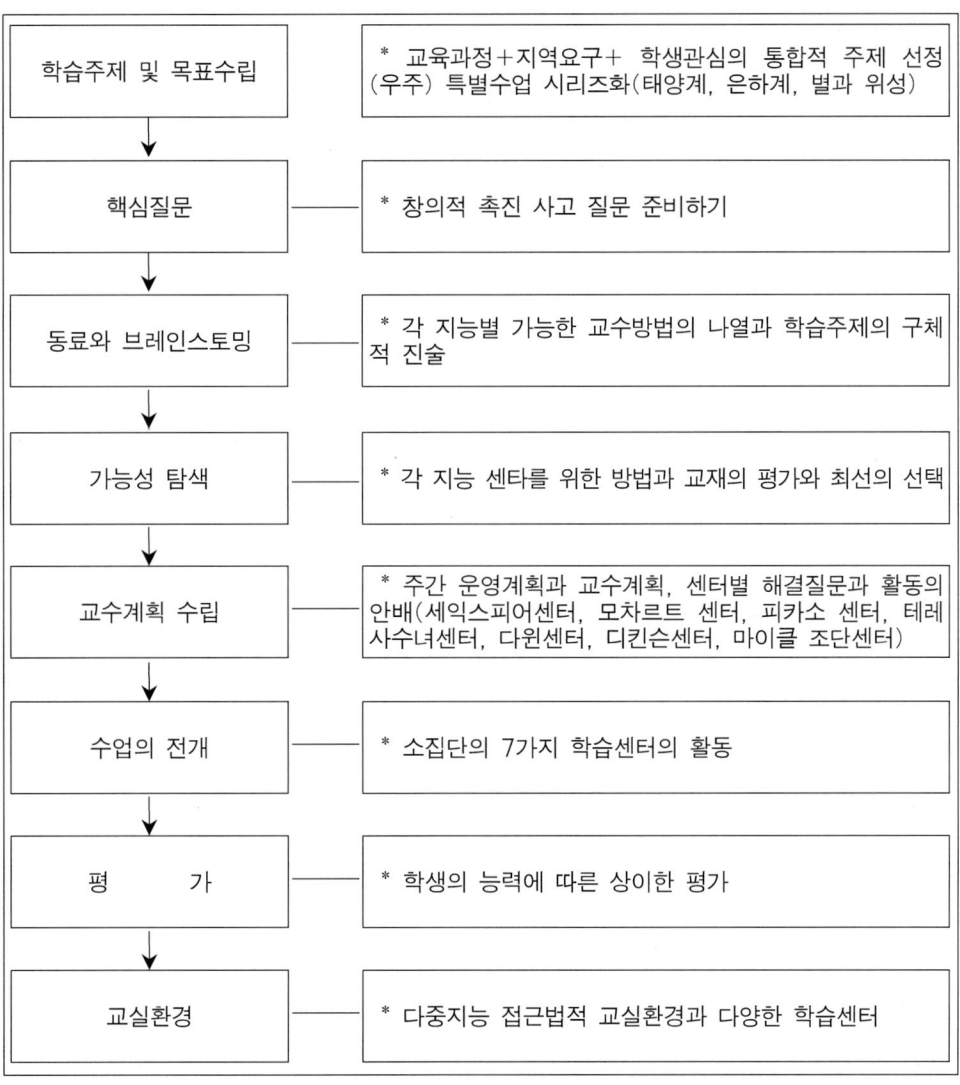

학습주제 및 목표수립	* 교육과정＋지역요구＋ 학생관심의 통합적 주제 선정 (우주) 특별수업 시리즈화(태양계, 은하계, 별과 위성)
핵심질문	* 창의적 촉진 사고 질문 준비하기
동료와 브레인스토밍	* 각 지능별 가능한 교수방법의 나열과 학습주제의 구체적 진술
가능성 탐색	* 각 지능 센타를 위한 방법과 교재의 평가와 최선의 선택
교수계획 수립	* 주간 운영계획과 교수계획, 센터별 해결질문과 활동의 안배(세익스피어센터, 모차르트 센터, 피카소 센터, 테레사수녀센터, 다윈센터, 디킨슨센터, 마이클 조단센터)
수업의 전개	* 소집단의 7가지 학습센터의 활동
평 가	* 학생의 능력에 따른 상이한 평가
교실환경	* 다중지능 접근법적 교실환경과 다양한 학습센터

◆다중지능 접근법 수업전개의 실제

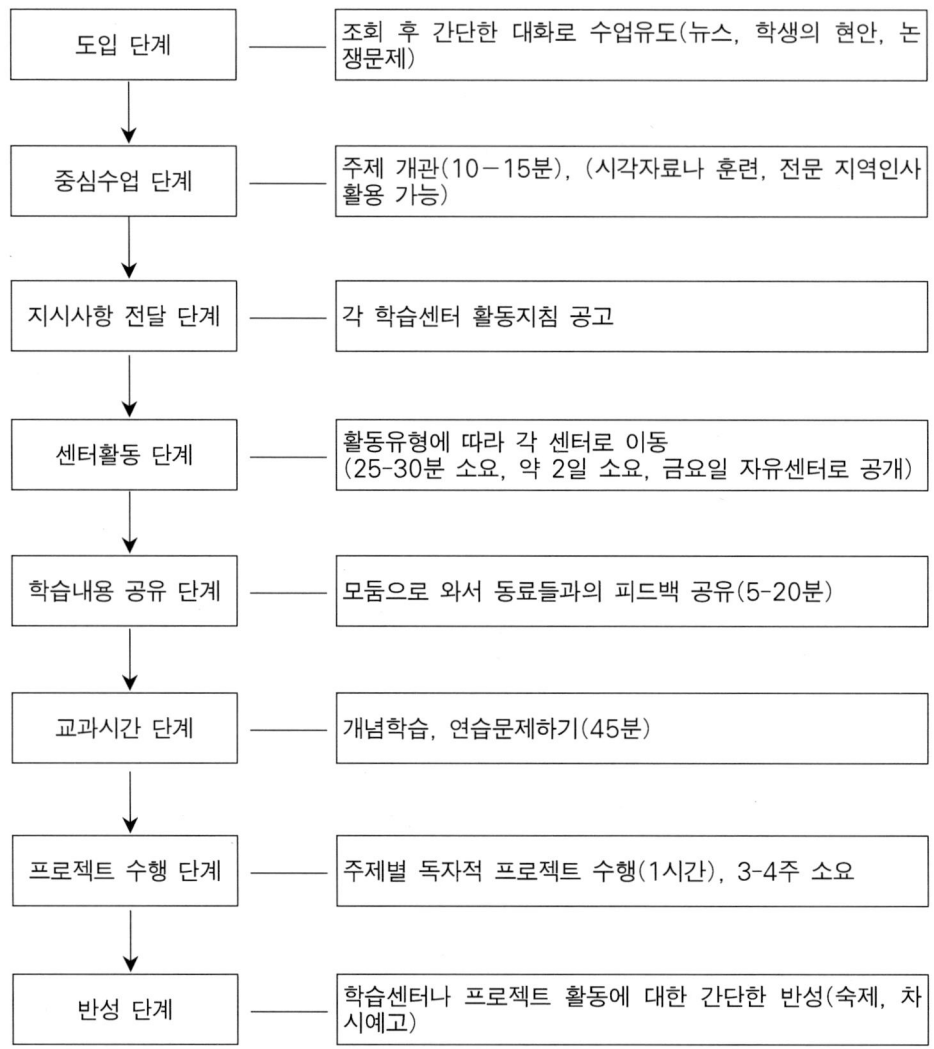

도입 단계	──	조회 후 간단한 대화로 수업유도(뉴스, 학생의 현안, 논쟁문제)
중심수업 단계	──	주제 개관(10−15분), (시각자료나 훈련, 전문 지역인사 활용 가능)
지시사항 전달 단계	──	각 학습센터 활동지침 공고
센터활동 단계	──	활동유형에 따라 각 센터로 이동 (25-30분 소요, 약 2일 소요, 금요일 자유센터로 공개)
학습내용 공유 단계	──	모둠으로 와서 동료들과의 피드백 공유(5-20분)
교과시간 단계	──	개념학습, 연습문제하기(45분)
프로젝트 수행 단계	──	주제별 독자적 프로젝트 수행(1시간), 3-4주 소요
반성 단계	──	학습센터나 프로젝트 활동에 대한 간단한 반성(숙제, 차시예고)

◆ 학습활동의 흐름의 예시

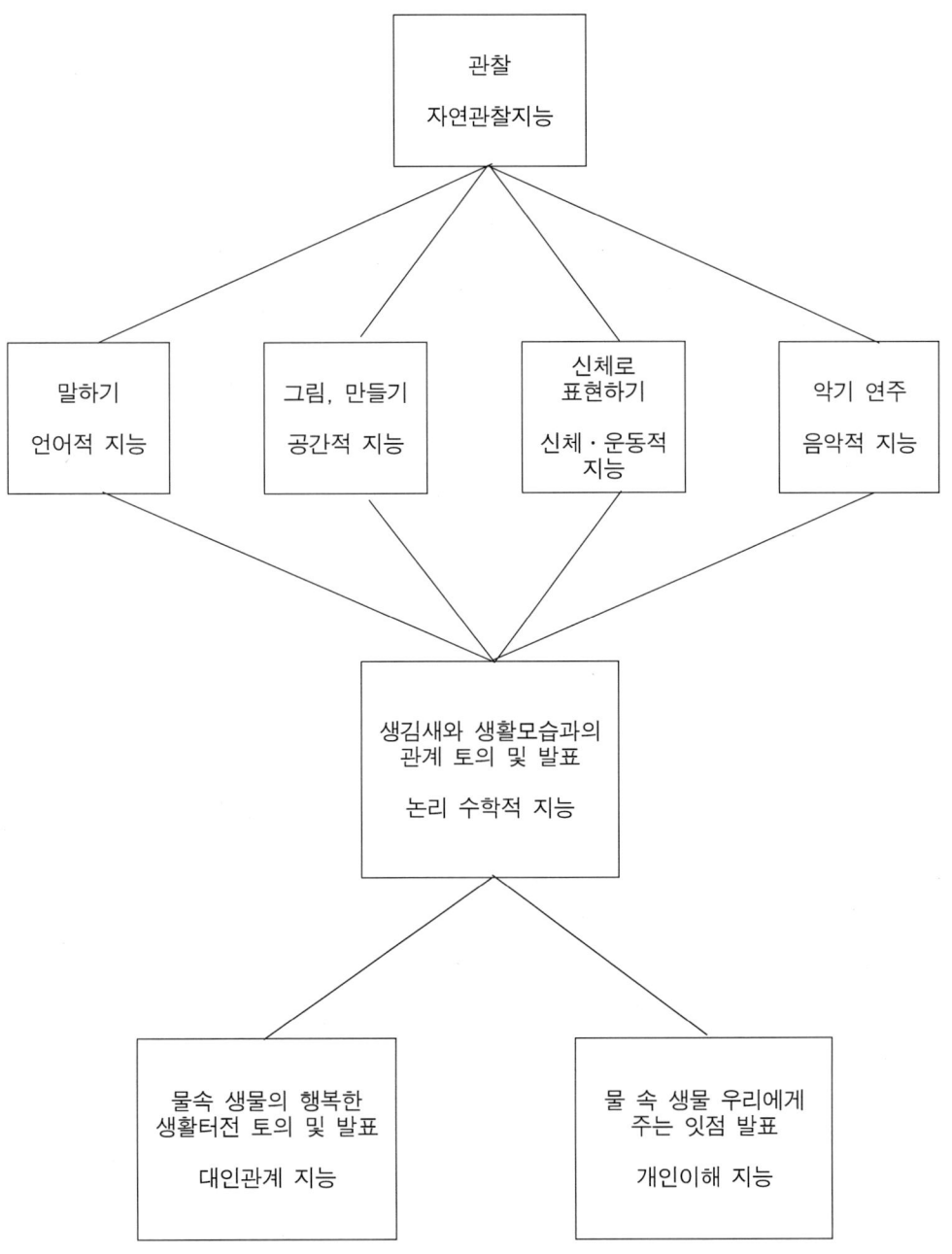

자료: 이성은, 오은순, 성기옥(2002). 새 교수법. 교육과학사. P145

◆ 수업지도안 작성

학년/학기	3학년 1학기		교과	통합교과
단원	과학 – 6. 물 속에 사는 생물 국어 – 다섯째마당 2. 알면 힘이 솟아요. 체육 – 표현활동 2. 우리가 만드는 춤 음악 – 17. 음악이야기 미술 – 6. 움직이는 장난감.		차시	7~8/16
학습주제	물 속에 사는 생물에 대해 자세히 알아보기			
학습목표	1. 물속에 사는 생물의 생김새와 움직임 및 환경과의 관계를 이해할 수 있다. 2. 물 속에 사는 생물의 생김새와 움직임을 말, 신체, 그림, 소리 중에서 내가 좋아하는 방법으로 표현할 수 있다. 3. 물 속에 사는 생물이 잘 살아갈 수 있도록 도와줄 수 있는 방법을 3가지 이상 말할 수 있다.			
집단조직	소집단			

학 습 활 동

지능	학습 활동 내용	준비물	평가
자연관찰지능	* 물 속에 사는 생물의 생김새와 움직임을 자세히 관찰하기	* 여러 가지 물 속 생물, 뜰채, 수조, 돋보기, 현미경	관찰법
언어	* 물 속 사는 생물에 대하여 새로운 내용을 바탕으로 자세하게 말하기	* 녹음기	발표 교사관찰
공간	* 물 속 생물에 대하여 자세하게 관찰하고 그 특징이 잘 드러나게 재활용품을 이용하여 그리거나 만들기	* 색종이, 가위, 도화지, 크레파스, 물감 등	동료평가
음악	* 여러 가지 악기를 이용하여 생물의 움직임을 표현하기	* 여러 가지 악기	동료평가
신체·운동	* 물 속 생물의 특징이 잘 드러나게 신체로 표현하기	* 음악테이프, 녹음기	동료평가
논리·수학	* 물 속 생물은 왜 그렇게 생겼고, 그것이 그들의 생활에 어떤 영향을 주는지 알아보기	* 인터넷 자료, 파워포인트 자료	발표
대인관계	* 물 속 생물이 더욱 행복하게 살아갈 수 있게 하기 위한 일에 대해 토의 및 자기 반성하기	* 파워포인트 자료	학습활동지
개인이해	* 물속 생물이 우리에게 주는 이점에 대해 생각모아 발표하기	* 팀별 발표자료	발표
학습기대효과 및 주의사항	* 물 속에 사는 생물과 자연을 사랑하는 마음이 길러질 것이다. * 다양한 영역에서 여러 가지 경험을 다양하게 할 수 있을 것이다. * 지나치게 소란하지 않도록 규칙을 지키도록 노력한다. * 동료평가를 할 때 평가기준을 제시하고 공정한 평가가 되도록 한다.		

자료: 이성은, 오은순, 성기옥(2002). 새 교수법. 교육과학사. P144, 146

◆짜투리 시간을 즐겁게 보내는 놀이

1) 솥뚜껑
① 두사람이 짝이 된다. 가위,바위, 보를 한 뒤에 이긴 사람이 먼저 주먹을 쥐고 오른쪽 주먹을 맨 아래로 놓는다.
② 그 다음 진사람이 오른쪽 주먹을 위로 놓고, 다시 이긴 사람의 왼쪽 주먹을 놓고, 마지막으로 진사람의 왼쪽 주먹을 놓는다.
③ 교사가 "위로!""아래로!"를 반복하다가 "덮어"하는 구령을 하면 각자 맨 밑에 있는 자기 주먹을 펴서 잽싸게 맨 위를 덮는다.
④ 먼저 덮는 사람이 이긴다.

2) 번데기 박수
① 뻔!에는 자기 손을 치고, 데기!에는 옆사람의 손을 친다.
② 뻔!데기!뻔!데기!를 기본 박수로 친 다음 뻔!과 데기!를 계단식으로 올려 가며 더해 간다. 즉 뻔!데기!, 뻔!데기, 뻔!뻔! 데기!데기!, 뻔!데기! 뻔! 데기! 뻔!뻔!뻔! 데기!데기!데기!, 뻔!데기! 뻔! 데기! 뻔!뻔!뻔!뻔! 데기!데기!데기!데기!.
③ 1번에서 10번까지 계단식으로 올라가고 거꾸로 내려온다.

3) 윷놀이
요즘 교실은 대부분 자석칠판이므로 자석을 이용해서 가위바위보로 윷놀이를 한다.
① 두 팀으로 나눈다. 색깔있는 자석알을 몇 개 준비한다. 칠판에 윷판을 그린다.
② 가위로 이기면 도, 바위로 이기면 걸, 보로 이기면 모 등으로 약속을 정한다.
③ 팀원이 차례로 일어서서 가위 바위 보를 하면서 게임을 한다.

4) 배구게임
① 2팀으로 나눈 다음 한 팀에서 먼저 공격으로 "서브"를 보낸다. 수비팀은 리시브-토스-스파이크로 다시 공격한다.
② A팀에서 한 명이 "서브3"하며 B팀에 보내면 B팀의 3번이 "리시브 2"로 받으면 2번은 "토스4"로 받고, 4번은 "스파이크5"로 A팀으로 넘긴다. A팀에서는 다시 "리시브.."로 공수가 진행된다. ③브로킹을 사용하면 다시 상대편으로 넘어가게 된다.

5) 좋아 게임

① 한 사람이 "○○ 좋아"라고 말하면 불린 사람은 "나도 좋아" 또는 "나는 싫어"를 말한다.
② "나는 싫어" 하면 전체가 그 사람에게 "그럼 누구?"라고 하며, 그 사람은 "○○좋아"를 부른다.
③ "나도 좋아"를 한 경우는 대답한 사람이 다른 사람을 부른다.

6) 악기 놀이

팀 게임의 벌칙으로 사용할 수 있다. 팀이 모두 나와 각자 악기 하나씩을 정하고, 즉석 가수의 노래에 맞추어 입으로는 악기소리를 내고, 손으로는 연주하는 흉내를 낸다.

7) 팀 게임

① 팀이름을 정하고 팀 이름과 함께 모션을 한 다음 다른 팀을 부른다.
② 벗었스 벗었스−옷을 벗는 모션, 발랐스 발랐스−루즈바르는 모션
　붙였스 붙였스−속눈썹 붙이는 모션, 빗었스 빗었스−머리 빗는 모션
③ A팀: 벗었스 벗었스(동작과 함께) 발랐스 발랐스(다른 팀을 부름)
　B팀: 발랐스 발랐스(동작과 함께) 붙였스 붙였스(다른 팀 이름)

◆ 신나는 교실 재미있는 수업 전파하기

· 새롭게 배우거나 알게 된 재미잇는 수업에 대해서 조별로 이야기를 나누고 배워봅시다.

사례1:

사례2:

사례3:

제13회기 신나는 교실 재미있는 수업 Ⅱ

목표: 재미있고 다양한 수업방법을 배워 활기가 넘치는 교실을 만들 수 있다.

준비물: 작업지, 교수에 필요한 자료

소요시간: 90분

진행과정:
1. 다양한 교수·학습이론과 수업방법에 대해 설명을 듣는다.
2. 새롭게 접근하고 싶은 이론이나 수업방법에 대해 집단원과 이야기를 나눈다.
3. 같은 교과목이나 주제, 흥미가 같은 집단원끼리 한 조가 되어 실제로 학습지도 안이나 수업계획서를 만들어 본다.
4. 간단하게 시범수업이나 프리젠테이션을 하고 피드백을 주고 받는다.

주의사항:
1. 충분하게 학습지도안을 짤 수 있도록 시간을 주려면 교수학습이론에 대해 사전에 조사해 오도록 준비시킨다.
2. 교과지도뿐 아니라 특별활동, 재량활동시간에 필요한 수업계획서를 만들 수도 있다.

♣ 좋은 교수방법이란 학습자들에게 학습하는 방법, 사고하는 방법, 학습자 스스로 학습동기를 증진시키는 방법을 가르쳐 주는 것이다.

— Weinstein & Mayer

◆ 협동학습

*협동(cooperation)은 소집단 규모로 자기 자신 및 다른 사람들의 생산성이나 효과를 극대화하기 위해서 함께 일어나는 활동이다. 학교나 교실 현장에서의 협동은 다양한 영역이나 활동에서 일어난다. 특히 수업 장면에서 서로의 과제에 대해 함께 논의하고 서로 돕고 지원해 가면서 공동의 목표를 달성할 수 있도록 교수·학습과정을 중심으로 전개되는 대안적 수업방법이다.

학자들의 정의	
Ausbel(1978)	개개인이 어떤 공동의 목표를 달성하기 위하여 다른 사람들과 함께 활동하는 집단지향적 활동
Slavin(1990)	학습능력이 다른 학생들이 동일한 학습목표를 향하여 소집단 내에서 함께 활동하는 수업방법
문용린(1988)	학급의 목표구조에 따라 학급집단의 역동성이 달라지는 것에 착안하여 수업운영을 협동적으로 이끌려는 수업전략
변영계(1994)	주어진 과제나 학습목표를 소집단의 구성원들이 공동적으로 노력하여 주어진 학습과제나 학습목표에 노달하는 수업방법
Cohen(1994)	모든 학습자가 명확한 할당된 공동과제에 참여할 수 있는 소집단에서 함께 학습하는 것

◆ 협동의 결과

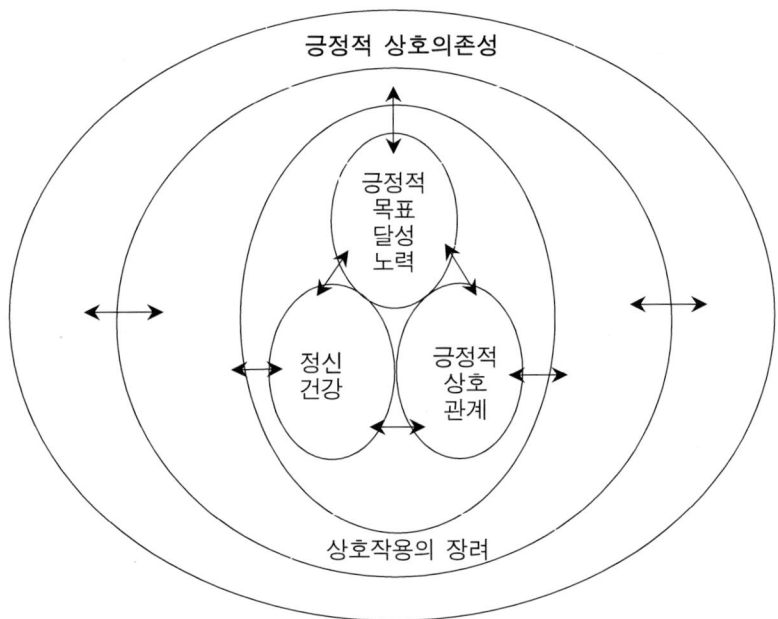

자료: 김형수, 김태규(2002). p96 재인용.

◆협동·경쟁·개별학습구조의 특징

구분	협동학습	경쟁학습	개별학습
교수활동형태	문제해결학습, 확산적 사고, 창조적 사고 등으로 학습해야 될 내용은 명료화, 의사결정, 탐구 등으로 다소 융통성있음	기술, 단순지식, 기억, 복습 등으로 학습해야 될 내용은 분명하며 경쟁규칙이 분명히 제시됨	특별한 기능이나 지식으로 혼동이나 별다른 도움이 필요 없도록 과제가 분명하며, 해야 될 행동도 세분화됨
목표의 중요성 인식	목표는 각 학생들에게 중요한 것으로 받아들여지며, 각 학생은 집단이 그 목표를 달성할 것으로 기대함	목표는 학생들에게 받아들여지지 않으며 단지 성공과 실패로 받아들여짐	목표는 학생들에게 매우 중요하게 받아들여지며, 언젠가는 자신의 목표가 달성되기를 기대함
학생의 기대	다른 학생과의 긍정적 상호작용을 하며 아이디어와 자료를 공유하고 공동책임, 집단에의 기여, 과제분담, 구성원의 다양성을 이용함	각 학생은 승리할 수 있는 기회를 균등히 가지며, 경쟁자의 진보상태를 평가하며 능력, 기술, 지식을 비교함	각 학생은 다른 학생에 의해 간섭받지 않으며 과제 완성에 대해 자신이 책임자이며 자신이 노력과 과제수행의 질을 평가함
도움의 원천	각 학생들의 도움, 지지, 강화의 원천임	교사가 도움, 지지, 강화의 원천임	교사의 도움, 지지, 강화의 원천

자료: 정문성, 김동일(1999). p31 재인용

◆ 협동적 및 경쟁적 학습 환경의 특징

협동적 교실	특징	경쟁적 교실
높음	상호작용	낮음
효과적임	의사소통	최소, 오해와 위협
협조적, 지지적, 성취지향적	동료간 지지 및 영향	비협조적, 비지지적, 경쟁지향적
통합적, 평등주의적	갈등관리	비효과적, 승패지향적
고차적, 개념적	학습결과	사실적, 비창조적
우호적	분위기	적대적
높음	학습에의 관여도	낮음
효율적, 공유적	자원 활용	비효율적, 개인주의적
감소	실패공포	증가

◆협동학습의 모형

구분 ＼ 유형	학생집단 성취 유형 (Student Team Learning)	협동적 프로젝트 유형 (cooperative Project)
특징	* 집단 내 협동과 집단 간 경쟁 강조 * 보상방식을 통한 상호작용의 극대화	* 집단내와 집단 간의 협동강조 * 과제분담을 통한 상호작용의 극대화
주요모형들	Slavin(1978)의　성취과제분담모형(STAD) (Student-Team-Achievement-Division) ① 학생의 학업능력 및 성별을 고려한 이질적인 4-5명의 팀 구성 ② 교사의 강의 나 토론 후 팀별 단원학습 ③ 개별적 간단한 평가(quiz)실시 ④ 개인의 이전 시험 평균점수를 초과한 향상점수를 통한 팀이 보산전수 부어	Aronson(1978)의 Jigsaw I ① 6명정도의 집단 구성후 학습자료의 부분을 할당 ② 같은 주제담의 팀원들이 모여 학습을 전개(전문가집단) ③ 전문가집단 활동 후 본래집단(모집단)으로 돌아가 학습내용은 가르침
	Deveries(1974)의 팀경쟁학습(TGT) (Teams-Games-Tournament) ① STAD와 비슷함 ② 토너멘트 학력게임을 이용한 각 팀 간의 경쟁을 유도	Sharan(1990)의 집단조사(GI) (Group Investigation) ① 2-6명의 소집단 구성 후 전체 학습내용을 집단 수에 맞추어 작은 단원으로 세분 ② 집단 구성원에 맞게 소주제 할당과 해결계획의 수립과 토의와 종합 ③ 집단의 최종보고서 작성 및 발표내용정리 ④ 과제발표 및 결과의 종합평가
	Slavin(1986)의 Jigsaw II ① Jigsaw I의 전문가 활동에 STAD의 집단보상 구조를 첨가한 모형 ② 주제에 따른 4-5명의 팀 구성하여 집단명 정하기 ③ 주제질문 형식의 전문가 용지를 소집단에게 할당 ④ 전문가 집단에 모여서 자신들의 주제에 관한 토론 ⑤ 모집단으로 와서 집단 구성원에게 가르침 ⑥ 개별평가에 기초한 집단 보상점수 부여	Kagan(1992)의 자율적 협동학습 (Co-op co-op) ① 학생들로 하여금 자신이 학습과제를 선택하고 자신과 동료들의 평가에 참여하도록 허용하는 모형 ② 교사−학생 팀 구성 후 팀형성 및 협동기능습득을 위한 훈련 ③ 각 팀의 주제 선정과 개별적 정보수집 ④ 평가하기(팀동료에 의한 팀기여도 평가, 교사에 의한 소주제 학습기여도 평가, 전체학급동료의 팀보고서 평가) ⑤ 교사의 3가지 평가방법 중 임의 결정 가능
	Steinhrink(1994)의 JigsawIII 직소II모형에 평가 전에 모집단에게 퀴즈대비 공부시간을 줌	Johnson & Johnson(1987)의 LT (Learning Together) 일명 존슨방법

◆ 협동학습의 구조

(Johnson과 Johnson(1987)의 사회적 상호의존성이론 학습)

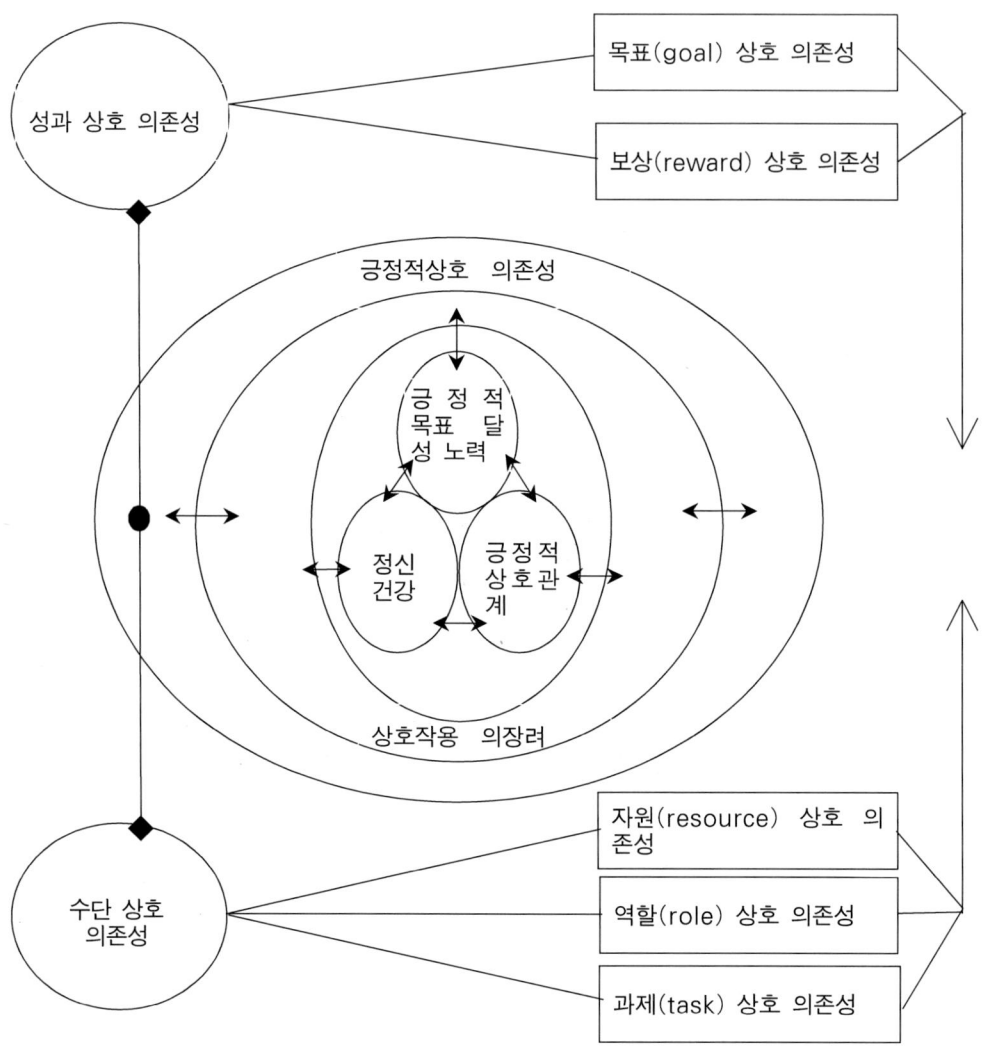

◈ Johnson & Johnson의 LT(Learning Together)

1975년에 미네소타 대학의 데이비드 존슨과 로저스 존슨에 의해 개발된 협동학습 모형으로 일명 존슨 방법으로 불린다..

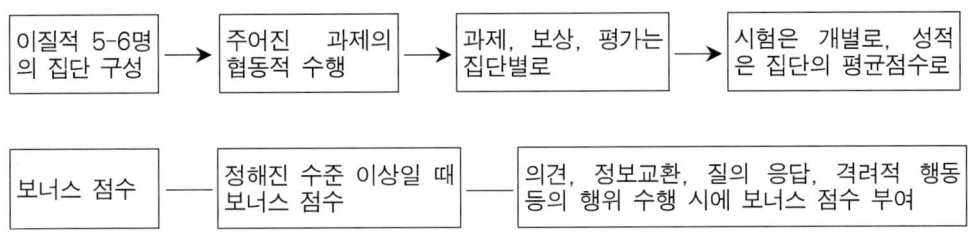

◈ Jigsaw 식 수업의 실제

① 수업시작 전

수업 일주일 전 4-5단위의 집단을 구성해 4-5개의 소주제를 1명씩 부여하고 과제 부여한다. 반드시 다루어야 할 내용과 핵심 개념을 제시한다. 이 집단이 모집단이 된다.

예) 이순신 장군에 대하여- 이순신 장군의 어린시절,
         백의종군 이전의 이순신 장군,
         명량대첩에서 전사할 때까지의 이순신 장군,
         이순신 장군의 후대평가

② 수업시작 후

직소식 수업전개 순서 및 수업내용을 소개한다. 모집단의 짧은 대면을 한 후 같은 소주제를 가진 집단(전문가 집단)을 만든다. 전문가 집단은 사전에 학습한 내용을 상호토의하여 모집단 구성원에게 가르칠 준비를 한 후 다시 모집단으로 간다. 모집단에서 제 1 주제부터 마지막 주제까지 학습한 내용을 가르친다.

③ 평가 수업결과를 확인하는 형성평가를 실시한다.

④ 50분 수업의 시간 배당: 모집단 5분-전문가 집단 20분-모집단 25분-평가 5분이 적절.

⑤ 주의점- 자율적인 학습을 통해 다른 학생에게 가르칠 수 있는 적절한 난이도의 내용이어야 한다. 4-5개의 소주제로 나눌 수 있어야 하고, 앞뒤의 연계나 위계성이 아주 높은 내용은 적절하지 않다.

◈ Jigsaw식 수업의 실제연습

* 훈련에 참가한 대상들이 적절하게 팀을 구성하여 학교급별로, 교과목별로, 특별활동 등을 주심으로 주제를 정하여 누구를 대상으로 무엇을 직소식 수업으로 가르치면 효율적인지 실제적인 준비를 토론한 후 토의 내용을 나와서 발표하고 다른 사람들의 피이드백을 받는다.

* 교실이나 학교현장에서 활용시의 문제점은 없는가?

◆ NIE를 이용한 토론 수업자료(주제: 노블리스 오블리제)

자본주의 경제 질서와 엮어서 이해를

　부유층의 납세 행태가 극명하게 대비되는 두 가지 사건이 있다. 서울 강남구 의회가 재산세율 50% 인하를 구의회에서 가결한 것과, 신용호 교보생명 창립자 유가족이 상속세 1338억원을 납부한 것이다. 후자는 말할 것도 없고, 전자 역시 법적으로는 아무 문제가 없다. 그러나 도덕적으로 보면 크게 대비된다. 5월5일치 <한겨레>(hani.co.kr)는 '존경받는 가진 자가 될 수 없나'라는 사설을 통해 상류층의 도덕성을 요구하고 있다.

예상논제

　1. 강남구 의회의 재산세율 인하에 대해 어떻게 생각하는가

　2. 부유세를 신설한다는 민주노동당의 의견에 대해서 어떻게 생각하는가

　3. 우리 사회를 천민자본주의라고 비판하기도 한다. 그 이유는 무엇일까

　4. 존경받는 부자가 되기 위해 사회적 상류층이 해야 할 노력은 무엇이라고 생각하는가

논제해석

　노블레스 오블리제(noblesse obliges)란 사회적으로 상류층을 형성하고 있는 사람들에게 따르는 도덕적 의무와 책임을 뜻한다. 프랑스 격언에서 유래한 말인데, 정당하게 대접받기 위해서는 '명예(노블레스)'만큼 의무(오블리제)를 다해야 한다는 의미를 담고 있다. 얼핏 보면 당연한 얘기지만, 그 당위성을 설명하기가 쉽지만은 않다. 상류층이니까 더 도덕적이어야 한다는 말은 그 자체만으로 논리적 설득력을 갖기 어렵다. 따라서 왜 노블레스 오블리제가 필요한지 분석해 보자.

　우리나라는 자본주의 사회다. 자본주의 사회에서는 '제로섬' 게임의 논리가 적용된다. 즉 누군가가 가지면 누군가는 빼앗길 수밖에 없다. 한정된 자원을 둘러싼 필연적 현상이다. 자본을 둘러싼 계층 간의 갈등에는 공동체 운영과 발전을 저해하는 요소가 있다. 하지만 이런 상황에서 노블레스 오블리제는 계층간의 갈등을 줄이며 사회 통합을 이끄는 요소가 될 수 있다. 서울 강남과 강북의 경제적 격차가 갈수록 커지고 있다. 강남 아파트 값의 폭등에서 시작된 이 경제적 격차는 강북뿐 아니라 다른 지역 사람들의 상대적 박탈감을 더욱 가중시켰다. 자본주의 사회에서 부의 축적

에 대해 부정하는 사람은 드물다. 문제는 부자가 될 만한 사람이 부자가 되었느냐 하는 것이다. 빌 게이츠가 부자인 것에 대해서는 크게 저항감을 갖지 않지만, 부동산 투기로 부자가 된 사람에 대해서는 자산 규모가 훨씬 작아도 그 저항감은 매우 크다. 경제 정의에 어긋나기 때문이다.

왜 상류층에 '도덕적 의무' 따르는지 분석해야

상속세·병역기피·정경 유착 등 사례 들면 바람직

강남이 부를 축적한 이유 중의 하나는 부동산 가격 폭등이고 이는 경제정의에 부합되는 일이 아니다. 그런 상황에서 소득이 높아졌는데 상속세율은 낮춘다는 것은 다른 지역의 상대적 박탈감을 더 키울 수 있다. 다른 견해가 나올 수도 있다. 상속세는 이중과세에 해당하기 때문에 조세 정의의 원칙에 어긋나며, 경영자들이 경영권을 물려줬을 경우 상속세가 무거우면 기업을 매각해야 하는 사태가 발생해 국가 경제에도 도움이 되지 않는다는 것이다.

빌 게이츠의 다음 견해는 노블레스 오블리제가 무엇인지를 단적으로 보여준다. "부자들은 사회에 특별한 빚을 지고 있기 때문에 상속세를 내야 한다. 부자들의 부는 자본주의에 대한 사회의 강력한 지지 없이는 불가능하다." 얼마 전 신 용호 교보생명 창립자 유가족이 상속세 1338억원을 납부했다. 저마다 탈세·감세하려고 혈안인 상황에서 부자로서 누릴 것을 누리되, 사회적으로 할 일은 하겠다는 노블레스 오블리제의 한 모습으로 평가된다. 그러나 적극적인 자선이나 사회사업이 아닌, 단지 세금을 제대로 내는 것 정도로 노블레스 오블리제의 반열에 올릴 수 있는가에 대해 의문을 가질 수도 있다.

노블레스 오블리제를 분석할 때는 자본주의 경제 질서와의 상관관계를 이해함으로써, 그 필요성을 언급하는 것이 설득력이 있다. 상속세 외에도 병역 기피, 정치인들의 불법 자금 수수, 정경 유착 등이 비판을 위한 적절한 사례가 될 수 있다.

배경지식

△상속세: 사망에 의해 무상 이전되는 재산에 부과하는 조세이다. 상속세는 국세이며, 보통세이고, 직접세이다. 상속세의 과세에는 피상속인의 유산 전체를 과세대상으로 하는 '유산세 방식'과 각 상속인이 상속받는 재산을 과세대상으로 하는 '유산취득세 방식'이 있다. 우리나라는 '유산세 방식'이다. 누진세율이 적용되며 소득 재분배

성격이 비교적 강한 조세제도이다.

△부유세: 민주노동당이 도입을 주장하고 있다. 부유세란 재산세의 일종이다. 일정 액수 이상의 순자산을 보유하고 있는 자에게 그 순자산액의 일정 비율을 비례적 혹은 누진적으로 과세하는 세금이다. 일반적으로 빈부격차 해소, 재원 확보를 통한 사회복지 확충을 목적으로 한다. 유럽의 노르웨이, 룩셈부르크, 스웨덴, 스위스, 스페인, 아이슬란드, 프랑스, 핀란드 등에서 시행하고 있다.

나혜영/서울 환일중학교 교사

참고자료 〈한겨레 신문의 2004. 5. 23 노블레스 오블리제의 기사 예〉

◆ 해외 가족 경영기업 사례〈상생경제〉

이들 기업들은 가족 경영의 장점을 최대한 살리면서 도전을 극복하고 경쟁사와의 경쟁에서 승리하면서 업계에서 주도적인 위치를 확보해왔다.

◇ BMW=유럽 최고급 자동차 메이커의 하나로 가족 경영의 모범으로 손꼽힌다. 이 회사의 최대 주주인 퀸트(Quandt)가는 전체 주식의 44%를 보유하고 있으며 전문 경영인을 교체. 발탁하는 등 절대적인 영향력을 행사하고 있다.

퀸트가의 위기 관리 능력이 돋보인 것은 지난 1999년. 당시 BMW는 25억달러의 대규모 손실로 40여 년만에 적자를 기록, 심각한 경영위기를 맞았다. 별다른 시너지 효과가 없었던 영국 자동차업체 로버(Rover) 그룹 인수 때문이었다. 퀸트가는 대주주로 책임을 느끼고 문제 해결에 적극 나섰다. 인수를 주도했던 전문경영인 피셰츠리더를 전격 퇴임시킨 것. 후임으로 밀버그를 선임해 로버 매각을 주도, 단돈 10파운드에 과감히 팔아버렸다. 퀸트가의 용단으로 BMW는 이후 경영실적이 몰라보게 개선됐다.

2000년 10억 달러 가량, 2001년 16억 달러, 2002년과 지난해는 20억 달러가 넘는 순익을 기록하는 등 빼어난 성적표를 이어가고 있다. 퀸트가는 노조와도 긴밀한 협력관계를 맺어 이들로부터 강한 신뢰감을 얻고 있다. 어떠한 위기에서도 의연히 대처하고 아무리 어려워도 종업원을 해고하지 않는다는 원칙을 지킴으로서 노조에게 믿음을 줬다.

◇ 왈렌버그(Wallenberg) 가문=19세기 중반에 스웨덴에서 은행업을 시발로 5대 150년을 이어왔다. 에릭슨, 일렉트로룩스, 스토라엔소사, 볼보, ABB 등과 같은 대형 글로벌 기업을 산하에 두고 있다. 이 그룹은 대주주인 왈렌버그 가문의 관리하에 있는 순수 지주회사 인베스터를 통해 강력한 구조조정과 개혁을 끊임없이 추진하면서 세계적인 기업군을 일궜다.

왈렌버그 가문은 이사회를 장악하고 소유권을 적극적으로 행사, 추진력있고 신뢰할만한 최적임자의 전문경영인 발굴에 노력해왔다. 선택된 전문경영인들에게는 최대한 힘을 실어주고 협의를 통해 상호간에 정보를 긴밀히 교환하면서 지원해왔다. 특이할만한 것은 오너의 소유권이 강한 상태에서도 체계화된 시스템을 통해 오너의 독단 등 발생할 수 있는 문제점을 보완했다는 점이다. 다수의 강력하고 유능한 전문

경영인 인재 풀(Pool)을 구성해 경쟁하게 하면서도 1명의 오너 지배 체제가 아니라 대주주 일가들이 공동으로 경영에 참여하게 함으로써 독단적 결정을 내릴 수 있는 위험을 피할 수 있었다.

왈렌버그 가문은 또 일가들의 개인 재산의 축재에 몰두하는 모습을 보이지 않았다. 노블리스 오블리제(noblesse oblige)를 구현, 사회적으로 존경을 받았다. 철저한 기업가 정신으로 스웨덴 산업의 개척자로서의 성공적인 이미지를 구축해 왔다. 왈렌버그는 핵심기술 개발에 앞장서면서 수출을 선도하고 노동자의 고용보장에 앞장섰던 것이다.

◇ 루이뷔통(Moet Hennessy Louis Vutton)=명품 가방으로 우리에게 잘 알려진 루이뷔통 그룹도 최대 주주인 아르노 가문의 인수(1989년) 후 이들의 강력한 리더십으로 성장 가도를 달려왔다. 아르노 가문은 지분 45.88%을 보유하고 있으며 차등의결권 허용으로 인해 의결권은 60% 이상을 가지고 있다. 현 CEO인 베르나르 아르노 회장은 다수의 인수합병을 진두지휘하면서 명성높은 브랜드를 인수, 복합브랜드 전략으로 승부해 성공했다. 그는 또 패션업계에선 보기 드물게 대리점 판매를 하지 않고 직영점을 통해 브랜드 이미지와 품질을 철저히 관리해 이익폭도 대폭 늘리는 등 오너지만 전문경영인을 훨씬 능가하는 능력을 보여줬다.

이정배 기자 머니투데이

◆ NIE를 이용한 협동학습 구안해보기

· 창의적 재량활동시간을 위한 성공하는 사람들의 특징을 알아보고 다향하게 발표해봅시다.

◆ 공부 잘하는 아이의 생활

일상생활과 학교수업태도	잠을 충분히 자고 아침식사는 꼬박꼬박한다. 매일 신문을 읽고 예습과 복습을 철저히 한다. 학교 준비물을 미리미리 챙기고 수업시간에 딴 짓을 하지 않는다. 자기 주도적인 학습을 한다.
학교 밖의 공부	하루에 적어도 3시간 이상은 혼자서 공부를 한다. 공부 장소로 집이나 도서관과 독서실 등을 주로 이용한다.
부모의 역할	가족간에 대화와 토론을 자주 하고 부모가 먼저 책을 즐겨 읽는다. 자녀의 학교 공부에 큰 관심을 가지고 전폭적으로 지원하되 잔소리는 하지 않는다. 아버지와 대화를 많이 하는 자녀일수록 학업성적이 높다.
취미와 여가 활동	문학작품을 읽고 도서관이나 독서실에 가며 서점에서 책을 산다. 텔레비전 시청은 자제하지만 컴퓨터 사용, 동아리 활동은 남 못지 않 게 한다. 주말에는 휴식시간보다 공부시간을 더 많이 갖는다.
진로지도	부모님이나 학교 선생님과 진로문제를 놓고 대화한다. 일찍부터 공부의 목표(희망대학이나 학과)를 세운다. 자신의 목표를 달성할 수 있다는 자신감이 충만하다.
독서 습관 및 독서량	한달 평균 3권 이상의 책을 읽는다. 어릴 때부터 부모님이 자주 서점에 데려가서 책을 사 주셨다.

◆ 공부 잘하는 아이와 공부 못하는 아이의 차이

2002년 10월 서울 시내 50개 고등학교 1,2학년 학생 5000여 명 가운데 전국학력평가 성적이 상위 10%이내인 학생들과 하위 90%인 학생들과의 학교 수업태도에 관한 한국교육개발원의 비교분석의 결과이다.

수업에 임하는 태도	상 위	비 교 (10%)	하 위
수업에 적극적으로 참여한다	88.9		78.5
수업시간에 집중한다	88.8		80.8
수업내용을 필기한다	88.4		80.4
수업시간에 잠을 잔다.	53.8		71.3
수업 중 잡담을 한다	43.1		59.9
수업 중 다른 과목을 공부 한다.	29.5		30.7
수업 중 잡지, 만화 등을 본다	11.6		21.3

평소의 공부태도와 습관			
하루 2~3시간 정도 책상에서 집중적으로 공부한다.	74.3		53.1
시간 계획을 먼저 세운 후 공부한다	74.0		59.1
이해되지 않는 것은 끝까지 파고 든다	92,8		73.1
혼자서 교과목 요점 정리를 자주 한다	76.8		58.8
공부할 때 잡념이 자꾸 든다	60.0		81.5
누군가 도움을 주어야만 공부가 잘 된다.	21.2		47.2
음악을 들으면서 공부를 한다	40.1		45.4

효율적 공부 방법			
집에서 혼자 공부할 때	43.0		33.9
도서관과 독서실에서 공부할 때	30.7		30.5
학교수업에 집중할 때	18.1		14.9
학원, 과외 수업을 받을 때	14.5		9.2
취미 활동 및 일상생활			
도서관이나 독서실을 이용한다	29.0		17.8
문학작품을 읽는다	22.4		10.8
서점에 가서 책을 산다	19.3		11.6
사회 봉사 활동을 한다	5.2		5.0
외모, 옷차림을 꾸미는데 많은 시간을 보낸다	8.8		14.5
영화나 비디오를 본다	31.2		36.5
꾸준히 운동을 한다	13.2		16.0
미술관, 박물과, 음악회에 간다	2.4		2.6
대중 음악 콘서트에 참가한다	2.4		3.5
친구들과 어울려 여행을 한다	1.6		6.3
매일 혼자서 공부하는 시간	174.63분		143.74분

학교수업태도 비교	상위 20% 학생			하위 20% 학생		
	국어	영어	수학	국어	영어	수학
수업시간에 열중한다	67.7	69.5	7305	32.3	31.4	33.1
숙제를 꼬박꼬박한다	71.5	71.0	78.8	39.5	47.1	49.2
질문을 많이 한다	23.2	22.9	31.1	8.6	8.8	12.7
미리 예습을 한다	22.1	28.4	42.9	14.1	18.8	21.4
그날 배운 것을 복습을 한다	21.9	27.3	45.1	12.7	17.6	23.9

◆재미있는 수업을 위한 삼행시

1) 올빼미
   올—올빼미가 춤을 추네, 빼—빼에빼빼빼, 미—미안합니다. 춤을 못춰서.
2) 이소라
   이—이소라가 고민이 있었습니다. 소—소문을 들은 김남주가 말했습니다. 라—
   라크베르와 상의하세요
3) 누렁이
   누—누렁아, 렁—렁렁렁렁, 아—이놈아! 누가 그 따위로 짖으래!
4)벼룩
   벼—벼룩이 신는 신발은, 룩—룩까프
5)거북이 요리
   거—거북이가, 북—북을 친다. 이—이렇게(퍽퍽퍽..옆친구를 치면서) 요—요롷게
   (퍽퍽퍽..옆친구를 때리면서) 리—리플레이(말그대로 다시 반복)
6)자동차
   자—자가 신부를 구했습니다. 형님. 동—동물처럼 생겼슴다. 형님.차—차버려라.
   아그야
7)지오디
   지—지렁이가 노래한다. 오—오! 이런 일이? 디—디게 신기하구만

◆재미있는 수업을 위한 유머

1) 목욕탕 건물 전기줄에 참새 11마리가 앉아 있었다. 포수가 총을 쏘았는데 11마리가 다 떨어졌다. 떨어진 참새를 보니까 10마리는 다 옷을 벗은 상태고 한 마리만 팬티를 입고 있었다. 포수가 "왜 너만 옷을 입고 있니?"하고 물으니 참새는 "저는 목욕탕 때밀이 참새걸랑유"하고 말했다.

2) 포수가 전기줄에 앉아있는 참새 한 마리를 총으로 쏘았다. 그랬는데 참새가 "까르르"웃으면서 날아갔다. 알고 보니 총알이 빗나가서 겨드랑이를 스쳐지나가 간지러워 웃는 것이었다.

3) 사오정과 버스①: 어떤 아주머니가 아이를 안고 버스에 올라탔다. 그런데 아이가 얼마나 못생겼는지 사오정이 운전을 하다가 막 웃어 버렸다. 그러자 기분이 상한 아주머니는 버스 안에 있는 교통 불편 신고서에 사오정의 행동을 고발하려고 적으려 했다. 그러자 사오정은 차를 멈추고는 "아줌마 글 쓰시기 불편하시죠? 글 쓰시는 동안 그 원숭이는 제가 맡고 있을게요." 라고 말했다.

4) 사오정과 버스②: 사오정이 버스 운전을 했다. 하루는 "소매치기야"하는 비명이 들리는가 싶더니 웬 청년이 사오정한테 칼을 들이대며
소매치기: 이봐, 차 세워 사오정: 아무 대답없이 계속 운전한다.
소매치기: 이봐, 죽고 싶어, 빨리 차 세우란 말야! 사오정: 한번 째려보고 다시 말없이 운전한다.
소매치기는 더 이상 참을 수 없다는 듯이 사오정의 한쪽 팔을 잡아챘다. 바로 이때 사오정이 큰 소리로 소리쳤다. "야, 벨을 눌러야 문을 열 것 아냐!"
③늦은 밤 동대문 버스 정류장에서 한 손님이 사오정에게 묻는다. "아저씨, 종로로 가려면 몇 번 타야 돼요?" 사오정이 대답한다. "한 번."

5) 이런 사람 진짜 사오정
비자카드 발급 받고 비자 받았다고 우기는 사람, 몽고반점이 중국집 이름이라고 우기는 사람, 해수욕장에서 선탠이 아니고 선팅했다고 우기는 사람. 파고다 공원하고 탑골 공원이 다른 공원이라고 우기는 사람. 갈매기살이 갈매기 고기라고 우기는 사람. 소고기 돈까스가 더 맛있다고 우기는 사람.

◆재미있는 수업을 위한 퀴즈

1) 어떤 애주가가 25도의 소주 세 병과 5도의 맥주 두병, 그리고 45도의 양주 한 병을 짬뽕으로 마셨다. 모두 몇 도일까? (졸도)

2) 맨입으로 하는 여성들의 레저 스포츠는? (수다떨기)

3) 남자의 유료 화장실에서 소변은 100원, 대변은 200원을 받고 있었다. 그 이유는?

   (입석과 좌석의 차이)

4) '우리에게 내일은 없다'라는 말은 누가 했나? (하루살이)

5) 사과를 따는 데 가장 적당한 시기는?(주인이 없을 때)

6) '할아버지 발은 큰 발이다'를 4자로 줄이면? (노발대발)

   할머니의 마음을 세자로 줄이면? (노파심)

7) 암캐와 수캐가 같이 놀다가 암캐는 이발소로 가고 수캐는 미용실로 갔다. 왜 그랬을까?

   (암캐는 이발소집 개, 수캐는 미용실 개)

8) 한심한 심판보다 다섯 배나 더 한심한 심판은? (오심한 심판)

9) 사업상 목욕을 할 수 없는 사람은 ? (거지)

10) 순전히 재수로 한 몫 보는 곳은? (재수생 학원)

11) 코끼리 두 마리가 서로 싸워 둘 다 코가 떨어져 나갔다면? (끼리끼리)

12) 재벌의 2세가 되는 방법은? (아버지를 재벌로 만든다)

13) 물가상승과 관계없이 깎아주는 곳은? (이발소)

14) 법적으로 바가지 요금을 받아도 되는 사람은? (바가지 장사)

15) 흑인과 백인 사이에 태어난 갓난아이의 이빨색은? (이빨이 없다.)

16) 찝찝한 것과 황당한 것의 차이는?

   (찝찝: 똥 누려하는데 방귀만 나올때, 황당: 방귀뀌려 하는데 똥 나올 때)

17) 세 사람만 탈수 있는 차는? (인삼차)

18) 실패하면 살고 성공하면 죽는 것은? (자살)

19) 병균들 중에서 가장 계급이 높은 병균은? (대장균)

20) 위에서 아래로 자라는 것은 고드름이다. 제멋대로 자라는 것은? (여드름)

21) 하루에 100원씩 1년을 내면 1억원을 탈 수 있는 계는? (황당무계)

22) 가장 급하게 만들어 먹는 떡은? (헐레벌떡)

23) '병든 자여 다 내게로 오라'고 한 사람은? (고물장수)

24) 인도의 땅덩어리보다 4배나 더 큰 나라는? (인도네시아)

25) 비오는 날 마당에 빗자루를 들고 서 있는 여자는? (쓸데 없는 여자)

26) 드라큐라가 제일 싫어하는 사람은? (목에 때 낀 사람)

27) 일요일은 거꾸로 해도 일요일이다. 그렇다면 쓰레기통을 거꾸로 하면 어떻게 될까?(다 쏟아진다.)

28) 장님과 벙어리가 싸우면 어떻게 될까? (장님: 뵈는 게 없으니까)

29) 차마 눈 뜨고 볼 수 없는 여자는? (꿈속에 나타난 여자)

30) 영어 공부합시다. 코를 영어로 부르는 말은? (디스코)이것은 코가 아닙니다. (이코노) 얼어터져서 붕대로 싼 코는(싸만코) 세계에서 가장 큰 코는 (멕시코) 이것은 절대로 코가 아닙니다.(코코낫) 이것은 모가 난 코입니다.(모나코)

31) 10년 동안 목욕을 안 한 남자를 4자로 줄이면? (더러운 놈)

32) 그때 그 사람을 2자로 줄이면? (아, 개!)

33) 종로 네 거리에서 못생긴 여자가 그랜저에 치었다를 4자로 줄이면? (교통사고)

34) 바늘만 가지고 있는 사람 – 실없는 사람, 성냥만 있는 사람 – 불만 있는 사람, 담배만 갖고 있는 사람 – 불필요한 사람

제14회기 친밀한 인간관계 행복한 인간관계 Ⅰ

목표: 학교현장에서 문제를 지닌 학생들을 도울 수 있는 상담기술의 원리와 기법
을 익힌다.

준비물: 칠판, 작업지,

소요시간: 90분

진행과정:
1. 상담 이론에 대한 기본적 설명을 강의한다.
2. 상담의 기본 원리에 대해서 설명한다.
3. 상담자가 갖추어야 할 인간적 자질에 대해 토론한다.
4. 전문적 자질(솔직성, 공감적 이해, 무조건적 존중)에 대해 이해하고 연습한다.
5. 상담 시에 학생의 내면을 탐색할 수 있는 기법을 배우고 익힌다.

주의사항:

1. 많은 이론을 다 배울 수 없으므로 간략한 정보를 제공하고 소개한다.
2. 학교현장에 적용하기 좋은 이론을 중심으로 소개하는 것이 좋다.
3. 연습이 필요함으로 계속적인 학습이 이루어지도록 동기를 유발시키도록 한다.

♣ 당신은 아이들이라는 화살을 쏘기 위해 있어야 할 활과 같은 존재이다.
화살이 잘 날아갈 수 있도록 활이 잘 지탱해 주어야만
화살이 멀리, 정확히 날아갈 수 있는 법이다.
                                                          - 칼리 지브란의 예언자

◆ 정신적 건강을 위한 4가지 패러다임의 특성 비교

패러다임 전제들	신체-의학적	심리학적	조직-관계적	상황적
존재론 (정신작용의 실체)	생물학적 신체	비생물학적인 심리적 실체	전체 속의 개인과 관계 속의 패턴	인간의 상황, 문화, 가치관 등에 따른 변화의 과정
인식론 (지식적 기반	행동에 미치는 생물학적, 화학적, 신체적 내적 영향력	주로 행동에 영향을 미치는 비생물학적인 내외적 영향력, 개개인의 행동의 성향은 내외적 심리학적 과정들을 통하여 발달	행동의 영향을 미칠 때의 관계적 맥락은 개인이 속한 구조적 관계 속에서 규율과 역할을 수행하면서 발전	개인과 사회의 변화 과정에서 적응과 일치의 과정
문제의 정의	표출되는 증상과 질병을 유빌하는 신경물질 (과학과 의학에 따른 병리)	일반적이 정시거강 척도에 따른 행동적 부적응과 심리적 이상	가족세계와 조직의 관계에서 나타나는 문제	사회직 부직응 속에서 개인이 느끼는 문제
문제 진단과정	생물학적 신체상의 진단 (의학적 수단과 면접)	개인의 언어와 행동에서 문제와 심리적인 정서, 인지를 발견 (면접과 심리검사)	조직과 관계 속에서 나타나는 구조적, 규율적, 정서적 관계적 이상을 발견	상황구조 속에서 개인이 당면한 문제를 발견
문제의 원인	개인의 생물학적 신체적 원인(인과론적)	주로 직선적이며 직접적인 원인과 결과	상호적, 순환적	직간접적, 순환적
치료의 초점	생물학적 원인에 따른 증상의 제거	비생물학적 사고, 정서, 행동	부부와 가족의 관계	변화와 적응의 관계
치료과정	의학적 수단 (약물, 전기치료)	상담자와 내담자의 상호계약과 목표에 따른 심리학적 과정	관계와 구조의 재구조화	상황적인 차원의 적응
치료의 성공	증상의 경감 또는 제거	행동의 적응과 인, 정서, 행동의 변화	개인 뿐 만 아니라 관계적 맥락과 규칙이 적합한 형태로 변화	개인의 적응과 가족구조 및 사화구조의 변화
전문가의 훈련과 목표	과학적 연구방법과 의학적 실습	상담심리에 대한 전문적 지식 습득과 훈련	관계학적 이론과 결혼 및 가족치료 훈련	사회적 역할에 다른 전문적 상담훈련

자료: 한재희(2004). 상담패러다임의 이론과 실제. p 47

◆ 상담의 의미

1) 상담의 정의

① Rogers(1952): 상담이란 치료자와 안전한 관계에서 자아의 구조가 이완되어 과거에 부정했던 경험을 자각해서 새로운 자아를 통합하는 과정

② Collins(1983): 상담은 성장과 인격의 발달을 자극하려고 노력하는 인간을 돕기 위한 한 방법으로서 개인들로 하여금 삶의 문제, 내적인 갈등, 불안정한 정서 등을 보다 효율적으로 처리할 수 있도록 도움을 주려는 것

③ 이장호(1998): 상담이란 도움을 필요로 하는 사람(내담자)이, 전문적 훈련을 받은 사람(상담자)과의 대면관계에서, 생활과제의 해결과 사고, 행동 및 감정 측면의 인간적 성장을 위해 노력하는 학습 과정

④ 김계현(2000): 현대의 상담에는 '면 대 면'의 직접적인 상호작용이 아닌 첫째, 인터넷이나 전자메일 등을 활용한 상담과 둘째, 컴퓨터 프로그램에 의한 상담 등 새로운 테크놀로지가 활용되고 있음을 지적

2) 상담의 특징

① 상담은 전문적으로 교육받고 훈련받은 상담자에 의해서 제공되는 전문적 활동이다.

② 상담은 상담자와 내담자의 관계에 기초를 둔 과정이다.

③ 상담은 의사결정과 문제해결에 관여한다.

④ 상담은 내담자로 하여금 새로운 행동을 학습하거나 새로운 태도를 형성하도록 하는 것이다.

⑤ 상담은 개인 존중에 기초한 상담자와 내담자의 상호협력활동이다.

◆ 상담의 목표와 유형

상담의 궁극적인 목표는 인간으로 하여금 자신의 잠재력을 최대한으로 발휘하도록 돕고 일상 생활에서 보다 건강하고 행복한 삶을 누릴 수 있도록 도와주는 것이라고 말할 수 있다.

1) 상담방식에 따른 분류

상담은 상담자와 내담자가 어떻게 만나느냐에 따라 크게 대면상담과 통신상담으로 구분할 수 있다.

⑴ 대면상담
① 전통적으로 실시해 오던 형태의 상담으로 상담자와 내담자가 직접 대면하여 내담자의 성과 발달을 도와주는 과정
② 개인상담, 집단상담, 가족상담
③ 놀이치료, 음악치료, 미술치료: 각각 놀이, 음악, 미술 등을 매개로 하여 대면해 이뤄지는 상담방법

⑵ 통신상담
① 상담자가 내담자를 전화, 컴퓨터, 서신, 혹은 팩스 등의 매체를 통하여 내담자의 성장과 발달을 도와주는 과정
② 사이버 상담: 컴퓨터를 대화매체로 하여 내담자의 문제를 해결하고 성장을 촉진하는 것을 돕는 과정
– 특징: 편리성, 경제성, 신속성, 시공의 제약 극복, 청소년 내담자의 주도성
– 문제점: 실제적인 관계를 통한 상담이 아니고, 단회적인 상담과 기계라는 한계

2) 상담형태에 따른 분류

상담은 그것이 이루어지는 형태에 따라서 몇 가지로 나누어 볼 수 있다. 도움을 받는 사람(내담자)이 한 명인가 혹은 여러 명인가에 의해서 개인상담과 집단상담으로 구분할 수 있다. 그리고 집단으로 상담을 하되 내담자들이 한 가족이거나 혹은 가족적 접근방법을 통하여 개인의 내면세계를 이해하려고 하는 가족상담이 있다.

(1) 개인상담

  한 명의 상담자와 한 명의 내담자가 직접 대면하든지 혹은 매체를 통하여 간접적으로 만나서 상담관계를 형성하고, 내담자가 자기 자신과 환경에 대해 의미있는 이해를 증진하도록 함으로써, 내담자의 성장과 발전을 촉진하는 심리적인 조력의 과정

(2) 집단상담

  한 명 혹은 그 이상의 상담자와 여러 명의 집단구성원이 일정 기간 동안 정기적으로 만나면서 일상 생활에서 부딪히는 문제에 대한 그들의 태도와 행동을 점검하고 변화시키기 위한 목적으로 현실에 대한 방향 점검, 감정 정화, 상호신뢰, 이해, 수용, 지지, 허용 등과 같은 치료적 기능을 포함한 의식적 사고와 행동에 초점을 둔 역동적 인간상호관계의 과정

(3) 가족상담

  한 명 혹은 그 이상의 상담자가 가족 전체를 하나의 단위(가족체계)로 하여 가족 간의 관계에 초점을 맞추고, 조화로운 관계를 유지하기 위해서 현재의 관계를 수정해 나가는 과정

◈ 상담의 원리와 기법

1) 상담의 원리

⑴ 상담관계 형성의 원리

① 상담관계: 특정한 인간관계기술을 사용하여 내담자가 행동적, 정서적, 그리고 인지적인 면에서 스스로 성장, 변화해 나가야겠다고 결심을 하고, 실제로 변화를 추진해 나갈 수 있도록 도와주는 의도적이고 체계적인 관계로 정의된다.

② 상담관계를 형성하고 발달시키는 것이 상담효과를 높이는데 가장 중요한 변인이다.

가. 공감적 이해

① 공감적 이해: 내담자의 입장에서 그들의 내면세계를 이해하는 것으로 내담자를 정확히 이해하고 내담자와 정서적으로 연결되었을 때, 그리고 상담자가 자기를 이해하고 동시에 자신과 정서적으로 연결된 것을 내담자가 느낄 수 있을 때 온전한 것이 된다.

② 내담자를 공감적으로 이해하는 방법

공감적 이해란 자신이 직접 경험하지 않고도 다른 사람의 감정을 거의 같은 내용과 수준으로 이해하는 것으로 촉진적인 인간관계를 형성하는 기본이다. 공감적 이해를 잘 하려면 말 속에 녹아있는 중요한 감정, 태도, 신념, 가치 등을 잘 파악하는 감수성 능력과 상대방의 외형적인 차원뿐만 아니라 내면적인 차원을 이해하고 잘 전달하려는 정확한 의사소통 능력을 모두 갖추어야 한다. 그러기 위해서는 먼저 말 속에 숨겨진 감정이나 상황, 의미 등을 바르게 읽어내는 힘이 필요함으로 많은 연습이 필요하므로 공감적 이해 능력을 길러야 한다.

첫째, 상담자는 무엇보다도 먼저 자기의 틀을 벗을 수 있어야 한다.
둘째, 다양한 인간의 감정을 이해할 수 있어야 한다.
셋째, 내담자의 감정을 깊고 정확하게 경험하고 수용할 수 있는 능력이 있어야 한다.

③ 공감적 이해의 수준과 예시

	공감적 이해
수준 1	* 상담자는 내담자의 언어적, 비언어적 표현들에 주의를 기울이지 않아 명백하게 표현되는 내담자의 표면적 감정, 사고조차 정확히 지각하지 못한다. *상담자는 자신의 개념틀에 의해서 내담자의 감정, 사고를 왜곡하여 의사소통을 통하여 내담자에게 파괴적인 영향을 끼친다.
수준 2	* 상담자는 명백하게 표현되는 내담자의 표면적 감정, 사고를 지각하여 반응을 보이지만 주로 자신의 개념틀을 의존하기 때문에 내담자의 감정, 사고와 일치된 의사소통을 하지 못한다.
수준 3	* 상담자는 명확히 표현되는 내담자의 표면적 감정, 사고를 정확하게 지각하여 자신의 틀에 의한 왜곡없이 의사소통 한다. 표면적 수준에서는 상담자는 내담자의 감정, 사고와 일치된 의사소통을 한다. 그러나 상담자는 내담자의 내면적 감정, 사고에는 반응을 보이지 않는다.
수준 4	* 상담자는 언어적으로 명확하게 표현되고 있지 않는 내담자의 내면적 감정, 사고를 지각하여 이를 자신의 개념틀에 의한 왜곡없이 의사소통을 한다. 그러나 상담자는 내담자의 내면적 감정, 사고를 충분히 표현하지 않는다.
수준 5	* 상담자는 명확히 표현되는 내담자의 표면적 감정, 사고를 정확하게 지각하여 이를 왜곡없이 충분히 표현하여 내담자의 깊은 수준의 자기탐색을 촉진한다. 그리고 상담자는 내담자의 적극적 성장동기를 이해하여 표현한다.

예시 1) 저는 친한 친구가 없어요. 마음을 터놓고 이야기할 만한 애가 없어요.

①넌 사교성이 없어서 큰일이야.

②친구하고 어울리는 재미는 없겠지만 대신 다른 것에 재미를 붙이면 되잖아?

③마음 터놓고 애기할만한 친한 애가 없단 말이지?

④마음 터놓고 이야기할만한 친구가 없어서 외롭겠구나!

⑤마음에 맞는 친구가 있어서 깊은 우정을 나눌 수 있으면 좋겠단 말이지?

예시2) 어떤 일에 집중할 수가 없어 자꾸만 무기력해지는 것 같아요.

①

②

③

④

⑤

나. 무조건적 존중

무조건적 존중이란 상담자가 내담자를 독립된 인격으로 인정하는 것으로서 내담자의 행위나 조건, 그리고 감정에 관계없이 그를 무한히 가치있는 하나의 인격으로 따뜻하게 배려해주며 자기 나름대로의 감정을 가질 권리가 있음을 인정하는 태도이다. 내담자를 무조건적으로 존중해주면 이제껏 가지고 있었던 방어의 벽을 허물고 안전한 상담관계 속에서 자기탐색을 활발히 하게 된다.

① 상담자가 내담자를 무조건적으로 존중하는 모습이 나타나는 양상
첫째, 내담자를 위한 헌신(commitment)이다. 이러한 태도는 상담자가 상담시간을 정확히 지키는 것, 내담자를 위해 약속시간을 확보해 두는 것 등으로 나타난다.
둘째, 내담자를 진정으로 존중하며 상담자는 내담자의 비밀을 보장해 준다.
셋째, 상담자가 내담자를 존중하면 판단적인 태도를 유보할 수 있게 된다.

② 무조건적 존중의 수준과 예시

무조건적 존 중	
수준 1	* 상담자는 내담자의 감정, 경험, 잠재능력을 전적으로 무시한다. * 내담자가 건설적으로 행동할 능력이 없음을 명백히 표현한다. * 내담자에게 존중과 긍정적 관심이 매우 결여되어 있다.
수준 2	* 상담자는 내담자의 감정, 경험, 잠재능력을 거의 존중하지 않는다. * 내담자의 감정에 인습적인 반응을 보이면서 무시한다.
수준 3	* 상담자는 내담자의 감정, 경험, 잠재능력에 대하여 기본적인 존중을 표시한다. * 내담자가 자신의 문제를 건설적으로 다룰 수 있음을 인정한다.
수준 4	* 상담자는 내담자의 감정, 경험, 잠재능력에 대하여 깊은 존중과 긍정적 관심을 표현한다. * 내담자로 하여금 한 인간으로서 자유로움을 느낄 수 있도록 깊은 존중과 관심을 존중한다.
수준 5	* 상담자는 내담자의 감정, 경험, 잠재능력에 대하여 대단히 깊은 존중과 간심을 표현한다. * 상담자는 내담자가 표현한 것을 넘어서 내담자의 인간적 가치에 몰입되어 의사소통한다.

예시 1) 엄마는 저에 대해서 너무 관심이 없어요. 내가 무슨 일이 있었는지 아무런 관심이 없으신 것 같아요.
①제 할 일도 못하면서 무슨 불만이 그렇게도 많니?
②엄마가 관심이 없다고? 네 일은 네가 하는 거야.
③엄마가 네게 관심을 가졌으면 좋겠단 말이지?
④그래, 엄마가 네게 신경을 못 써주셨구나.
⑤엄마가 제대로 신경써주지 못했는데 불구하고 나름대로 애를 많이 썼구나.

예시 2) 형보다 공부를 못한다고요? 형하고 비교하지 마세요. 공부만 잘하면 다 예요?

①

②

③

④

⑤

다. 일치성과 솔직성

일치성이란 모순과 부조화의 상태가 아닌 일관성과 조화의 상태로서, 상담자가 자신 안에서 이루어지는 일치성을 말하는 것이다. 즉, 상담자의 내면적 솔직함, 내면적 정서와 표현의 통합, 개방성 등을 의미한다. 내담자는 이런 상담자의 내면적 일치성과 솔직성을 보고 진정한 자신이 될 수 있는 자유를 갖게 된다.

	솔직성
수준 1	* 상담자는 자신이 느끼는 감정과 명백히 불일치되는 언어적 표현을 한다. * 진실된 반응은 오직 부정적인 것이기 때문에 내담자에 대해 대단히 파괴적이다.
수준 2	* 상담자는 자신의 감정, 사고를 진실하게 표현하기보다는 의례적이고 관행적인 방식으로 표현한다. * 솔직한 반응은 오직 부정적인 것이기 때문에 내담자와의 인간관계 발전이나 탐색의 기초로 건설적으로 활용되지 못 한다.
수준 3	* 상담자의 감정과 언어적 표현이 불일치되는 것은 아니지만 그렇다고 아주 진실된 반응을 하는 것도 아니다. * 상담자는 내담자에 대한 자신의 진실된 관여를 표현하지 않는다.
수준 4	* 상담자는 긍정적인 감정이나 부정적인 감정을 솔직하고도 건설적으로 표현하여 내담자와의 인간관계 발전이나 탐색의 기초로 활용한다. * 내담자에 대한 자신의 진실된 인간적 관여를 전달하나 충분하게 표현하지는 않는다.
수준 5	* 상담자는 긍정적인 감정이나 부정적인 감정을 아주 솔직하게 건설적이고 교육적인 방식으로 표현한다. * 내담자에 대한 자신의 진실된 인간적 관여를 아무 거리낌 없이 자유롭게 충분히 표현하여 내담자의 자기 탐색을 촉진한다.

예시 1) 사실은 거짓말할 생각이 아니었어요. 죄송하게 됐어요. 선생님 화나셨죠?

①그까짓 일로 화나니?

②화날 것은 없지만 다 큰 애가 거짓말하면 되니?

③네가 거짓말을 하는데 기분이 좋을 리가 있니?

④그래, 화가 났다. 그렇게 거짓말 하면 안 되지.

⑤속이 상해 말하기 어려운 사정이 있더라도 솔직하게 얘기하면 더 좋지 않니?

예시 2) 연락이 없이 늦어서 죄송해요. 걱정하셨죠?

①

②

③

④

⑤

라. 안전성

① 내담자는 상담자와의 관계에서 안전함을 느낄 수 있어야 한다.

⇒ 이런 안전한 관계 속에서 내담자는 자기의 모습을 적나라하게 내 보일 수 있다.

② 내담자에게 심리적 안정을 주기 위해서는

첫째, 내담자가 정서적으로 상담자와 연결되고, 존중받는다는 사실을 느끼고, 상담자를 신뢰할 수 있어야 한다.

둘째, 내담자가 상담에 대한 올바른 오리엔테이션을 받음으로써 상담과정에서 어떤 행동을 하고 어떤 것을 기대해야 하는지를 확실히 알아야 한다.

셋째, 보다 구체적인 상담내용을 구체적인 용어로 다루어 나가야 한다.

(2) 동기유발의 원리

① 상담자는 상담의 효과를 높이고 가능한 효과적이고 치료적인 상담관계를 유지해나가기 위하여 부단히 노력해야 하는데, 여러 가지 이유로 인하여 어쩔 수 없이 역기능적 상담관계로 빠질 수 있으므로, 상담자는 상담관계의 다양한 변화에도 불구하고 내담자로 하여금 상담에 대한 적극적인 동기를 유지할 수 있도록 도와야 한다.

② 동기유발의 방법

첫째, 상담자는 내담자가 상담에 대해 얼마나 분명한 목표를 가지고 있는지, 자기성장과 발전에 대해 어떠한 느낌을 가지고 있는지, 상담을 통한 변화에 대해 어떠한 생각을 가지고 있는지를 잘 살펴야 한다.

둘째, 현실적이고 적절한 목표를 설정하고 이를 활성화하며 가능한 많은 목표를 동시에 달성할 수 있도록 내담자를 동기화해야 한다.

셋째, 적절하게 도전적인 수준의 목표를 설정하고 내담자의 동기화를 노력하는 과정에서 상담자는 현실적인 한계를 염두에 두고 있어야 한다.

2) 상담의 기법

(1) 직면-내담자의 주관적 견해, 잘못된 신념과 태도, 감추어진 거부 감정, 수동적 또는 능동적인 자기파괴적 행동에 맞닥뜨리게 하는 것

직면	
수준 1	* 상담자는 내담자의 감정, 사고, 행동의 모순에 대해 전혀 언급하지 않는다.
수준 2	* 상담자는 내담자의 감정, 사고, 행동의 모순에 대해 모호하게 언급한다.
수준 3	* 상담자는 내담자의 감정, 사고, 행동의 모순을 지적하거나 직접적이고 구체적이지 못하다. * 모순점에 대하여 단순히 질문만 하고 이를 명확하게 내담자에게 지적하지 않는다.
수준 4	* 상담자는 내담자의 감정, 사고, 행동의 모순을 적절하고 명확하게 내담자에게 지적한다.
수준 5	* 상담자는 내담자의 감정, 사고, 행동의 모순을 아주 명료하게 지적하여 내담자의 깊은 자기수준의 탐색을 촉진한다.

예시 1) 지난 번 할아버지가 돌아가셨을 때 무척 슬펐지만 왠지 피식 웃음이 나오데요.

①할아버지가 돌아가셔서 무척 슬펐구나.

②할아버지가 돌아가셔서 마음은 슬픈데도 슬픔을 표시할 수 없었다고?

③할아버지가 돌아가셔서 슬프긴 하여도 왠지 웃음이 나왔다고?

④슬픈데도 눈물이 나오긴 커녕 웃음이 나왔단 말이야?

⑤그렇게 슬픈데 웃다니 어떻게 되어서 그랬을까?

예시 2) 전 집에서 아버지에게 칭찬을 받으면 왠지 기분이 별로에요.

①

②

③

④

⑤

(2) 즉시성 – 현재 이 순간에 무엇이 일어나고 있는지를 다루는 기법으로 상담시간에 일어나는 것 자체가 일상생활의 표본이라는 점을 깨닫도록 돕는 것이다.

즉시성	
수준 1	* 상담자는 내담자가 자신과의 관계에 대하여 표현하는 것에 관심을 전혀 보이지 않는다. * 상담자는 내담자의 표현에 대하여 전적으로 부정적인 반응을 보인다.
수준 2	* 상담자는 내담자가 자신과의 관계에 대하여 표현하는 것에 거의 관심을 보이지 않는다. * 상담자는 내담자의 표현에 대하여 대체로 부적절한 반응을 보인다.
수준 3	* 상담자는 내담자가 자신과의 관계에 대하여 표현하는 것에 관심을 보여 내담자의 표현에 대체로 적절한 반응을 보이나 그 내용이 직접적이고 구체적이지 못하다.
수준 4	* 상담자는 내담자가 자신과의 관계에 대하여 표현하는 것에 관심을 보여 내담자의 표현에 적절한 반응을 보이는데 그 내용이 직접적이고 구체적이다.
수준 5	* 상담자는 내담자가 자신과의 관계에 대하여 표현하는 것에 깊은 관심을 갖고 내담자의 표현에 매우 적절한 반응을 보이는데 그 내용은 대단히 직접적이고 명료하여 내담자의 깊은 수준의 자기 탐색을 촉진한다. * 상담자는 내담자와 자신의 관계에 대하여 명쾌한 해석을 내리는데 주저하지 않는다.

예시 1) 엄마는 집안일보다 바깥일에 더 관심이 있으신 것 같아요.

①너 요새 공부 열심히 하니?

②어른 하는 일에 애들이 이러쿵저러쿵 말하는 것이 아니야.

③엄마가 집안일에 관심이 적다는 말이지?

④엄마가 바깥일 때문에 집안일을 소홀히 했다는 말이야?

⑤엄마가 집안일에 어떻게 신경을 쓰면 좋겠단 말인지 궁금하구나.

예시 2)자식이 부모를 미워할 수 있어요?

①

②

③

④

⑤

3) 상담의 과정

(1) 제1단계: 문제의 이해와 촉진적 관계의 형성단계

내담자가 상담자를 찾아온 이유를 설명하고 상담자와 내담자 사이에 솔직하고 신뢰로운 관계를 형성하는 시기이다.

① 내담자의 문제제시 및 상담의 필요성 인식

－ 내담자는 자신의 문제와 상담을 받기 위해서 찾아온 이유를 말한다.

－ 특히 타인에 의해 이끌려온 내담자의 경우에는 상담의 필요성을 느끼지 못하는 경우가 많으므로 문제의 배경 및 관계 요인을 토의한 후 내담자가 상담과정에 적극적으로 참여하도록 돕는 것이 중요하다.

② 촉진적 관계의 형성

－ 상담과정에서 촉진적 관계를 형성하기 위해서는 상담자는 내담자를 공감적으로 이해하고, 무조건적으로 존중하며 상담자 스스로 진지한 태도를 견지해야 한다.

－ 또한 내담자가 언어적, 비언어적으로 표현하는 감정과 사고를 적극적으로 경청하는 것이 필요하다.

－ 촉진적인 관계가 일단 형성되어야 문제해결을 위한 다음 단계로 진입할 수 있다.

(2) 제2단계: 목표 설정과 문제해결의 노력단계

상담과정의 방향과 골격을 분명히 하고 현재의 문제행동과 바람직한 목표행동에 대한 내담자의 자각과 문제해결과정에서의 실제적인 노력을 촉진하는 시기이다.

① 목표설정과 구조화

－ 목표설정: 상담과정을 통하여 이루고 싶은 것, 변화하고 싶은 정도 등 나아갈 방향을 설정하고 이를 목표로 제시한다. 내담자가 상담의 목표를 설정하고 상담에 대하여 높은 동기를 소유함으로써 상담의 진행과정에 대한 두려움을 줄일 수 있게 된다.

－ 구조화: 상담의 진행과정에 대한 궁금증을 줄이고 상담의 효과를 최대한으로 높이기 위하여 상담자가 내담자에게 상담의 기본 성격, 상담자 및 내담자의 역할 한계, 바람직한 태도 등을 설명하고 인식시키는 것을 말한다.

② 문제해결의 노력
- 문제해결의 시작은 내담자가 자신의 문제를 말하고 그것과 관련된 정서를 표현하는 것이다. 특히 부정적인 정서의 표현과 그에 따른 상담자의 공감적 이해와 무조건적 존중은 문제해결의 주요 활동 중의 하나이다.
- 내담자가 제시한 문제를 다시 구체적으로 정의하고 분류하여 해결방법을 모색한다. 문제의 성질을 명확히 하고 각 문제에 따른 해결방법과 절차를 결정하는 것은 대단히 중요하다.
- 문제해결의 과정은 내담자가 제시한 문제의 성질이나 상담에 대한 요구 및 상담자의 이론적 입장에 따라 달라지게 마련이다.

※ 이장호(1998)가 제시한 문제해결의 노력과정

(3) 제3단계: 합리적 사고의 촉진 및 실천행동의 계획단계
합리적 사고를 촉진하고 실천행동을 계획하는 단계이다. 상담자는 내담자로 하여금 자기이해와 합리적 사고를 갖출 때까지 적극적으로 상담에 임하도록 도울 뿐만 아니라 내담자의 새로운 견해나 인식이 실생활에서 실현될 수 있도록 내담자의 의사결정이나 행동계획을 돕는다.

① 자각과 합리적 사고의 촉진
- 과거의 비합리적 사고로부터 보다 합리적인 사고로 변화되고, 왜곡된 관점과 정형화된 시야로부터 벗어나서 분명하고 통합된 시야를 가짐으로써 내담자는 새로운 세상을 경험하고 과거와는 다른 자유로움을 경험하게 되는 단계이다.
- 이 단계에서 상담자가 주의해야 할 점은 내담자가 상담을 도중에 그만두려고 하거나 직·간접적인 저항을 보일 수 있다는 점이다.
② 실천행동의 계획
- 자각과 합리적 사고의 달성만으로 상담이 끝나는 것이 아니라, 일상생활에서까지도 계속해서 합리적으로 사고해야한다.
- 상담 상황과 실제 상황은 다르므로, 이 단계에서 이루어야 할 목표는 내담자로 하여금 일상생활 속에서 실천할 수 있도록 내담자의 구체적인 행동 절차를 협의하고 세부적인 행동계획을 작성하는 것이다.

(4) 제4단계: 평가 및 종결단계

- 그 동안 상담을 통하여 성취한 것들을 평가하고 목표를 달성했다고 판단될 때, 상담을 종결하는 단계이다.
- 목표에 도달하지 못하였다면 그 원인을 살펴보고 상담을 지속할 수 있다.
- 상담을 종결할 때에는 내담자와 상담자가 서로 합의하여 내담자의 상태와 목표달성 정도 등을 고려하여 신중하게 해야 한다.
- 내담자가 종결을 원하더라도 상담자가 보기에 아직 불충분하다고 판단될 경우에는 종결을 유보하는 것이 바람직하다.
- 상담의 진행이 지루하고 효과가 나타나지 않을 경우에는 상담자는 종결을 권유함으로써 이를 전략적으로 활용할 수도 있다.
- 상담은 종결되기 2~3회기 전에 내담자에게 권유하는 것이 좋다. 종결 시 잊지 말아야 할 것은 내담자에게 문제가 생기면 언제라도 다시 찾아올 수 있다는 추수상담의 가능성을 제시하는 것이다.

◆ 인지 · 정서 · 행동치료

1) 인간관
① 인간은 존엄하다 (인간 존재 대 인간 행동)
② 인간은 선천적인 오류가능성을 지닌 존재이다.(합리적 존재이면서도 비합리적인 양면성)

2) 주요명제
① 인간의 생각과 행동과 감정은 상호작용하며 보다 근본적으로는 생각이 감정과 행동의 뿌리이다.
② 인간의 사고체계는 어린 시절의 문화 및 환경의 영향을 받으며 스스로 반복적으로 주입해서 형성되는 경향이 있다.
③ 인간이 경험하는 장애는 삶의 과정 속에서 형성된 비합리적 사고에 기인하는 경우가 많다.
④ 인간은 자신이 장애를 야기하는 비합리적인 생각을 갖고 있다는 것을 이해하는 능력이 있으며 이 생각들을 변화시킴으로써 행동 및 정서상태도 변화시킬 수 있다.

3) 상담의 과정(ABCDE 과정)

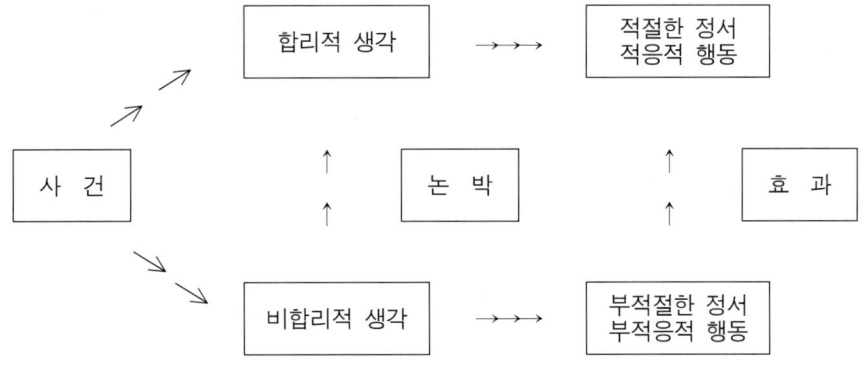

4) 비합리적 생각의 요소

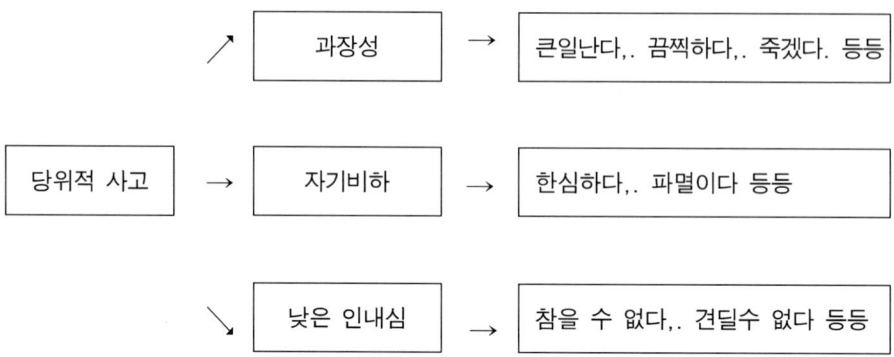

** 비합리적 생각은 자기 파괴적이고 목표를 달성하는데 방해가 된다. 따라서 논박을 통해 합리적 생각으로 바꾸어야 한다. 합리적 생각은 논리적으로 모순이 없고 현실적이다. 또 목적 달성에 도움이 되므로 실용적이고 융통성이 있다. 파급효과는 적절한 정서와 적응적 행동에 영향을 준다.

◆ 나의 당위적 사고를 찾기

과장성—

자기비하—

낮은 인내심—

◆ 비합리적 신념

1. 알고 있는 모든 중요한 사람들로부터 사랑받고 인정받고 이해받아야만 한다. 그렇지 않으면 이는 끔찍하다.
2. 어떤 사람들은 나쁘고 사악하며 반드시 비난받고 처벌받아야만 한다.
3. 일이 뜻대로 진행되지 않으면 이는 무시무시하고 끔찍한 일이다.
4. 위험하거나 두려운 일이 일어날 가능성을 늘 생각하고 있어야 한다.
5. 완벽한 능력이 있고 성공을 해야만 가치 있는 인간이다.
6. 인간의 문제는 완전한 해결책이 있고 만약 그 해결책을 발견할 수 없다면 이는 끔찍한 일이다.
7. 세상은 반드시 공평해야 하고 정의는 반드시 승리해야 한다.
8. 나는 항상 고통이 없이 편안해야만 한다.
9. 나는 미쳐가고 있는지도 모른다. 그러나 나는 미쳐서는 안 된다. 왜냐면 그것을 견딜 수 없기 때문이다.
10. 인생에서의 어려움은 부딪치기보다 피해가는 것이 편하다.
11. 우리는 다른 사람에게 의지해야만 하고 의지할 강한 누군가가 있어야만 한다.
12. 행복이란 외부 사건들에 의해 결정되며 우리는 통제할 수 없다.
13. 나의 과거의 사건들이 현재의 행동을 결정한다.

◆ 합리적 신념

1. 자기를 존중하고 실제적인 일에 대해 인정을 받고 사랑받기보다는 사랑하는 것에 신경을 쓰는 것이 보다 바람직하고 합리적이다.

2. 사람들은 비윤리적으로 행동하는 경우가 흔하며 이들을 비난하고 처벌하기보다는 그들의 행동을 변화시킬 수 있도록 도와주는 것이 더 좋을 것이다.

3. 일이 내 뜻대로 된다면 좋겠지만 내가 원하는 대로 되지 않는다고 해서 끔찍할 이유는 없다.

4. 걱정한다고 해서 어떤 일이 저절로 사라지는 것은 아니다. 나는 일어날 가능성이 있는 괴로운 일을 처리하기 위해서 최선을 다할 것이며 만약 다루기가 불가능하다면 그 일이 어쩔 수 없다는 것을 받아들이겠다.

5. 자신이 인간적인 제한점이 있고 실수를 범하기도 하는 불완전한 존재라는 것을 받아들이는 것이 좋을 것이다.

6. 세상은 불확실한 세계이다. 나는 삶을 즐기기 위해 아무런 보장이 없더라도 결정을 내리고 위험을 무릅쓰겠다.

7. 세상에는 불공평한 경우가 자주 있다. 불공평한 경우에 불만을 갖는 것보다 이를 시정하도록 노력하는 편이 더 낫다.

8. 고통이 없이 얻을 수 있는 것은 아무 것도 없다, 그러므로 내가 비록 이것을 좋아하지 않아도 나는 이런 불편을 참아내고 견딜 수 있다.

9. 정서적 곤궁은 확실히 즐거운 것은 아니지만 이것은 참을 수 있다.

10. 소위 쉬운 방법은 궁극적으로 피할 수 없으며 더욱 어려운 방법이다.

11. 다른 사람들과 친밀하게 지내는 것을 즐기지만 내 생활을 도와줄 사람을 원하지는 않는다. 나는 내 자신을 믿고 의지할 수 있다.

12. 현재에 내가 겪고 있는 정서적 괴로움은 주로 나의 책임이며 내가 사건을 보고 평가하는 방식을 변화시킴으로써 나의 감정을 조절할 수 있다.

13. 나는 과거의 일들에 대한 나의 지각과 과거의 영향에 대한 나의 해석을 재평가함으로써 과거의 영향을 극복할 수 있다.

◆ 정서일지

사건, 상황	결과	신념탐색	자가논박	대안 신념
친구의 와전으로 인한 오해사건	억울, 속상함	1.나는 실수하면 안 된다. 2.다른 사람들로부터 지탄을 받는 것은 참을 수 없다.	1. 말하는 사람과 듣는 사람의 입장이 달라 잘못 받아들일 수도 있겠다. 2. 내가 잘못이 없다면 진실은 밝혀질 것이다. 3. 4.	다른 사람이 내 말을 곡해해서 전한 것은 문제지만 그것으로 내가 감정적인 동요을 일으키는 것이 나에게 도움이 되지 않으므로 개의치 않겠다.

사건 상황	결과	신념탐색	자가논박	대안 신념

사건 상황	결과	신념탐색	자가논박	대안 신념

◈ 개인의 빙산을 통한 상담

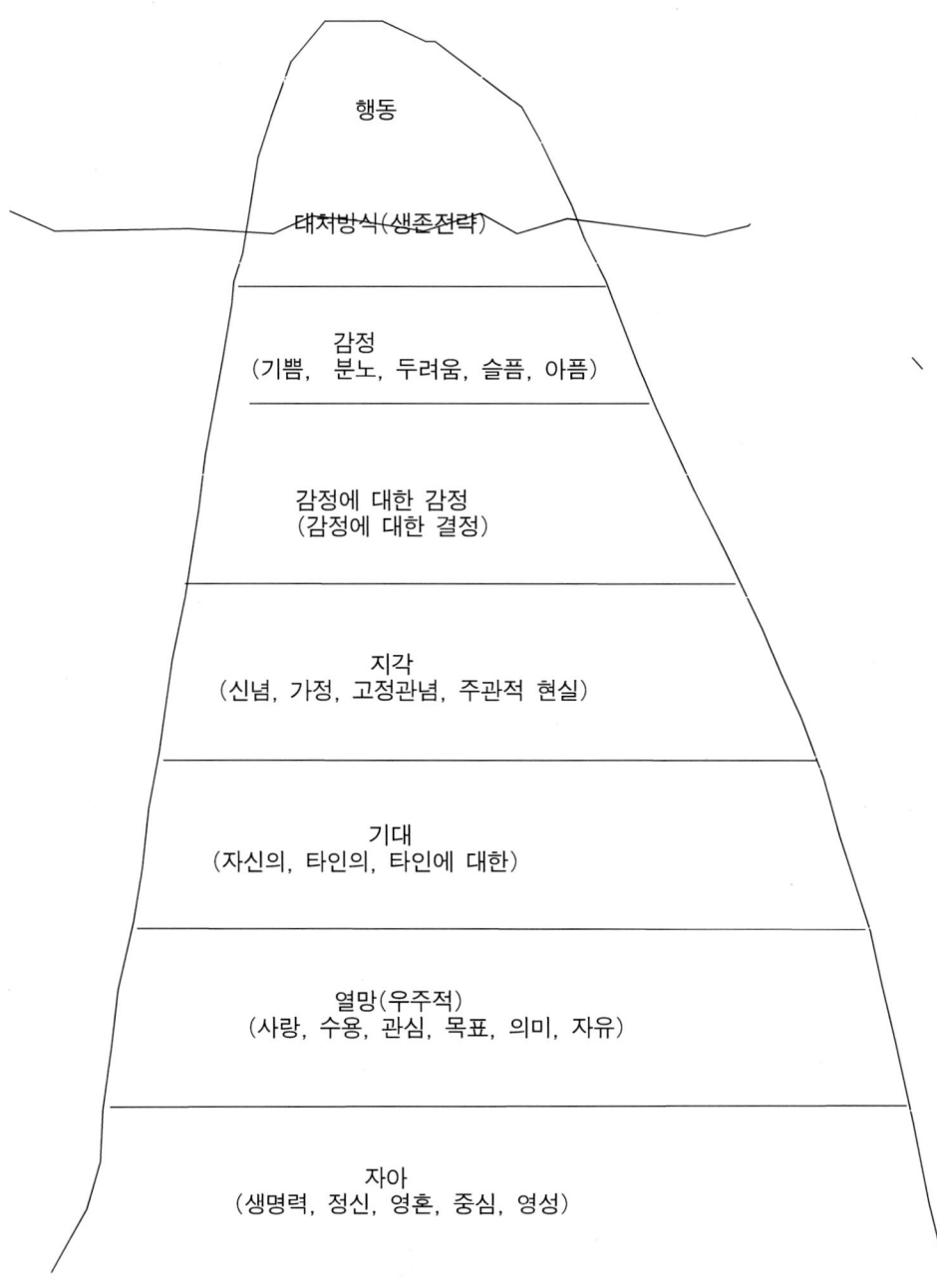

◈ 개인의 빙산을 이용한 상담기법

상황에 따라 학생에게 적절한 질문을 해 봅시다.

상황:

◆ 주의산만한 아동을 돕기 위한 노력

* 일반교사의 LD와 ADHD아동들을 위한 학급운영 방법들은 무엇입니까?

1. 숙제를 학급의 동일한 곳에 개시하라.
2. 수업 중 과제를 바꿀 때 미리미리 경고를 주어라.
   예: "이 과제를 끝내는 데 5분 남았습니다."
3. 학급 내에서 되도록 조용한 곳에 이 아동들을 앉혀라.
   가급적이면 창에서 멀리 떨어지고 앞쪽에 앉히도록 할 것.

수업진행시 참고사항

4. 되도록 중요한 과목은 오전에 가르쳐라.
5. 수업 강의 내용을 5-10 정도 이야기 한 후 간단하게 요약해 주어라.
6. 수업시간에 잠깐 움직일 수 있는 시간을 주어라.
7. 아동과 교사만의 "비밀신호"를 이용해서 주의도 주고 칭찬도 해 주어라.
8. 여러 가지 주의집중 관리 장비를 사용하라.

수업내용에 관한 조정

9. LD나 ADHD아동에게 주는 학교의 과제물 중 반복적인 내용은 약간 줄여 주어라.
10. 계산을 요하는 시험은 시험시간을 조금은 연장해 주어라.
11. 수업도중 흥미 있는 내용과 약간 자극적인 내용을 적절히 섞으면서 가르쳐라.
12. 아동들이 어떻게 자신들의 과제물이나 과목에 대한 공부를 할 수 있을지의 방법을 가르쳐 주어라. (예: 색깔을 이용한 관리)
13. 시청각 자료를 적절하게 사용하라. 특히 ADHD아동들은 색깔에 민감하다.
14. 과제를 서로 번갈아서 행하라. (아동들이 쉽게 지친다는 것을 알아라)
15. 학급에서 공부 잘하는 아이와 짝이 되게 하라. (또래 상담 및 모델 이용)
16. 아동의 특성을 파악해서 일주일에 한 번 정도는 그 아동이 잘하여 성공적일 수 있는 과제를 주고 잘하였을 경우 특권을 부여함. (예: 심부름, 과제물 분배 등)
17. 아동에게 지시를 줄 때는 꼭 시선을 맞추고 지시사항을 반복하도록 해 주어라.

자료출처 http://www.sungshin.ac.kr/~phi/adhd2.htm

제15회기 전인적 성장과 멋진 나

목표: 교사의 발달단계에 따른 나의 위치와 발달 수준을 알아보고 성공적인 교사 상을 정립하기 위한 전인적인 인격성장을 위해서 노력해야 할 부분들을 알 수 있다.

준비물: 멋진 모습의 사진, 색연필, 작업지

소요시간: 90분

진행과정:
 1. 교사의 발달수준과 영역들에 대한 강의를 통해 교사 자신의 위치를 확인하도록 한다.
 2. 멋진 자신을 가꾸기 위한 이미지컨설팅에 대해 토론하고 피드백을 나눈다.
 3. 교사 이전에 아름다운 한 인간이기 위해 전인적 인격 성장의 필요한 부분들에 대해서 생각해 보고 나를 들여다보고 좀 더 개발해야할 부부들을 찾아본다.
 4. 성공하는 사람들이 가지고 있는 특징을 알아보고 성공적인 교사상을 만들기 위해 나의 강점과 개발해야할 것들에 대해서 대해 구체적인 생각을 적어보고 실천 계획을 세운다.
 5. 10년 후의 성공적인 교사상을 그리며 피드백을 주고받는다.
 6. 프로그램을 마치며 느낀 소감들을 정리해서 발표한 후 덕담을 나누며 추후지도 시간을약속한다.

주의사항:
 1. 교사 자신의 성장이 없이는 리더십을 발휘할 수 없음을 알도록 한다.
 2. 비전을 가지고 자신의 미래를 설계하도록 한다.
 3. 자신의 개발해야 할 영역들에 대한 구체적인 계획을 갖도록 돕는다.
 4. 전체적인 마무리 피이드백을 주고받으며 서로를 격려해 준다.

♣ 성공에 도달하는 방법은

우선 구체적이고 분명하며 실제적인 이상, 즉 목표를 세우는 일이고

둘째로는 그 목표를 달성하기 위해 필요한 수단, 즉, 지혜, 돈, 자료, 방법을 갖추는 일이며

셋째로는 당신의 모든 수단을 목표에 맞추는 것이다.

- 아리스토텔레스 -

◆ 멋진 나를 위한 이미지 컨설팅과 비전 수립

개인 비전 만들기
① 나는 _____교사이다. 왜냐면 _____이니까.

그러나 나는_____가 되고 싶다. 왜냐면_____이니까.

② 좌우명(신조)

③ Happy Life(자신, 인간관계, 일과 학교, 성취 결과 등에서 제일 좋았던 것)

④ Back to the Future
10년 후 유명 월간지의 표지 인물이 되었다. 커버스토리를 직접 쓰시오.

⑤ 묘비명 쓰기

◈ 인간행동의 이해와 동기부여

욕구는 선천적이고 본능적이나 욕구충족을 위한 행동은 학습에 의한 것으로 목표를 달성하기 위함이다. 목표는 행동의 결과로 인해 기대되는 대가이고 행동하게 하는 힘(동인)은 사람마다 다르고 강도도 다르다. 그러나 욕구가 충족되지 않으면 심리적 좌절, 불안정 상태를 갖게 되므로 타인의 욕구를 인식하고 구별하고 동기를 부여할 수 있는 리더가 되어야 한다.

1. 매슬로우의 욕구위계이론

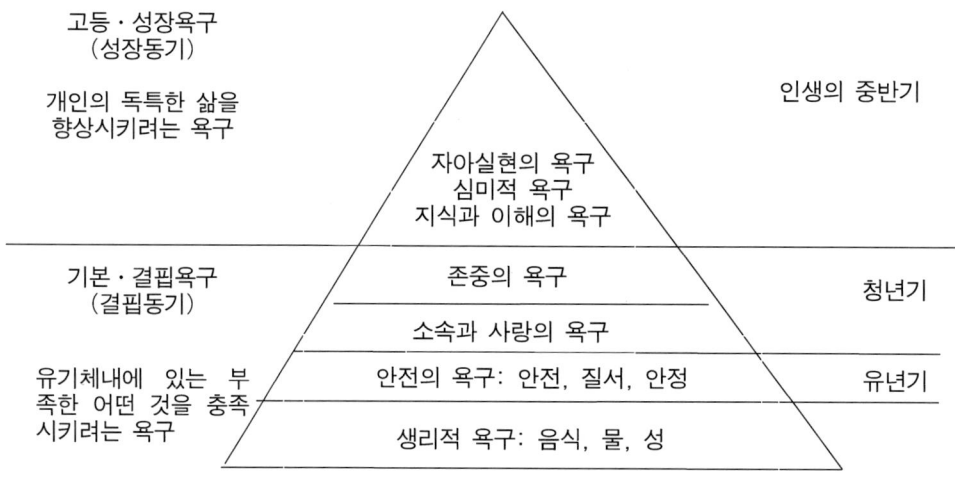

2. 욕구가 충족되지 않았을 때 나타나는 학생의 행동들

목표수정-

공격-

체념-

도피나 합리화-

뒤로 물러섬-

고집-

대치-

3. 동기부여를 하려면

대상	내용
리더(교사)	인간행동이해, 방침개선, 신뢰획득, 솔선수범.
학생에게	성취감 맛보기위한 흥미 유발, 능력에 맞는 일 부여, 불평 경청, 능력개발, 문제해결지원
학교	바람직한 학교문화 창조, 목표설정참여, 의사소통 개선, 업무개선

◆ 전인적인 나와 성장을 위한 부분

나를 이루고 있는 작은 요소들이 있습니다. 이것들의 주관적인 만족도를 표시하고 그런 점수를 주게 된 이유와 부족한 부분들을 위해 어떤 노력을 해야 할 지를 적어 보고 토론해 봅시다.

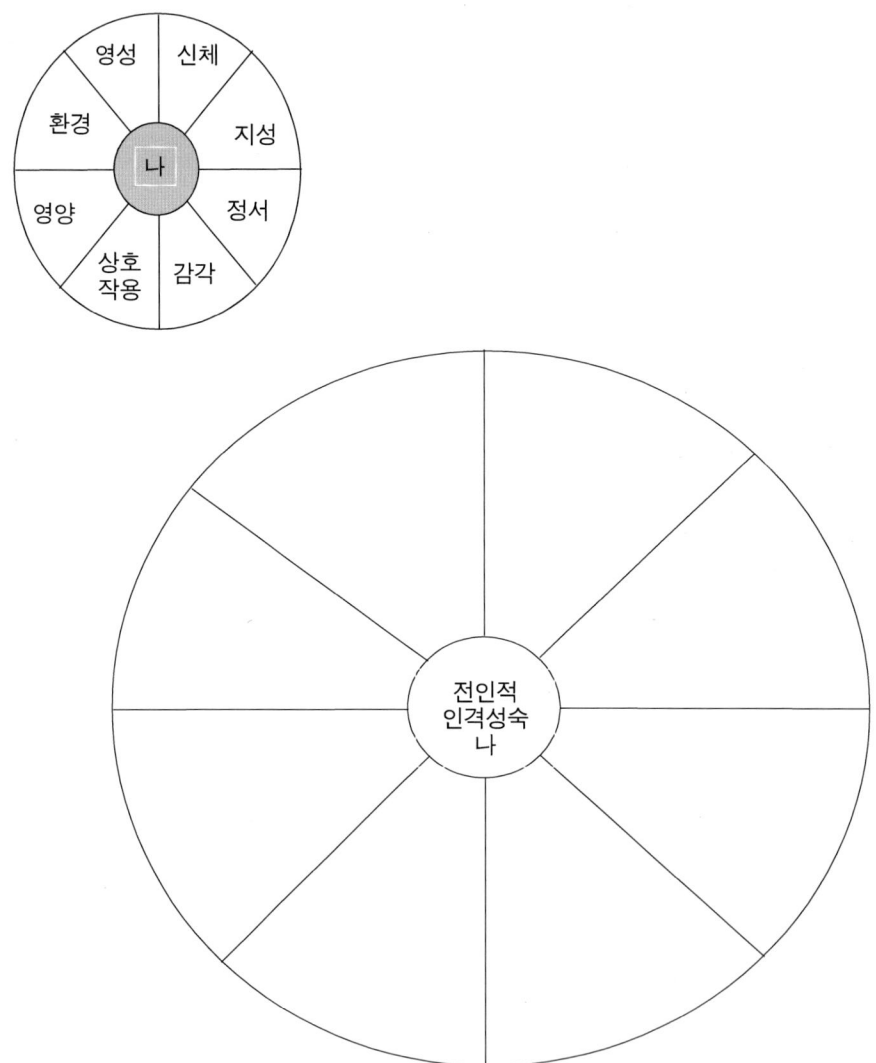

◆ 성공하는 사람들의 8끼

성공하는 교사가 되기 위해서는 다양한 부분에 노력이 필요합니다. 한 번 체크해 보고 옆사람과 공유해봅시다.

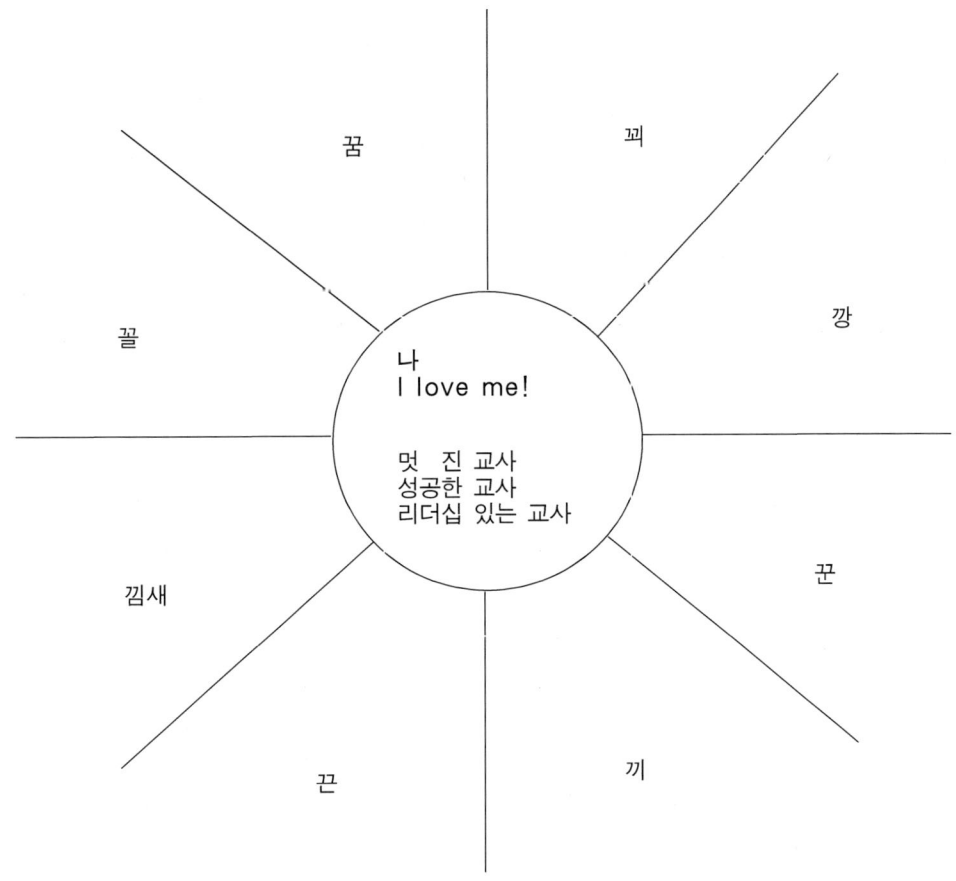

◆10년 후를 향한 미래설계

미래를 준비하는 사람이 아름답습니다. 그런 사람은 자신이 바라는 꿈을 이루어나가기 때문입니다. 자신의 10년 후를 준비해 봅시다.

시간	나의 모습	셀프 리더십 개발 영역	심리적 만족감
1년 후			
2년 후			
3년 후			
4년 후			
5년 후			
6년 후			
7년 후			
8년 후			
9년 후			
10년 후			
나의 자화상			

◆ 성공적인 교사상을 위한 덕담나누기

함께한 사람들에게 교사리더십 함양을 위해 힘이 될 수 있는 덕담을 나누어 봅시다.

◆ 지식기반사회의 새로운 지도자로서의 교육자상(이병진, 2003).

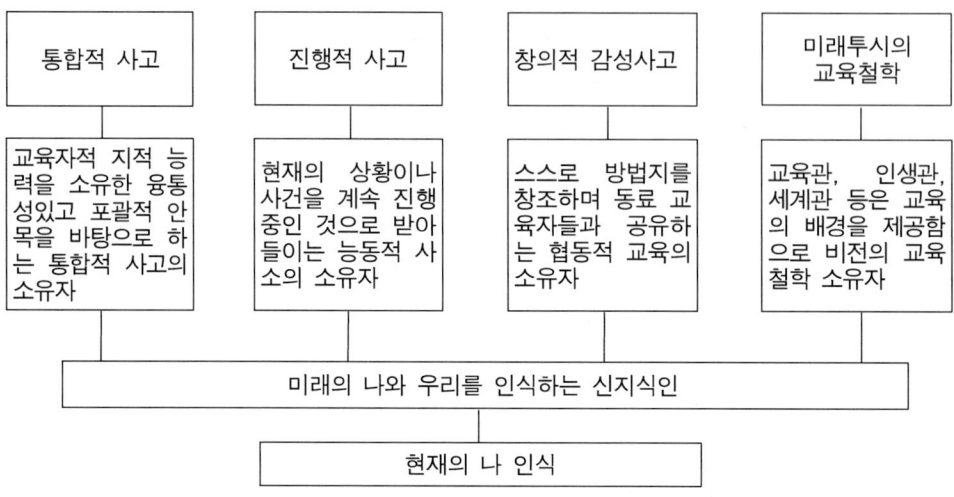

◆ 학교에 대한 압력이 높은 현실에서 새 리더십의 방향

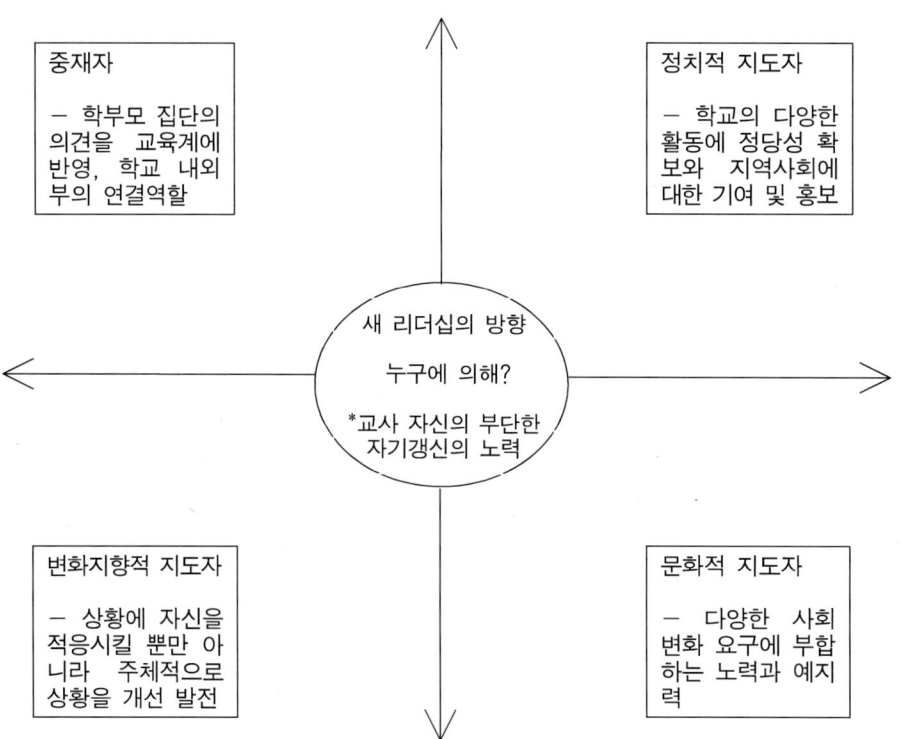

◆교사의 발달단계

분류기준			학자	발달단계
교직경력 강조	단순순차적발달모형	교직이전시기포함	Fuller Fuller, Brown Unruh,Turner Yager Mertens 김정규, 권락원 여태전	・교직이전단계→초기교직단계→후기교직단계 ・교직이전관심단계→생존관심단계→교수상황관심단계 아동관심 ・교직이전시기→초기교수시기→안전구축시기→성숙시기 ・직전교사→초임교사→발전교사→실천교사→숙련교사 ・직전교사→초임교사→발전교사→실습교사→숙련교사 ・교직이전단계→교직적응단계→갈등, 좌절단계→안정, 침체단계 →직업적 쇠퇴, 퇴직단계
		교직첫해시작	Katz Burden	・생존단계→공고화단계→쇄신단계→성숙단계 ・생존단계→적응단계→성숙단계
		연령별접근장기모형	Newman Peterson Webb, Sikes 신인숙 김선희	・교직경력 최초10년→20년까지의 시기→30년까지의 시기 ・20대 연령시기→30대→40대→50대→60대 ・연령21-28세→28-33세→30세-40대→40-50세→50대-55세 ・교직적응→능력개발→갈등 및 좌절 승진지향→보람 및 금지 ・입문기→성장기→갈등기→안정기
	복합역동적모형		Burke Christence Fessler	・교직이전단계→교직입문단계→능력구축단계→열정과 성장단계 →직업적 좌절단계→안정침체단계→직업적 쇠퇴단계→퇴직단계
			Huberman	・생존 및 발전단계→안정화→실험주의→평온단계→이탈단계 재평가단계→보수주의 단계
			최상근	・생존단계→능력구축단계→안정화단계→실증주의단계→재평가단계→평정단계→침체단계→보수주의단계
			Gregorc Oja Oja, Ham Watts	・형성단계→신장단계→성숙단계→원숙전문단계 ・자기보호적 단계→일치단계→자아인식→자율단계 ・인습단계→과도기단계→목표지향적단계→자아인식단계 ・생존단계→중간단계→숙련단계

자료: 최태숙(2002). 초등학교 교사의 인지적 발달 수준에 적합한 장학형태와 직무헌신도 연구.
건국대학교 대학원 박사학위논문에서 재인용

◆ 교사발달단계 측정도구

교사인 자신이 설문지를 자세히 읽고 자신과 얼마나 일치하는지 체크하시오.

순	내용	아주 그렇다	대체로 그렇다	그렇다	대체로 그렇지 않다	전혀 그렇지 않다
1	미완성의 상태에서 의욕만 앞세운 나머지 시행착오를 거친다.					
2	부족한 면을 보완하고 심리적 안정과 자신감이 있다.					
3	개인의 철저한 연구를 위해 연수에 적극적이다.					
4	융통성 있는 수업활동에 자신감으로 교직생활이 만족한다.					
5	학생들이 무척 사랑스럽고 자식처럼 예쁘다.					
6	지식을 아동에게 전달하는 것이 어렵다는 것을 체험한다.					
7	바람직한 교육 목적, 인간상, 학생상의 추구를 위한 고민과 노력을 한다.					
8	학습지도 능력을 인정받고 만족한다.					
9	교직에 재차 흥미를 느낀다.					
10	감사, 인내의 마음의 중요성을 강조한다.					
11	무능함과 혼란에서 불안함을 느낀다.					
12	동료 교사와의 원만한 유대감을 추구한다.					
13	학생들의 행동에 대한 보다 깊은 이해가 앞선다.					
14	전문성 신장 욕구, 교육대학 계절제에 편입한다.					
15	후배에게 지도조언하고 싶다.					
16	지식을 아동에게 전달하는 것이 어렵다는 것을 체험					
17	학생들의 행동을 이해하려 노력한다.					
18	봉사하는 마음으로 교직생활을 한다.					
19	연수교육이나 학회활동 등에 참여하며 자기 연찬에 노력한다.					
20	최선을 다 한 교직에 미련이 없고 교직을 떠날 준비를 한다.					
21	최초 근무학교에서의 교장과의 마찰로 회의를 느낀다.					
22	교직생활에 대한 안정감을 느낀다.					
23	학생의 학습지도, 생활지도에 어려움을 경험한다.					
24	사명감과 확고한 교육관으로 최선을 다하려고 노력한다.					
25	건강을 생각하게 되고 식생활에 신경을 많이 쓴다.					
26	사명감 보다 담당과목을 어떻게 기술적으로 가르칠 것인가 고민한다.					

순	내용	아주 그렇다	대체로 그렇다	그렇다	대체로 그렇지 않다	전혀 그렇지 않다
27	교직은 담당과목을 잘 가르치는 것도 중요하지만 사명감이 꼭 필요하다.					
28	학생들을 겁내지 않고 내 의지대로 수업한다.					
29	학생들이 어떤 질문을 할 것인가에 대한 나름대로의 예측이 가능하다.					
30	규칙적인 생활습관을 위해 새로운 일에 겁을 낸다.					
31	학생을 교육의 주체로서 어떻게 기술적으로 가르칠 것인가 고민한다.					
32	수업 중에 학생들의 질문을 유도하여 수업에 참여시킨다.					
33	학생 개개인의 특성이나 상황에 따라 그때그때 대처해 나간다.					
34	간단명료한 대답과 더불어 심층적인 보충설명까지 할 수 있다.					
35	교육활동 전반에 여유가 생겨 차분하다.					
36	수업에 대한 불안감으로 자주 학생들에게 수업에 대한 설문조사 한다.					
37	교수방법이나 활동에 어느 정도 자신감이 생긴다.					
38	학생들이 손에 꽉 잡히는 것을 느낀다.					
39	난이도 및 변별도에 따라 평가문제를 선별할 수 있다.					
40	동료에게 부담을 주지 않기 위해 매사 솔선수범 한다.					
41	학생들과 친밀감을 형성하고 교사로서의 위치를 인정받기 위해 노력한다.					
42	학생들을 보다 복합적인 방법으로 통찰한다.					
43	교직이 힘들다고 생각한다.					
44	교수관이 어느 정도 정착되고 초임교사에 대한 조언이 가능하다.					
45	상사와 학부모의 눈치를 본다.					
46	교수기술 부족, 타 교사와 인간관계가 부족함을 느낀다.					
47	수업목표와 내용을 어느 정도 인식하게 되고 질문을 통해 학생들의 이해 여부를 확인한다.					
48	교수 방법의 새로운 변화에 희열을 느낀다.					
49	자녀 입장에서 아동들을 이해하게 된다.					
50	정보통신 교육활동에 자신이 없다.					

◈ 교사영역별능력 평가 도구

영역	내 용	단 계				
		매우우수하다	우수하다	보통이다	부족하다	미흡하다
1. 교과지도	1. 교과에 관련된 지식·기술은 충실한가?	5	4	3	2	1
	2. 수업 계획안은 알차게 설계되고 있는가?	5	4	3	2	1
	3. 능력별 지도방안을 고려하고 있는가?	5	4	3	2	1
	4. 학습자료 준비가 적절하며 능률적인가?	5	4	3	2	1
	5. 동료간 교재연구가 이루어지고 있는가?	5	4	3	2	1
	6. 교수- 학습목표를 뚜렷이 인지하는가?	5	4	3	2	1
	7. 창의적인 사고활동을 촉진시키는 발문에 노력하는가?	5	4	3	2	1
	8. 다양한 자료활용으로 흥미있는 학습을 진행하는가?	5	4	3	2	1
	9. 학습 부진아 및 속진아에 대한 고려가 이루어지고 있는가?	5	4	3	2	1
	10. 판서는 명조체로 구조화되어 있는가?	5	4	3	2	1
2. 생활지도·특별활동지도	1. 구체적인 생활지도 계획을 수립하고 있는가?	5	4	3	2	1
	2 적절한 생활지도 방법을 활용하고 있는가?	5	4	3	2	1
	3. 기본 생활습관의 생활화를 꾸준히 지도하고 있는가?	5	4	3	2	1
	4. 적극적인 자세로 생활지도에 임하고 있는가?	5	4	3	2	1
	5. 생활지도 과정 및 결과를 제대로 정리·기록하고 있는가?	5	4	3	2	1
	6. 사랑과 격려로 아동을 지도하고 있는가?	5	4	3	2	1
	7. 기본생활습관지도가 지속적으로 이루어지고 있는가?	5	4	3	2	1
	8. 근검절약 교육이 이루어지고 있는가?	5	4	3	2	1
	9. 자기 생활 반성 평가가 이루어지고 있는가?	5	4	3	2	1
	10. 안전사고 예방에 힘쓰고 있는가?	5	4	3	2	1
3. 7차교육과정편성·운영	1. 개인차를 고려한 능력별 개별화 교육프로그램을 운영하고 있는가?	5	4	3	2	1
	2. 결과와 과정이 중시되는 최적 학습방법이 선택되고 있는가?	5	4	3	2	1
	3. 다양한 자료를 준비·활용하고 있는가?	5	4	3	2	1
	4. 자기 주도적으로 학습을 계획하고 실천하는가?	5	4	3	2	1
	5. 명예교사 및 자원인사를 초빙하여 활용하고 있는가?	5	4	3	2	1
	6. 아동 개개인의 취미와 적성을 살리는 활동의 기회를 부여하는가?	5	4	3	2	1
	7. 창조적, 모험적인 아동 사고 활동이 격려·조장되는가?	5	4	3	2	1
	8. 창의적 사고의 수업모형을 활용하는가?	5	4	3	2	1
	9. 창의성 훈련 프로그램을 활용하는가?	5	4	3	2	1
	10. 창의성 계발을 위한 자료를 활용·제공하고 있는가?	5	4	3	2	1

4. **과제** **물** **·** **공동** **체험** **학습**	1. 과제는 성실하게 확인, 지도되는가?	5 4 3 2 1
	2. 개인별·능력별 과제가 제시되고 있는가?	5 4 3 2 1
	3. 현장체험, 협동과제를 중시하고 있는가?	5 4 3 2 1
	4. 창의적 사고를 유발하는 과제를 제시하고 있는가?	5 4 3 2 1
	5. 학부모 등이 대리 해결한 것을 묵인한 적은 없는가?	5 4 3 2 1
	6. 공동체 의식을 함양할 계기가 되는가?	5 4 3 2 1
	7. 월 1회 이상 운영하고 있는가?	5 4 3 2 1
	8. 아동들의 계획과 요구가 반영되는가?	5 4 3 2 1
	9. 효과적인 보충 심화학습 교육을 위한 프로그램인가?	5 4 3 2 1
	10. 아동의 흥미와 발달을 고려한 다양한 프로그램인가?	5 4 3 2 1
7. **학생** **·** **교사** **·** **학부** **모와** **의** **인간** **관계**	1. 동료의 애경사에 적극적으로 참여하는가?	5 4 3 2 1
	2. 동료 상호간에 바른 예절을 지키는가?	5 4 3 2 1
	3. 협조적인 인간관계가 이루어지고 있는가?	5 4 3 2 1
	4. 남을 비난하시 않으며 궂은 일에 솔선수범하고 있는가?	5 4 3 2 1
	5. 동료를 이해하고 도와주려는 마음의 준비를 하고 있는가?	5 4 3 2 1
	6. 실천적 활동을 통해 인성 내면화에 힘쓰고 있는가?	5 4 3 2 1
	7. 가정 교육과의 연계 협조를 위한 지속적 활동을 펴고 있는가?	5 4 3 2 1
	8.. 고운마음 교육을 효율적으로 추진하는가?	5 4 3 2 1
	9. 이기심·경쟁심 유발 등의 교실 풍토를 개선하고 있는가?	5 4 3 2 1
	10. 학년 발달 단계에 맞는 덕목을 선정해 지도하고 있는가?	5 4 3 2 1

교사발달단계 평점계 : ( )/70 ×
※영역별 평균
　o
　o
　o
　o
　o

◈ 참고문헌

강길호(1995). 커뮤니케이션과 인간. 한나래.

강문희, 이광자, 박경(2003). 인간관계의 이해. 학지사.

강정구(1996). 현대 학습심리학. 문음사.

강준민 역(2002). 리더십을 키우라. 두란노.

경기도(1996). 여성지도자를 위한 리더십 프로그램 개발. 경기도 여성정책실.

권성호(2000). 하드웨어는 부드럽게 소프트웨어는 단단하게. 양서원.

권안택(1999). 의사소통기법을 이용한 집단상담이 중학생의 대인갈등해소에 미치는 영향.
    순천향대학교 산업정보대학원 석사학위논문.

권이종(2002). 청소년교육론. 교육과학사.

김갑수 역(2003). 선생의 관심에 인생이 바뀐다. 보성출판.

김경섭 옮김(1993). 뉴 리더의 조건. 김영사.

김병숙, 김옥희, 김희수, 지용근(2004). 인간관계의 이해. 박영사.

김상태. 임승환, 김병준 공역(1997). 기업조직에서의 MBTI활용입문. 한국심리검사연구소.

김석우(2001). 왕건에게 배우는 디지털 리더십. 느낌이 있는 나무.

김우룡(1992). 커뮤니케이션의 기본이론. 나남.

김은경(2000). 사회변화와 여성의 리더십. 경기도 공무원 교육원 교재.

김인자 역(1999) 효과적인 부모역할 훈련. 한국심리상담연구소.

김종두(2002). 교육과 의사소통. 양서원.

김지형(1990). 대인갈등의 관리를 위한 커뮤니케이션 스타일 연구, 한국외국어대학교 대학
    원 석사학위논문.

김창걸(2003). 교육행정 및 교육경영의 이론과 실제의 탐구. 형설출판사.

김창원(1995). 성공적인 뉴 리더십. 서울 프레스.

김현택, 박동건, 성한기, 유태용, 이순목, 이영호, 진영선, 한광희, 황상민 공저(2003). 심리
    학. 학지사

깨끗한 미디어를 위한 교사운동(2003). 희한한 수업. 좋은교사

목영해(2004). 대학교육에 적합한 수업기법 연구, 대학교육.

문영식(2000). 내일을 열어가는 젊은이들을 위하여. 성광문화사.

미래연구소(1993). 조직발전과 리더십. 홍진문화인쇄사.

박성익(1998). 교수·학습방법의 실제. 교육과학사.

박유봉(1990). 인간커뮤니케이션. 보성사.

박진규(2003). 청소년문화. 학지사.

배경숙(2001). 집단상담. 우리교육.

변영계, 김광휘(1999). 협동학습의 이론과 실제. 학지사.

변영계, 김영황, 손 미 공저(2002). 교육방법 및 교육공학. 학지사.

서봉연, 유영분, 강길례 편저(2001). 효과적인 대인관계 노하우 프로그램집. 한국가이던스.

서울대학교 사회심리학연구실편역(2001). 집단심리학. 학지사.

서울대학교 사회심리학연구실(2001). 집단역학. 시그마프레스.

서울특별시교육청(1995). 창의성 교육 문을 열다. 서울시교육청.

성윤아 옮김(1998). 자기계발학습법. 세경북스.

송화섭 역(2000). 최신 교육행정의 이론 탐색과 실제. 학문사.

신명희, 박병순, 권영심, 강소연 공저(2003). 교육심리학의 이해. 학지사.

신응섭, 이재윤, 남기덕, 문양호, 김용주, 고재원(2001). 리더십의 이론과 실제. 학지사.

안범희(1993). 학교 학습심리학. 하우.

안진환역(2004). 10년후. 해바라기.

여성사회교육원(1998). 인생설계교육 프로그램. 여성사회교육원.

여성사회교육원(1999). 인생설계교육 프로그램 I, II. 여성사회교육원.

여윤경(2003)유아교육기관 원장의 리더십 유형이 교사의 직무스트레스 및 이직의도에 미
치는 영향. 총신대학교 대학원 석사학위 청구논문.

우리교육엮음(2004). 빛깔이 있는 학급운영. 우리교육.

유성은, 유미현(2003). 청소년이 꼭 알아야 할 시간관리와 공부방법. 생활지혜사.

윤옥한(2004). 명강의 교수법. 학지사.

이명주(2003). 교육행정의 이론과 실제. 학지사.

이병진(2003). 교육리더십. 학지사.

이성은, 오은순, 성기옥(2002). 새 교수법. 교육과학사.

이순주 옮김(2003). 셀프 파워먼트. 대한교과서.

이순창 편저(2002). 디지털 시대의 리더십 모델과 자기훈련. 창.

이영애 옮김(2003). 사고유형. 시그마프레스.

이장호, 김정희(1997). 집단상담의 원리와 실제. 법문사.

이재창, 임용자(2000). 인간관계론. 문음사.

임규혁(2004). 교육심리학. 학지사.

임승환(1993). People Tuning Training. T&C 심리교육컨설팅

임칠성 역(1998). 대인관계와 의사소통. 집문당.

장현갑, 안신호, 이진환, 신현정, 정봉교, 이관오, 도경수 공역(2003). 심리학. 시그마프레스.

정경호역(2001). 잭캔필드의 어머니를 위한 101가지 이야기. 해바라기

정문성, 김동일(1999). 열린교육을 위한 협동학습의 이론과 실제. 형설출판사.

정종진(1996). 학교학습과 동기. 교육과학사.

조 벽(2001). 새시대교수법. 한단북스.

조성대, 유병섭, 김재득, 박은미, 이홍재(2003). 정보사회의 인간관계. 박영사.

조성태, 최순요, 나경애(2002). 행복 웃음꽃피는 교실만들기. 즐거운 학교.

직무교과교재(2001). 국가전문행정연수원.

최애경(2002). 인간관계의 이해와 실천. 무역경영사.

최창호, 정세욱(1980). 행정학. 법문사.

최태숙(2002). 초등학교 교사의 인지적 발달 수준에 적합한 장학형태와 직무헌신도 연구. 건국대학교 대학원 박사학위논문

황병수 편역(1994). 앞서가는 리더의 행동학. 한국산업훈련연구소.

한국공업표준협회번역(1990). 유능한 관리자 80가지 요점. 한국공업표준협회.

한국교육개발원편저(2003). 스스로 공부하는 아이가 21세기를 지배한다. 즐거운 학교.

한규석(2002). 사회심리학의 이해. 학지사.

유니세프한국위원회(2002). 세계아동현황보고서2002(리더십). 유니세프한국위원회.

크레듀 원격교육연수원(2003). 교사리더십. 크레듀 원격교육연수원.

E- teachers 원격교육원(2003). 교사리더십 프로그램. E- teachers 원격교육원.

국가전문행정연수원(2001). 2001년 리더십혁신과정 직무교과교재. 국가전문 행정연수원 자치행정연수부

Bernard, M. B.(1981). Stogdill's Handbook of leadership: A study of theory andresearch, Rev. and Expan. ed.(N.Y.: The Free Press, 1984).

Bennis, W. G.(1984). The Four Competencies of Leadership. Training and Development Journal, 38(8). 14-19

Burns, M.(1978). Leadership. N.Y.: Harper & Row.

Daft, R. L.(2002). The leadership Experience. USA: homson.

Katz. R. L.(1955). Skills of an effective administrator, Harvard Business Review, 33(1). 33-42.

Shearer, B. C.(1999). The MIDAS Handbook of Multiple intelligence in the classroom. columbus. Greyden Press.

Stogdill, R. M.(1974). Person factors associated with leadership: A survey of the literature. Journal of Psychology, 25. 35-71.

Blake, R. R., & Mouton, J. S.(1964). The manager grid. Huston, TX: Gulf Publishing co.

Katz, R. L.(1955). Skills of effective administrator. Harvard Business. Review, 33(Jan-Feb). 32-42

Sergiovanni, T. J.(1987). Leadership and excellence in schooling. Educational leadership, February. 4-13.

Lewin, K.(1938). The conceptual Representation and the Measurement of Psychological Forces. Durham, NC: Duke University Press.

Hoy, W. K., & Miskel, C. G.(1991). Educational administration: Theory, Research, and Practice(4th ed.). New York: McGraw-Hill.

Stogdill, R. M.(1948) Personal Factors Associated with Leadership: A Survey of the Literature. Journal of Psychology, 25, 35-71.

Bennis, W., & Nanus, B.(1985). Leaders: The strategies for taking charge. New York: Harper & Row.

Hersey, P., & Blanchard, K. H.(1988). Management of organizational Behavior: Utilizing Human Resourses, 5th ed. Englewood cliffs, N.J: Prentice-Hall, Inc.

Hersey, P., & Blanchard, K. H., & Johnson, D. E.(20010. Management of Organizational behavior: leading Human Resources, 8th ed. Englewood Cliffs, N.J: Prentice-Hall, Inc.

Tannenbaum, R., & Schmidt, W.(1973). How to Choose a Leadership Pattern. Harvard Business Review, 51. 162-180.

Fiedler, F. E.(1963). A Theory of Leadership Effective. New York: McMrae-Hill.

Foster, w.(1986). Paradigms and Promises. New York: Promethus Books.

Gibb, C. A.(1969). Leadership. In G. Lindzey & E. Aronson(Eds). The handbook of social psychology, 2nd., 4. Mass.: Addison-Wesley.

Hemphill, J.k.,& Coons, A. E.(1957). Development of the leader behavior description questionnaire. In R. m. Stogdill & A. E. Coons(Eds). Leader behavior: Its description and measurement. Columbus, Ohio: Burean of Business Research Ohio State University.

Tichy, N. M., & Ulrich, D. O.(1984). The leadership Challenge: a Call fo the Transformational Leader. Sloan Management Review, Fall, 59-68.

Bass, B. M.(1985). Leadership and Performance Beyond Expectation. New York: Free Press.

Halpin, A. W., & Winer, B. J.(1985). The Leadership Behavior of the Airplane Commander, Columbus, Ohio: Ohio State University, Research Foundation, 1952.

Bernard, H. W.(1968). Mental Hygiene for Classroom Teacher. NY.:McGraw-Hill.

Bernard, M. B.(1981). Stogdill's Handbook of Leadership: A study of theory and research, Rev. and Expan.ed.(NY.: The Free Press, 1984).

◈ 부록1 ◈ 교사의 성격유형과 교수스타일

1) SJ 기질

· 질서정연하고 자신들이 학생 때 경험했던 전통적인 교수스타일을 사용, 설명적, 단계적 방법 사용.

· 연습을 통해 더 효과적이고 능숙해 짐, 질서 잡힌 교실과 잘 수립된 교수방법들을 선호.

· "해야만 한다"라는 단어를 잘 사용, 규칙과 질서를 유지하며, 효과적인 후원자 역할.

· 학생들이 연필, 노트, 책 등을 구비하도록 만들며, 그렇게 하지 않으면 벌을 내림.

· 학급은 정리되어 있고 어수선함이 없는 곳으로 적정 온도를 유지하고, 조용하고 체계가 잡혀 있음.

· 행동과 성취에 대한 교실규범을 분명하게 말함.

· 반복적 방법, 실제적인 예, 자기만의 원리와 체계화를 가지고 가르침.

유형	강 점	생각해 볼 영역
ESTJ	· 학교에서 중책을 맡는 학교 행정가 · 현장 견학이나 특별한 학교 행사들을 잘 조직함. · 일을 만들어내는 능력과 그것을 확실하게 성취하는 능력. · 항상성과 규준을 가지고 적절하게 학급을 이끌어 나감. · 숙제와 같이 드러나는 과제를 잘 한 학생들을 칭찬.	· 생각만 하는 IN학생들과 문제를 야기할 가능성. · 말대꾸하는 학생을 인정하지 않는 것. · 경청과 칭찬하는 기술의 연마. · 행동의 과단성과 민첩성, 지시하는 모습은 어떤 학생들에게는 너무 갑작스럽고, 두렵고, 통제적인 행동으로 보여짐.
ISTJ	· 매우 순차적인 방법으로 사실, 자료, 현재 정보를 다룸. · 능률성, 반복적인 일들에 대한 정보를 잘 분류함. · 철두철미하고 잘 구상된 학습 계획과 성취를 계발함. · 학생들이 자립하여 책임감 있는 사람이 되는 과정을 기뻐함. · 학급에서 일년 동안 해야 할 교육과정을 잘 수행함.	· 정확하고 세심한 관심으로 시간이 많이 걸림. · 달성해야만 하는 과제에 너무 초점을 두기 때문에 휴식이나 노는 것을 허용하는 것이 어려움. · 조용한 교실을 선호하며, 이런 교실은 외향형 학생들에게 문제를 야기할 수도 있음. · 교실을 질서정연하게 유지하려는 과도한 노력.

유형	강 점	생각해 볼 영역
ESFJ	·학생들에게 교재를 잘 이해시키고 사용하게 함. ·교실 안에서 조화롭고 질서정연한 상호작용을 원하고 공손한 행동을 하도록 만듦. ·각 학생들의 욕구를 채워주기 위해 일관된 결정과 특정 훈련을 제공하는데 탁월. ·선악이 분명하고 책임을 열심히 이행하려는 경향. ·자신뿐 아니라 주위 모든 학생을 편안하게 하는 능력.	·원리원칙을 고수하기 위해 필요한 규율과 규범을 철저히 유지. ·"해야 할 것"과 "하지 말아야 할 것" 구분이 분명. ·학급이나 학교에 갈등이 많을 때 문제를 해결하기 위해 어떤 일이든지 함. ·때로는 장황한 불평을 늘어놓음. ·너무 쉽게 그들의 감정과 견해를 표현.
ISFJ	·학급에서의 모든 일이 예측 가능하게 하고, 편안함을 제공함. ·학생들의 요구를 잘 조율함. ·인내하고 종용히 봉사하며, 모든 유형이 대부분 그만둔 일이라도 필요하면 함. ·헌신에 대한 보상을 요구하지 않음.	·학생의 필요에 너무 주위를 기울임으로써 문제를 복잡하게 만듦. ·부당한 행동을 하는 학생 때문에 힘들어 함. ·싸우거나 말대꾸하는 것과 같은 행동에 실망했을 때, 그 학생에게 관심을 두지 않음. ·눈에 띄지 않길 바라면서, 사람들에게 너무 봉사하는 경향.

2) SP 기질

◆ 부록 ◆ MBTI유형별 개발할 점

·가르침은 변화의 단계—교실 내에서 자극과 다양성을 필요로 한다.

·학급은 자극들이 다양하게 있는 곳—많은 교재들, 눈을 자극하는 빛깔, 귀를 자극하는 다양한 소리를 보유.

·감각적 자극 수준을 향상시키기 위해 교실 내에서 활동과 움직임을 장려.

·관례적이지 않고 학생들을 활발하게 만든다.—교실은 좀 혼란스럽지만 실제 체험에서 많은 것을 배울 수 있다.

·학습이라는 명목으로 소란스러움과 혼란을 인내할 수 있다.

·실용적 즉시성을 학급에 도입—교실에서 진도는 다양성과 즉흥성에 대한 욕구를 반영.

·언어의 격식을 차리지 않고, 학생이 자유분방하게 개인적 기량을 나타내도록 격려.

유형	강점	생각해 볼 영역
ESTP	·학생들 몸짓언어를 관찰하여 동기부여. ·전략적이며 미래가 아닌 지금 바로 적용할 수 있는 것을 가르치는 데 초점. ·인생을 즐겁게 사는 법을 학생들에게 가르침. ·도전과 자극을 선호. ·친근하고, 변화에 대한 분위기를 허용.	·오랫동안 일정한 노력을 기울이는 능력이 이들에게는 자연스럽지 않음. ·규정된 교과과정의 모든 요소들을 완성시키지 못함. ·과도한 재미추구로 비판을 받게 됨. ·너무 게임을 즐기기 때문에 학급에 이런 기술을 과도하게 사용.
ISTP	·눈에 보이는 구체적인 자료를 수집하길 좋아함. ·말로써 설명하기보다 직접 시범으로 보여줌. ·소들이 서로 어떻게 관련되어 있는지를 가르침. ·학생들이 해결점을 찾도록 실험하는 상황을 만들어 줌. ·다양한 구성요소들이 동시에 작동되어지는 방법을 보여줌.	·자유를 소중히 여겨서, 무엇을 할 것인지 학생들에게 말하는 것을 좋아하지 않음. ·학생들에게 칭찬을 잘 하지 않음. ·일상적인 것을 지겨워 함. ·냉철함을 유지하고, 주위에 무슨 일이 일어나는지 관찰하는 사람으로 물러서 있음.
ESFP	·교실 내의 많은 움직임을 장려하고 웃음꽃을 피움. ·교실에서의 다양한 행동에 대해 관대함. ·삶의 부정적인 면을 완화하기 위해 유머를 사용함. ·학생들이 삶의 즐거움으로 빨리 돌아올 수 있게 가능한 빨리 문제를 처리하도록 가르침. ·순간순간에 잘 적응하기 때문에 교재의 새로운 사용방법과 문제를 해결하기 위해 사람들을 잘 활용.	·문제를 해결하려는 노력으로, 규칙과 규범을 잊어버리거나 무시해버리는 경향. ·말없는 학생들에게 그들의 견해를 표현하는 시간을 주어지지 않음. ·부정적인 것보다 긍정적인 것에 초점을 맞추기 때문에 즐겁지 않은 상황은 무시. ·이론적 학습을 좋아하지 않음.
ISFJ	·학생들에게 삶의 즐거움을 조용히 표현. ·그들의 신념과 갈등을 일으키지 않는 한 학생들의 차이점에 대해 관대함. ·학급 안에 학생과 교사의 개성을 표현하는 예술적 재능이 존재함. ·가능한 학생들에게 개인적 자유를 많이 허용. ·학생들의 진정한 필요에 조용히 주의를 기울임.	·대부분의 시간을 너무 느긋하게 보냄. ·학생들에게 그들이 원하는 것을 표현하지 못함. ·행정가들이 규칙과 한계를 더 강조하게 되면 문제를 야기할 수 있음. ·긴박한 상황을 잘 다룰 수 있으나 단원계획처럼 계획을 요구하는 것들을 잘 다루지 못함.

3) NF 기질

·학생이 진실된 표현을 하도록 격려한 경향—학생들의 개인적 발달을 격려하는 촉매제 역할.

·창조적이고 개별화된 교수방법에 의존하며, 계획된 교과과정을 이용하기보다 나름대로 만드는 것을 좋아한다.

·학생들이 증진되고, 조화를 이루고, 최선을 다할 수 있도록 도와준다.

·학생들이 자신의 잠재력을 개발하는데 도움을 주고자 열정을 쏟아 붓는다.

·정체감 형성에 훌륭한 역할을 하며, 각 학생 속에 있는 잠재력을 밖으로 표현하도록 해준다.

·학생들이 우울하거나 스트레스를 받고 있을 때, 학생들의 문제 해결을 돕기 위해 정서적으로 관여.

유형	강 점	생각해 볼 영역
ENFJ	·교실 안팎에서 학생들의 최대한의 성장을 위해 노력. ·학생들이 자신의 성장을 알아차릴 수 있도록 따뜻하고 인정하는 분위기를 만듬. ·직유법과 은유법을 사용하여 그들의 강의를 형상화함. ·학생들 속에 내재하는 열정적 창조성을 끌어내려고 함. ·변화를 통한 다양성으로 학생들을 돕는데 적합함.	·노력을 알아주지 않거나 나쁘게 받아들이거나 긍정적 피드백이 없으면 부정적으로 대응. ·한 학생이 그들을 좋아하지 않는 것 같으면 고민. ·선생조건을 충분히 고려하지 않고 새로운 프로젝트를 시작할 수 있음. ·생각들이 너무 조급히 앞서 가기 때문에 세밀한 것들을 빠트릴 수 있음.
INFJ	·학급에서 창조적인 통찰을 하도록 학생들을 교육. ·외관상으론 별 관련이 없는 교재의 패턴이나 관련성을 파악. ·학생 개인과 창조적 사고과정에 대해 교육. ·창조적인 글쓰기를 통해 학생들의 상상력을 키워주길 좋아함. ·조화로운 상호작용을 조율하는데 뛰어남.	·하고 있는 일이 잘 풀리지 않으면 민감해져서 너무 거기에만 집중. ·무질서에 민감. ·복잡한 사람들이라 많은 학생들이 그들을 이해할 수 없음. ·이들 교수스타일의 변화는 어떤 학생들에게는 불편함을 야기.
ENFP	·학생들에게 열성적이고 따뜻하고 감정이입을 잘함. ·학급 안에서 창조적인 행동을 많이 다룸. ·새로운 교재를 접하는데 신속하고, 도전을 즐김. ·엄격, 권위적인 모습보다 학생들과 또래처럼 지냄. ·학급에서 폭넓게 개인적 차이점을 수용하고 이해.	·한두 학생을 돕는데 너무 마음을 빼앗겨 버림. ·새로운 도전을 즐기기 때문에 동시에 많은 일을 시작하려 함. ·업무에 필요한 세세한 것들을 생략하고 지나침. ·많은 차이점들이 그들의 관심을 끌어서 관심을 좁히는데 힘들어함.
ISFJ	·학생들의 독특성을 가치 있게 여기고 개별화를 격려. ·학생들의 성장을 위해 적당한 시간을 허락. ·학생들이 바뀌면 학급진도를 변화시키고 자신의 목소리도 거기에 적응. ·열정적이고 학생들이 불편하지 않도록 보살핌. ·말의 감정적 함축적 의미를 매우 잘 알아차림.	·학급 외의 관심을 추구할 시간이 필요. ·개인적 자유를 너무 즐기고, 명령하길 좋아하지 않아서, 학생들에게 분명히 그들의 기대를 전달하지 못할 수도 있음. ·딱딱한 교과과정을 좋아하지 않음. ·개인적으로 충분한 시간을 가지지 못하고 압도당할 때 부정적이 됨.

4) NT 기질

·학생들에게 개인주의, 자율, 성취를 고무시키고, 이성적, 비평적, 독립적 사고자가 되길 원한다.

·학생들이 배우는데 열심이길 원하고 적어도 자기-동기화하길 원한다.

·학생들이 통찰적 질문을 했을 때 NT교사들은 진정한 배움이 시작되었다고 느끼며, 높은 수준의 이성적인 질문을 했을 때 기쁘게 생각한다.

·강의나 대화에서, 특정 단어를 조심스럽게 선택하고 의미의 전달을 정확하게 한다.

·교사들은 전문 분야를 사랑하고 학생들에게 이런 열정을 이야기하려고 한다.

·더 알기 위해 계속해서 도전하고 세상의 진리를 나타내는 이론들을 연구한다.

유형	강 점	생각해 볼 영역
ENTJ	·학생들 사이에서 리더십을 행사하고 도전받길 기대. ·분류, 요약, 일반화, 증거인용과 같은 능력을 개발하도록 학생들을 격려. ·그들의 과목에서 발명적인 시도를 하길 좋아함. ·학생들을 향상시킬 전략을 찾고, 학생들을 향상시킬 행동들을 정함. ·문제를 해결하기 위한 능력 안에는 자신감이 스며있고 적당한 과정을 계획.	·동료들과 리더십 갈등을 겪음. ·다른 사람들의 견해를 존중해 줄 필요. ·그룹이나 개인에게 과도한 권력을 행사. ·논리적 원리로 움직이기 때문에 쉽게 자신들의 방법을 바꾸려 하지 않음.
INTJ	·학생들에게 새로운 아이디어를 말할 때 가장 에너지를 얻음. ·학생들을 더 유능한 사고자로 키우는 것을 좋아함. ·학급에서 새로운 개념을 적용. ·학생들이 미래를 보는 시각과, 지금의 행동들이 어떤 결과를 이끌어 낼지 예측하는 시각을 기르도록 함. ·강의는 상상적인 통찰과 타장한 정보들을 포함.	·정보로써 가치가 없는 개념을 과도하게 지식화하려고 함. ·도중에 행동을 변화시키기 어려움. ·무엇을 해야 할지, 어떻게 해야 할지 학생들이 묻는 것을 싫어함. ·교과서와 교과과정을 효과적으로 구성하기 위한 모든 가능한 방법들을 상상하는데 너무 많은 시간을 보냄.
ENTP	·같은 교과과정을 가르치더라도 새로운 방법으로 설명. ·독창적인 것을 적용만 하면 문제는 해결될 수 있다고 격려. ·논쟁에 참여하고 혁신적으로 생각해 보도록 격려. ·교실은 변화를 일으키는 자극적인 교재들과 그림들로 가득 차 있으며 흥미진진하게 만듦.	·호기심으로 인해 기존 교과과정을 무시하는 경향. ·예측 가능한 수업을 원하는 SJ학생들은 과도한 혁신에 질려버릴 수 있음. ·교실청소, 시험점수 매기기, 숙제 점점과 같은 일상적인 과업을 간과해 버림. ·문제해결의 단계를 구체적으로 제공하는데 실패할 수 있음.
INTP	·정확성과 진리를 탐구하기 위해 이론과 가설을 이끌어 내고 시험해 봄. ·학생들은 교사가 제공할 수 있는 객관적인 비평으로부터 이익을 얻음. ·현실에서 새로운 방법으로 아이디어를 조직. ·지식의 모든 복잡성을 잘 다룸. ·새로운 아이디어를 내도록 학생들을 격려.	·풍자적, 반어적, 신랄한 단어를 사용하여 학생을 자신감이 없거나 열등한 사람으로 느끼게 만듦. ·설명이 학생들에게 쉽게 다가가기 보다는 더 복잡하게 만들 수 있음. ·교과서의 지식에 너무 빠져있게 됨. ·논리성을 너무 강조하게 되어 인간적 요소를 무시

◈ 부록2 ◈ MBTI유형별 개발할 점

1) ISTJ 세상의 소금형
－세부적이므로, 장기적인 안목을 키워야 한다.
　대인관계의 섬세함을 무시하기 쉬우므로 자신과 타인의 감정에 민감할 필요가
　있다.
　자신의 방법, 생각을 고집하기 쉬우므로 변화와 다른 가능성에 개방해야 한다.
　지나치게 책임을 지고, 직책이 요구한 이상으로 일을 심각하게 다루는 경향이
　있다.
　정서표현에 노력할 필요가 있으며 자신과 타인의 인간적 요소를 배려할 필요가
　있다.

　* 나는 해야 할 일의 목록을 진지하게 사랑한다. 나는 몇 시간 동안이고 앉아
서 독서하고 조직화하고 나의 주간 스케줄을 재조정할 수 있다.

2) ISFJ 임금님 뒷편의 권력형

－ 명령하고 지시하는 역할에도 익숙해지도록 노력해야 한다.
　장기적인 안목으로 미래를 볼 필요가 있다.
　자신의 견해를 남에게 발표할 때 충분한 확신을 갖도록 해야한다.
　조용하고 표면에 나서지 않는 경향 때문에 실제보다 낮게 평가되기 쉽다.
　상황이나 남의 요구에 대해 충분한 판단, 비판력을 키울 필요가 있다.

　* 나는 자녀들이 그들을 완전히 이해하고 있는 누군가가 있음을 느끼기를 원
한다. 나는 그들을 위한 안식처가 되기를 원한다.

3) INFJ 예언자형

－ 조직내의 정치성과 자신의 아이디어를 전달, 옹호할 기법을 육성할 필요가 있
　다.
　자신의 비전과 남의 비전을 현실에 비추어 검토할 필요가 있으며, 정기적으로 남

에게 진실한 피드백을 주는 방법을 배울 필요가 있다.

현재 상황에 무엇을 완수할 수 있는가에 대해 여유있고 보다 개방적일 필요성이 있으며 외골수로 빠지는 성향을 주의할 필요가 있다.

남에게 강요하지 못하며 비판에 정면으로 대결하지 못하고 너무 지나치게 자신에게 의존한다.

* 어머니로서의 나의 즐거움은 아이들과 나 자신을 위한 자기발견이라고 생각한다.

4) INTJ 과학자형

- 타인의 피드백과 제안을 수용할 필요가 있으며, 감정의 가치에 주의를 기울일 필요가 있다.

  남을 인정하는 방법을 배울 필요가 있고, 비현실적 아이디어를 포기하는 것을 배울 필요가 있다.

  자신의 아이디어와 스타일이 남에게 미치는 영향에 대해 좀더 주의를 기울일 필요가 있다.

  지나치게 확신적이고 조금도 양보가 없으며 남들이 접근하거나 도전하는 것을 두려워한다.

  명석한 분석력을 지나치게 대인관계에 적용하려는 경향으로 인간미가 부족하다는 오해를 종종 받을 수 있다.

* 나의 아이들은 "하지만 다른 사람들은 다 그렇게 하고 있어요"라고 나에게 말하는 것보다 그들 자신의 견해를 주장하는 것이 더 낫다.

5) ISTP 백과사전형

- 계획을 세우고 바라던 결과성취에 필요한 노력을 경주하며, 인내심을 함양할 필요가 있다.

  결정하기 전에 모든 측면을 숙고하고 고려할 시간 여유를 가질 필요가 있다.

  지나치게 편의적, 노력 절약 경향이 있으므로, 열성과 적극성을 키워야 한다.

느낌이나 감정, 타인에 대한 고마운 마음을 표현하기 어려워 할 때가 많다.

자신의 마음속에 있는 느낌, 생각, 정보, 계획을 개방하고 타인과 나누는 노력이 필요하다.

* 나의 감정은 나 자신의 것이다. 나의 자녀들이 간섭할 것이 아니다. 그러므로 나 역시 그들의 사생활을 존중한다.

6) ISFP 성인군자형

– 더 의심해 보는 습관, 다른 가능성을 타진해보는 습관을 기르고 정보를 그대로 받아들이기보다는 분석하는 방법을 육성할 필요가 있다.

자기 자신의 능력을 남에게 알리고, 남에게 부정적 피드백을 돌려주는 방법을 배울 필요가 있다.

보다 독단적이고 명령하는 태도를 육성할 필요가 있다.

보다 미래지향적 전망을 개발할 필요가 있으며, 전체의 맥락을 보고자 노력함이 필요하다.

지나치게 신뢰하여 잘 속으며, 남을 비판하지 못하는 반면 쉽게 마음의 상처를 입는다.

* 다른 사람들을 기쁘게 하는 데는 하루면 충분했지만 "아니오"라고 말 할 수 있음을 깨닫는 데는 30년이 걸렸다.

7) INFP 잔다르크형

– 지나치게 완벽주의로 나갈 경향이 있다.

동시에 너무 많은 사람들을 만족시키려 드는 경향이 있고, 쉽게 상처받는 경향이 있다.

행동보다 반성에 더 많은 시간을 소모하므로 실질적으로 일하는 방법을 배울 필요가 있다.

사실과 자신의 개인적 아이디어를 논리적으로 분석할 필요가 있다.

행동 계획을 수립하고 확고한 주장을 가지고 때로 타인의 요청을 거부할 수 있도록 노력해야 한다.

* 나는 아이들이 내부에는 그들을 위한 최선이 무엇인지를 그들에게 말해주는 진실이 있음을 믿는다. 나는 항상 그러한 진실에 귀를 기울이고자 한다.

8) INTP 아이디어뱅크형

- 구체적인 현재 사항에 초점을 맞추고, 현실감있는 간단한 표현을 하는 노력이 필요하다.
  타인의 노력을 인정하는 태도와 개인적 관점을 고려할 필요가 있다.
  지나치게 추상적이므로 비현실적일 수가 있다
  지나치게 지적이어서 설명이 너무 이론적일 수 있다.
  팀워크와 조화를 희생하면서 사소한 불일치에 집착한다.
  지나치게 비판적이고 분석적인 사고를 대인관계에 적용하는 경향이 있다.

* 나는 우리가 음식을 먹는 동안 함께 찾아볼 수 있도록 부엌에다 백과사전을 비치해둔다.

9) ESTP 수완좋은 활동가형

- 끈기와 인내, 악착스러움을 더 육성할 필요가 있다.
  타인의 감정흐름에 민감할 필요가 있다.
  사전 계획없이 바로 다음 문제에 뛰어드는 경향이 있다.
  물질에 집착하기 쉬우므로 물질적 즐거움의 이면을 볼 수 있어야 한다.
  일을 떠벌리는 경향이 있으므로 일을 마무리짓는데 노력할 필요가 있다.

* 나는 어떤 일을 똑같은 방식으로 한 번 또는 두 번이상 할 수 없다. 오늘은 어제와 같을 수 없다. 어떤 것이든 다르게 하자.

10) ESFP 사교적인 유형

- 논리적이고 분석적 기능을 육성할 필요가 있다.
  일과 레크리에이션을 잘 조정하여 조화시킬 필요가 있다.
  시간관리에 노력할 필요가 있으며, 일을 시작하기 전에 전체적인 계획을 세울 필요가 있다.
  주관적 데이터를 지나치게 강조하는 경향이 있다.
  시작한 일을 끝내지 않는 경향이 있다.

* 나는 나의 자녀에게 응해주기를 좋아한다. 그것은 안아주는 것은 한 번으로 끝내고 그 다음에 먹을 것을 만들어 주겠다는 것과는 다르다.

11) ENFP

- 관련 세부사항을 간과한다.
  기존 업무를 완수하기 전에 새로운 것으로 쉽게 옮겨간다.
  지나치게 확장하고 너무 많은 일을 벌리는 경향이 있다.
  중요 세부사항에 주의를 기울일 필요가 있다.
  관심이 가는 모든 것을 시도하기보다는 일의 우선순위를 선별하는데 노력을 기울일 필요가 있다.
  일의 우선에 따라 시간을 적절히 사용하는 일에 주의를 기울일 필요가 있다.

* 내가 즐기는 것이 무엇이든 간에 -술래잡기 혹은 차안에서 노래부르기- 나는 아이들과 즐긴다. 그리고 그것은 전적으로 당연하다.

12) ENTP 발명가형

- 새로운 아이디어와 모델에 몰입하여 현재의 중요성을 잊기 쉽다.
  다른 사람의 노력에 대해 경쟁적이 되어 쉽게 인정하지 않는다.
  자신을 과로하게 확장시킨다.
  다른 사람의 노력을 인정하고 칭찬, 격려 등의 표시를 할 필요가 있다.

현실적 우선순위와 일정계획을 세울 필요가 있다. 왜냐하면, 일상규범, 표준절차를 경시하는 경향이 있다.

* 나는 나의 아이를 안을 때 그들이 세상 속에서 잘 살아가도록 그들의 얼굴이 항상 바깥으로 향하게 안는다.

13) ESTJ

- 타인의 관점에 주의를 돌리고 경청하는 노력을 할 필요가 있다.
  자신의 감정의 가치를 인정하고 확인할 시간 여유를 가질 필요가 있다.
  너무 성급하게 속단속결하는 경향이 있으므로 모든 측면을 배려할 필요가 있다.
  변화와 새로운 시도, 추상적 이론 등을 고려하는 노력이 필요하다.
  지나치게 일 중심으로 나갈 수 있다.
  장기간 감정과 가치관이 무시되었을 때는 감정폭발이 일어날 수 있다.

* 우리는 함께 차타는 것을 좋아하는 어머니들이다. 우리는 시간을 잘 지킬뿐 아니라 모두를 위한 합승일정을 조직한다.

14) ESFJ 친선도모형

- 타인이 진짜로 필요로 하고 원하는 것이 무엇인지를 진지하게 들을 필요가 있다.
  남을 즐겁게 하려는 욕망 때문에 자신의 업무를 소홀히 다룰 수 있다.
  타인과 조직을 위해 최선이 무엇인지를 안다고 쉽게 자부할 수 있다.
  속단하는 경향이 있으며, "이렇게 되어야 한다" "저렇게 되어야 한다"는 마음의 규율이 많다.
  일이나 사람들에 대한 문제에 대하여 냉철한 입장을 취하는 것을 어려워한다.
  반대의견에 부딪쳤을 때나 자신의 요구가 거절당했을 때 지나치게 개인적으로 받아들여 마음의 상처를 쉽게 입는 경향이 있으므로 객관성을 키울 필요가 있다.

* 나는 아이들이 그들 스스로 행복한 것을 좋아한다. 그러나 보다 많은 가정이 더불어 행복해하는 것을 사랑한다.

15) ENFJ 언변능숙형

- 인간의 제약점을 인정하고 남을 이상화하거나 맹신적 충성을 하는 경향을 조심할 필요가 있다.
  사람에 대한 관심만큼 사업의 세부사항에 대하여도 주의를 기울일 필요가 있다.
  자기비판에서 주의를 돌려 피드백이 내포되어 있는 객관적 정보에 귀를 기울일 필요가 있다.
  인간관계 사항에 끌려 과업을 소홀히 다루기 쉽다.
  비판을 개인적인 것으로 필요이상 민감하게 받아들이는 경향이 있다.

* 우리는 많은 이야기를 잘 나누고 있어요. 그래서 아이들이 그들 자신을 이해하는 것보다 내가 더 그 애들을 이해합니다.

16) ENTJ 지도자형

- 다른 사람의 감정과 일에 대한 기여를 인정할 필요성이 있으며, 그들의 요구가 무엇인지 귀를 기울일 필요가 있다.
  앞으로 달려 나가기 전에 실질적, 개인적, 상황적 상태를 검토하고 고려할 시간 여유를 가질 필요가 있다.
  자신과 타인의 감정을 인정, 이해하고 표현하는 방법을 배울 필요가 있다.
  속단속결하고 참을성 없고 강압적으로 보이기 쉬운 면을 고려해야 한다.
  자기 자신의 감정을 무시하고 억압하며 타인에게 중압감을 주기 쉽다.

* 모든 사람의 이익을 위해 체제를 어떻게 잘 조정할 수 있을까 나의 사고는 항상 움직이고 있다.

◆저자 소개◆

김옥희(金玉禧)

·학력 : 서울교육대학교 초등교육학과 졸업.

　　　　한국방송통신대학교 초등교육학과 졸업.

　　　　건국대학교 교육대학원 교육학 석사.

　　　　건국대학교 대학원 교육학 박사.

·경력 : 서울 대방, 난곡, 충무, 정목 교사 역임.

　　　　〈현재〉

　　　　　건국대 학생생활연구소 자원상담원.

　　　　　아하가족성장연구소 상담원.

　　　　　한국상담학회 정회원.

　　　　　한국가족치료학회 정회원.

　　　　　한국미술치료학회 정회원.

　　　　　한국진로교육학회 정회원.

　　　　　한국교육문화연구원 이사.

　　　　　건국대, 서강대 강사.

　　　　　국민대학교 교육대학원 겸임교수.

·연구논문

　　문제사병의 성격유형탐색에 관한 연구(공저, 정신전력연구, 2000).

　　노인의 자아기능 통합 측정기구의 개발(공저, 한국교육포럼, 2000).

　　진로집단상담이 고등학생의 진로성숙과 의사결정유형에 미치는 영향(한국진로
　　교육학회, 2000).

　　진로만다라 과제학습이 대학생의 진로준비행동에 미치는 영향(한국진로교육학
　　회, 2005).

·저서

　　인간관계론(공저, 박영사, 2004).

　　참갖기 워크북(공저, 한국학술정보, 2005).

최인숙(崔仁淑)

·학력 : 서울교육대학 졸업.

　　　　이화여자대학교 교육대학원 교육학 석사.

　　　　현 국민대학교 교육대학원 상담심리 전공 중.

·경력 : 서울역촌, 구산, 수색, 신중초등학교 근무.

　　　　현 서울탑산초등학교 교감.

·연구

　제13회 교육논문 금상수상(서울시 교육연구원): 기혼여교원의 탁아부담과 근무 환경 개선에 대해.

　제44회 전국현장교육연구 1등급(한국교총): 리듬 및 표현운동의 단계적 지도.

　제46회 서울현장교육연구 2등급 수상: 생활지도.

교사 리더십 프로그램

• 초판 인쇄	2005년 7월 30일
• 초판 발행	2005년 7월 30일
• 지 은 이	김옥희
• 펴 낸 이	채종준
• 펴 낸 곳	한국학술정보㈜
	경기도 파주시 교하읍 문발리 526-2
	파주출판문화정보산업단지
	전화 031) 908-3181(대표) · 팩스 031) 908-3189
	홈페이지 http://www.kstudy.com
	e-mail(e-Book사업부) ebook@kstudy.com
• 등 록	제일산-115호(2000. 6. 19)
• 가 격	26,000원

ISBN   89-534-2915-3 93370 (Paper Book)
              89-534-2916-1 98370 (e-Book)